安岡正篤先生と禅

水野　隆徳

推薦の言葉

郷学研修所・安岡正篤記念館副理事長兼所長　荒井　桂

安岡正篤先生の教育と学問に関する教えを総括して安岡教学という用語が使われている。「教学」という概念は、東洋伝統の教育・学問を総括したものであり、『禮記』の「學記」篇の中の言葉、「教學相長ず」「教ふるは學ぶの半ばなり」等の語に由来している。教えと学びとは一体としてとらえなければならないとする考えに立っている。

この東洋伝統の「教学」をふまえて、和・漢・洋の古典と歴史に立脚して説かれる安岡正篤先生の実践的人間学・活きた人物学を根幹とする教え全体を「安岡教学」と総称している。そしてその思想・哲学の根柢には、孔子・孟子に始まり王陽明に至る東洋の伝統の「治己治人」の学、仏教、就中禅の哲学及び日本の伝統である大和心から日本精神に至る思想的伝統があった。しかも安岡先生は、東大に政治学を学び、その背景にある欧米の哲学・社会科学の論理と概念の理解も豊かであった。加えて安岡教学は、国家・社会・文化を動かすものは、結局のところ「人」であるとの観点に立ち、「人物」を最重視する。その「人物養成」こそ、安岡正篤先生の生涯の使命であった。戦前からの財団法人金雞学院、日本農士学校、戦中の国維会そして戦後の全国師友協会と、人物育成の教育啓発活動に尽力して已まなかったのはそのためであった。

昭和五十八年先生没後も、著書、講演録、語録等が数多く出版されベストセラーとなっている。激動・激変の昭和の時代を一貫して指導者層の精神的支柱となり続けた安岡教学は、時代の垣根を越え、人や社会の変転を超えて説得力を失わない、いわば不易性・普遍性を有していたことが明白である。このため社会的混迷の続く平成の時代になっても、多くの人びとの心の支え、精神的支柱として読み続けられていると言える。

大正十一(一九二二)年、東京帝国大学卒業の際出版した『王陽明研究』によって論壇の高い評価を得、大正十三(一九二四)年、『日本精神の研究』とその後に出版した『天子論及び官吏論』によって、時の宮内大臣牧野伸顕の知遇を得たことに始まり、昭和四(一九二九)年『東洋倫理概論』、同七(一九三二)年『東洋政治哲学』を出版して人物育成の教科書としている。この時、安岡正篤先生は三十二歳から三十五歳のころであり、安岡教学の骨格はほぼこれらの四名著で出来上がったといわれている。戦後、公職追放中、武蔵菅谷荘に隠棲中に執筆した『老荘思想』は小冊子ながら名著の誉れ高く、講演のまとめとして出版された『禅と陽明学』上・下巻は分かりやすい名著として多くの読者を得ていたが、いずれもその思想なり哲学が、儒教・仏教・

道教三教を土壌として生まれており、しかもそれを記述するのに欧米の概念と論理を援用しているので今の読者にもよくわかるのである。

以上、安岡正篤先生の人物像と安岡教学の概要について述べた理由は他でも無い、このたび上梓される水野隆徳先生の浩瀚の大著『安岡正篤先生と禅』の内容が、安岡教学の全般に亘っているからである。書名が示すように安岡教学の全体系に亘りながらも、論述の焦点が、禅にすえられていることは勿論であるが、この大著の意義を説き、世に推薦するには、下敷きとなっている安岡教学の全体像をふまえざるを得ないからである。

著者水野隆徳先生は、昭和四十年東京大学教養学部を卒業し、富士銀行に入行後国際エコノミストとして活躍され、欧米の学問にも造詣深く、臨済禅の僧職にも在って禅仏教にも明るい。その水野先生が、安岡教学に心酔傾倒し、安岡先生の全著作等を渉猟した上で成った名著が本書である。

まえがき

安岡正篤先生は、東洋思想の碩学とか孔子・孟子を始めとする聖賢の学問の大家、或いは陽明学者としてつとに高い評価が確立されているが、一部の人々にとっては、仏教と禅に関する豊富な知識や深い洞察力については全く看過されていると言ってよいであろう。

埼玉県の公益財団法人郷学研修所・安岡記念館の金雞神社に祭られている神についても、主神として天照大皇神、八幡太郎源義家公、畠山荘司重忠公、学問神として孔子（至聖先師）、孟子（鄒《すう》国亜聖公）、王陽明先生（王文成公）、藤原惺窩先生、中江藤樹先生、熊沢蕃山先生、安岡正篤先生、金雞学院以来の道縁者という神の名はあっても、仏家の名を見出すことは出来ない。

安岡先生を師と仰いでいた政治家、経営者が座右の銘としていた言葉もともすれば中国の聖賢の書からの引用である。これらの人びとは「修己治人」の学として安岡教学と見ているから当然である。

しかしながら私は、安岡先生の著作に親しむにつれて、ほとんどすべての著作の中で仏教、禅に関する記述があることに興味を持つようになった。興奮を覚えたのは『禅と陽明学』（上、下）の大著である。ここには禅の先駆けとしての古代インドのヨーガから達磨正伝の禅、六祖慧能の法を継いだ祖師方の禅、宋代における陽明学の「天地萬物一体論」「抜本塞源論」までの歴史が、他の仏教学の大家とは全く異なった視点から記されている。私は、安岡先生は「仏教思想の碩学」「禅思想の碩学」でもあるのではないか、との感を強くするに至った。

さらに先生は、多数のご著作の中で仏教思想や仏典、禅者の語録、祖師方の行録、更にはご自身の禅的境涯について頻繁に言及されている。にもかかわらず、先生に関する本や評論の中で、安岡先生と仏教、禅についての記述は殆ど見出すことは出来ない。『禅と陽明学』についても、禅の立場から見た論文・著作、あるいは陽明学の立場から見た論文・著作を見出すことは出来ない。私はこれが不思議でならなかった。

私が本書の上梓を思い立った動機の第一は、安岡先生が厖大な仏教書・禅書を渉猟されていた事実と、それに基づく豊かな学識、深い見識を世に広めてゆきたいという熱い想いに駆られたからである。

更にもう一つ、還暦を境として禅修行の道に入った私には、安岡先生に対する極めて個人的な関心があった。安岡記念館の一室には縦二・四メートル、横一・八メートルの大きな先生の写真が掲げられている。私は一見してそこに禅的風貌を感じ取り、

・先生は何才の頃から座禅の体験をされたのであろうか
・先生の禅的境涯とはどのようなものであったのか
・先生は参禅の体験はあったのだろうか
・先生が座禅をされている姿を見たことのある人はいるのだろうか

と、これまでの安岡教学研究とは違った関心を持つようになったのである。

残念ながらこれらの疑問については、側近として先生にお仕えした方々が鬼籍に入られていることもあって確認出来ない点もあるが、わかったところについては、本書の中で説明してゆくつもりである。

最後に言及したいのは、安岡先生が、「死は是の如く」(一)、(二)として次の二人の禅僧の遺偈をもって『百朝集』を締めくくっておられることである。

<死は是の如く(一)>

虚空　地に落ち
火星　亂れ飛ぶ
筋斗を倒打して

一　鐵圍を抹過す（絶海和尚）
〈死は是の如く（二）〉
——夢幻・空華
六十七年
白鳥湮没して
秋水・天につらなる（天童正覺禅師）

『百朝集』は「古今名賢心腹」の百の語録を編輯したものであるが、九十九番目と百番目にこの二人の禅僧の遺偈が配されている。ここに私は安岡先生の死生観を読み取っている。『百朝集』には、この他にも死と生に関する語録がいくつかある。先生が一生を通じて最も重視されていたのは、人生の最後ではなかっただろうか。


安岡先生は、昭和五十八年十二月十二日、亡くなられる前日、伊与田覚氏に対して、

「今、三千大千世界を廻っているところだ。不思議だねえ」

と話されたそうである。

翌十二月十三日、ご臨終に際しては、

「三界流転。日本は不滅」

と口ずさまれて生涯を終えられた。

安岡先生は、聖賢の学問の世界ではなく仏教の世界で偉大な人生を終えられた。これが私の見方である。

以上述べてきたところは世の安岡正篤論とは大きく隔っているが、本文の中で私の見解を明らかにしてゆく所存である。

安岡正篤先生と禅◆目次

（注） 引用箇所については、それぞれ（『書名』〈ページ数〉著者名、出版社）の形で記してあります。

第一章　禅的工夫

1　『経世瑣言』に見る仏典

還暦の年、私はそれまでの六十年の人生に区切りをつけて禅修行と安岡教学を学ぶ道に入った。多数の安岡正篤先生のご著作の中から最初に読んだのが『経世瑣言』である。それを通読して、

「安岡正篤＝孔孟学者・陽明学者」

という私の単純なイメージを一変させる大きな発見をした。『経世瑣言』の中に実にさまざまな仏教教典が引用されているのである、因みに列挙してみる。

楞厳経（本名『首楞厳経』）
心地観経（『大乗本生心地観経』の略）
仏教十地の論
維摩経

勝鬘経
法華経
阿弥陀経
観無量寿経
大無量寿経
法然・親鸞・日蓮・道元の遺経
四十二章経
仏医王経

これら仏典の中には『法華経』、『阿弥陀経』のように一般に知られているものもあるが、多くは余り馴染みの無い仏典である。楞厳経は禅宗の間では重要な仏典であるが、禅家の間でも殆ど知られていない。ところが安岡先生は次のように説明されている。

「楞厳経に、濁悪世を説いている。劫濁（時のけがれ）、煩悩濁、衆生濁、見濁（頭のけがれ）、命濁（生命のけがれ）である。いかにも感を深くさせられる。」（『経世瑣言』〈67〉致知出版社）

先生は又、『経世瑣言』の中で、

「三界無安猶お火宅のごとし」（同書〈32〉）

「明極楚俊が正成に喝破したと伝えられる―両頭倶截断。一剣倚天寒―の一語は今日もしばしば我々の心を照破する」（注　明極楚俊は楠正成の禅の師といわれる）（同書〈62〉）

「確かに仏は薬師であり、医者です。薬師如来、観世音菩薩の信仰の多く行われて居るは故あるかなです。観世音は世の中の訴うる声をよく観じてやる意で、薬師は衆生の疾患を救い無明の旧痾を治する法薬を与える師のことです。だから学を興すには観世と薬師如来になるつもりでやらなければならない」（同書〈361〉）

等々、仏法・禅を説かれている。静坐、調息の功徳についてのご自身の体験面からの解説にも説得力がある。

いずれにしても、私は『経世瑣言』一冊を読んだだけで、安岡先生が仏典を幅広く渉猟されている事実に接し、仏教・禅についての碩学ぶりに驚きと感銘を覚えたのである。静坐・調息に工夫を凝らされていることについても、単なる学者とは異なる一面を認めることが出来た。この感は、先生の他の著作を読むに伴ってますます強くなっていった。

2 『東洋の心―被教育者の回想』――中学時代に遡る禅的体験

それでは安岡先生は何時頃から禅を体験され、又難解な多数の仏典を読まれていたのか。

先生が幼少の頃から四書五経を学ばれていたことは広く知られている。七歳で小学校に入学、まず『大学』の素読を始め、九歳のとき初めて『論語』を学んだ。

十三歳で大阪府立四条畷中学校に入学、読書に没頭した。すでに王陽明に傾倒、『伝習録』を貪り読んだという。その間、歩きながら書を読んでいて電柱にぶつかったり牛に突き当たったりした、という逸話が残されている。

当時の状況について先生は『東洋の心』に次のように記されている。

「その時分、私は四条畷《しじょうなわて》（小楠公の古蹟として名高い）の中學に通うてゐた。四条畷は河内の有名な飯盛山の麓にある。もとより都會を遙かに離れた田舎である。私は田中の街道を横ぎり、楠の大木の繁った正行《まさつら》公の墓畔に佇み、或ひは飯盛山の麓の森を逍遙して、都會の學生生活や文藝の話をしてくれた若い二三の先生の背廣《せびろ》の匂ひを未だに忘れることができない。

若しその時分、私の環境が放縱で怜悧で快活な中學生や、それらを教へる平凡な先生たちや、また親しく相往来した若い異性たちだけであったならば、或ひは私は今頃どんな自分を発見してゐるであらうか。ところが、私はまた無理にも始終それらのグループとはまるでかけ離れた古典的風格の人々にも接せねばならなかった。それは生駒山下の瀧寺に隠棲してゐられた大儒・岡村達翁とか、奇矯《ききょう》な漢詩人であった浅見晏齋《あんさい》翁とか、剣禅一味の妙諦に達してゐられたといふ絹川清三郎先生とか、音楽家で禅に深かった島長代先生等であった。

これらの人々の前に出ると、不思議にも私は特に中學時代の青年などに免れがたい増上慢の心、巫山戯《ふざけ》た心、色っぽい心などが朝日の前の露霜のやうに消えて、何ともいへない清々しさを覚え、水のやうな一味の懐かしさに浸るのであった。そして健やかな勇気が身内に漲《みなぎ》ることを感じた。その頃絹川先生のお蔭でほんとの剣道を學んだ。晏齋翁によって漢詩にも夢中になった。達翁の薫化で陽明や中齋を景慕した。また自然と禅僧の自由な、生命の力に溢れた生活や思想に一種いふにいはれぬ憧憬を覚えた。」（『東洋の心』〈14〉黎明書房）

ここで私が注目したいのは、

「剣禅一味の妙諦に達してゐられたといふ絹川清三郎先生」

「音楽家で禅に深かった島長代先生」
「自然と禅僧の自由な、生命の力に溢れた生活や思想に一種いふにいはれぬ憧憬を覚えた」
という箇所である。「剣禅一味」、「禅」「禅僧」という言葉が見える。先生は中学時代すでに禅の境地を体験されていたことがわかる。

さらに私が驚いているのは、『学問のすすめ』―森田節斎をめぐって―の中で、中学時代を回想して「無」に言及していることである。

「なつかしい中学時代…五年間というもの降っても照っても、生駒山下から高野街道を歩いて通学。途中本を読みながら、あるいは空想に耽りながら…牛にぶつかったこともあります。動物は無心…私も少々座禅をやっておりましたので…無がわかったような気が致しました。」

この「無心」「無」は禅の究極の境地である。先生の当時の「無」の境地が如何なものであったかは誰れも証明の手段はないものの、中学生の時代に「無がわかったような」体験をされていたことは、六十歳から禅修行を始めた私にとっては驚きであり、羨望でもある。（注）

なお『安岡正篤先生年譜』には、十五歳の時

「休学の間、中学の音楽教師島長大（滝廉太郎の友人）について読書、参禅。」

と記されている。これによれば、安岡先生は十五歳で参禅体験があったことになる。

（注）「無」の境地については、公案集『無門関』の第一則に「趙州無字」の公案がある。臨済宗では修行僧が参禅の最初に師匠から与えられる公案で、修行僧は二年、三年かけて無字に取り組む。『無門関』は、無門慧開（一一八三～一二六〇年）が、諸禅録の中から四十八則の公案を選び、評唱と頌を加えたもので、臨済禅では『碧巌録』と並ぶ重要な公案集である。

3　『童心残筆』雲水――行脚に挑戦

（1）安岡青年、心の葛藤

『童心残筆』は、安岡先生の折々の天真の自己を流露したものを集成した書で、次の四種から成り立っている。

一　1　客心――十九項目

2　世間―十項目
3　人品―八項目
4　餘滴―詩歌百首

客心の最初に配せられている「雲水」は、安岡先生の禅的体験の序曲とも言うべきもので、安岡青年の鬱積した真情が吐露されている。安岡青年はその真情をこう綴り始めている。

「心は自ら『無限』に憧憬れ、無礙自由を欣求《ごんぐ》する。しかも自分は如何にも狭くろしい、執拗《しつこ》い、垢染んでいる、むづ痒い。
這の『我』と謂ふ瘡蓋《かさぶた》をぼろぼろと一思ひに掻きむしって了ひたい。これ程までに自分を焦《じれ》つたがらす、正體の知れぬ悪性の腫物に、グサと小気味よくメスを刺して、有るだけの膿を絞り出したい。」
(『童心残筆』〈3〉島津書房)

「この宇宙人生を直視したい。驚きたいと言つた獨歩の心は私にはよく分る。分つたところで何だ」
(同書〈4〉)

安岡青年の悶々とした心の内が見事に表現されているではないか。彼はそこからの脱却を試みる。

「私は坐禪を行じた。調息を修した」（同書〈4〉）

安岡青年は息を整えて必死に坐禅に取り組み、無礙自由を欣求したようである。そして『維摩経』の舎利弗の言葉に行き当った。

（2）『維摩経』舎利弗―真の坐禅とは

『維摩経』とは、『法華経』などと並ぶ代表的な大乗経典の一つで、在家の維摩詰が仏弟子に対し、般若の空観によって解脱の道を得、一切万法はことごとく不二の法に帰することを説いている教典である。その中に、お釈迦さまが舎利弗に向かって病にある維摩詰を見舞いに行くようにと云われたが、舎利弗は「自分はとてもその任に堪えない」と答えている部分がある。それが次の文章である。

因に舎利弗とは、お釈迦様の弟子の中で知恵第一と言われた人物である。

憶念するに、我れ昔曾て林中に宴坐す。時に維摩詰來って我に謂うて曰く。唯、舎利弗、必ずしも坐を是れ宴坐となさざるなり。夫れ宴坐たる、三界に於て身意を現せず。是を宴坐と爲す。滅定を起たずして諸の威儀を現ず。是を宴坐と爲す。道法を捨てずして凡夫の事を現ず。是を宴坐となす。心内に住せず。亦外に在らず。是を宴坐となす。諸見に於て動せずして、三十七道品を修行す。是を宴坐となす。煩悩を斷ぜずして涅槃に入る。是を宴坐となす。若し能く是の如く坐すれば佛の印可す

る所なりと。時に我れ、世尊よ、是の語を聞いて、黙然として止み、報を加ふる能はざりき。
（同書〈4〉）

武者小路実篤による意訳を記してみよう。

「私が昔、林の下で宴坐《えんざ》（坐禅のこと）していますと、維摩詰がやって来ました。そして私に言うのです。『舎利弗、坐っていれば宴坐だと思っているらしいが、必ずしもそうじゃない、宴坐というのは三界に身も意もあらわさないのが（無の状態に入るのが）宴坐だ。またいっさいの精神作用を休止してしかもすべての威儀をあらわし（世界に精神を充満させるのが）宴坐だ。道は法に反せず、しかも凡夫の同じ姿をしているのが宴坐だ。心が内にも外にもなく全く無関心なのが）宴坐だ。諸見《しょけん》に動かされないで三十七の証悟《さとり》の道を修業するのが宴坐だ。煩悩を断じないで平気で涅槃《ねはん》に入るそれが宴坐だ。もしそのとおりに君がやっているなら仏さんも宴坐をしているとお許可になるだろうが。（ちとあやしいね）』私はそう言われて何とも答えができませんでした。だから維摩詰だけはご免をこうむります」（『維摩経』〈77〉武者小路実篤訳、角川文庫）

これは安岡先生が度々言及される『維摩経』の有名な一節であるが、ここには「宴坐」という言葉が九回出てくる。宴坐とは坐禅のことであるが、維摩詰は舎利弗に対して〝坐っていることが坐禅ではない〟、

〝真の坐禅とはこういうことだ〟と繰り返し説いている。舎利弗は手も足も出なかった。だから維摩詰の見舞いに行くことは出来ない、と云うのである。安岡青年はこの舎利弗の述懐を聞いてじっとしていられなくなり、剣道によって悟りを開きたいと思うようになった。

想うに安岡先生の偉大性は、自己の真情に忠実であることであり、真の自己を実現せんがため実践の道を追求されたところにある。禅とは「己事究明」、即ち真の自己の究明である。その真の坐禅への道を歩まれるうち、安岡青年は又一つ自己を揺るがす状況に直面するのである。

(注)、安岡先生は後に『禅と陽明学』に於て達磨大師と六祖慧能、百丈懐海にそれぞれ一章を割かれておられる。私はその淵源は維摩詰のこの言葉にあるのではないかと推察している。(後述)

(3)『碧巖録』雪峯盡大地

その事情が、『童心残筆』に次のように記されている。

「ところが玆に、私に非常な感動を與へて、全人格を根柢から一搖り搖つたものが有つた。夫れは大正六年の四月のある夜であつた。私は晩くまで沈着かぬ氣分で自由講座のフアウストを讀んでゐたが、ふと思ひあたることが有つて碧巖録を出して見た。パタリと開くと雪峯盡大地の垂示が眼に映つた。

大凡、宗教を扶竪せんには、須く是れ英靈底漢なるべし。人を殺すに眨《さふ》眼せざる底の手脚有つて方に立地に成佛すべし。」（『童心残筆』〈5〉）

ここに出てくる『碧巖録』とは、『無門関』と並んで臨済禅の修行において欠くべからざる禅書の一つで、「垂示」「本則」「頌」「評唱」から成っている。安岡先生もしばしば引用され『禅と陽明学』にも一章（後述）がある。実に難解で百則から成っており、第五則が「雪峰粟粒」である。その垂示の中に「雪峯盡大地」がある。この垂示が眼に映った殺那、安岡青年は一大体験に直面する。

「その刹那私は何とも言へずヒタと合掌して了つた。十方諸佛の青蓮の瞳と、無間地獄の魔王の瞳とが赫として一團の聖火となって、身を焼く様に覺えたのである」（同書〈5〉）

身を焼くとは煩悩の身が焼き尽くされたのである。自我が焼き尽くされ、自己が亡ぜられたのである。実に劇的である。体験者でなければ発せられない表現である。私にはこの瞬間が感覚的に理解できる。

かくして安岡青年は新しい人格として蘇った。禅で言えば見性（自己本来の心性を徹見すること）体験と言って良いであろう。死んで絶後に蘇る。臨済禅においてはこの見性体験が修業上不可欠なものとして求められる。

「私はいつまでもいつまでも凝然と坐っていた」（同書〈5〉）

ここは他人がうかがうことの出来ない安岡青年のみが冷暖自知（水が冷たいか暖かいかは自ら飲んで初めて分かるように、禅の悟りは他人から教えられるものでなく、自ら体験して初めて知ることが出来る）した境地である。しかも不思議なことに、その夜安岡青年は山野を放浪している雲水の夢を見た。人間一つのことに徹底するとこのようになる。ここから安岡青年は、雲水、行脚、放浪をしてみたいという衝動に駆られるようになった。そして遂にその夏休み、友人二人と雲水行脚の旅をすることになったのである。

（4）六日間の雲水行脚

安岡青年は二十歳の七月、仏門に入っていた兄（堀田眞快―後に高野山真言宗総本山金剛峯寺第四百三世）の手ほどきを受け、衣の着け方や笠の冠り方を習ったり雲水の心得を聞いたりしていよいよ雲水の行脚に発った。

・七月二十一日―夕暮れ、月島の渡しから品川、鎌倉へ。鎌倉街道を歩いたのは夜中である。

・二十二日―明け方、鎌倉はづれの茶屋で一休み、八幡宮から由比ヶ浜へ。片瀬街道を通って行逢坂、龍口寺へ、茶店で休み、鵠沼へ向かう。友人はここで廢めた。

・二十三日―ここからはいよいよ一人旅。藤沢から大船、鎌倉へ向かう。

・二十四日―鎌倉への途中、小鷹の春日大社で熟睡、逗子から田浦へ向かう。

・二十五日―観音崎を通過

・二十六日―夜明けに三崎に到着。東京行の汽船は夜十二時に出るとのこと。親切な漁夫のはからいで猿島から浦賀まで送ってもらう。浦賀を昼の十二時に出船。東京に向かった。

このようにして安岡青年の雲水行脚は終ったのである。この間特筆すべきは、二十五日夕べ、観音崎にさしかかり浦賀水道を臨むところで思い出したズーゾーの詩である。

―「あなたは何處から來られました？」

僧「何處からでも有りませぬ。」

「あなたは如何なるお方ですか。」

僧「私は何でもありません。」

「何ぞお望みでございますか」

僧「何も要りませぬ。」

「お名前は。」

僧「人々は私を Nameless　Wilderness と申します。」
「あなたは何處からお出でて、何處へお歸りになるのですか。」
僧「限りない自由が私の住家です。」
「その意味は！」
僧「分別なく、前後無き境地に住むと言ふのです。永遠の空に住んで、身自ら空と爲つた人は何の分別すら知りませぬ」
この心、この心、私は思つた。私が他日學界へ投じても政界へ入つても七情の波が如何に騒ぐとも、魂は寂然として永遠の空に卽したい。——（同書〈24～25〉）

ズーゾーの詩、次元の高い境地である。禅的境地である。禅の世界に居る人は、師と修行僧との間で同じような問答がなされているいくつかの事例を即座に想い起こされるであろう。一語一語、一句一句が謂わば禅語・禅句だ。この詩を雲水行脚の途上で想い起こし、「この心、この心」と思った安岡青年、「魂は寂然として永遠の空に卽したい」と希った安岡青年。

この時安岡青年は二十歳、禅堂へも行っていない、参禅の経験もない、率直に言って凄いと思う。然し彼がこの六日間の雲水行脚で得たものは大きかった。大正九年六月号の『日本及日本人』に所載されているこの『雲水』の記録、短いがドラマにもなりそうな実に内容の濃い回想録である。既にその後の安岡先生の禅的風貌が芽生えてきている。

4 『漢詩讀本』序──石上に坐る

『漢詩讀本』（日本評論社）は、私のように漢詩の素養がない人間にとっては実に難しい本であるが、その序文には中学時代の安岡先生が、〝坐禅をするに当ってどんな工夫をされていたのか〟興味深い事実が示されている。まずは序文を引用してみる。

私は漢詩人ではない。但だ小學五六年頃から漢詩を教へられて、むやみに好きになり、中學の大切な時代に詩歌俳句に淫しては、どれほど時間をつぶして學課の妨げになつたかわからない。劍道や坐禪にも熱中して、暁の霜を踏み、炎暑に膏汗を流して道場に通つたり、夜半に石上に坐り、山奥の木の下に夜明かしする様な可愛いことをやつたのは大いに宜しかつた様にも思ふが、詩歌俳句に耽つたことは徒に多情多恨を深くして道の障碍を大きくした。高等學校大學に進んで、哲學や政治學を修めながら、どうもこの病癖が抜けず、歐羅巴やアメリカの詩まで懲りずに窺いて廻つたものである。天心居士ぢやないが、南無大煩惱、南無大光明。今に尚ほ詩が好きでならぬ。世間の事に疲れて眠る枕に、ふとくだらぬ詩を案じて寝そびれたり、旅の路々句に耽つて、折角の伴侶を厭ふたりする。然るに日本評論社の石堂清倫君、私が十年ぶりに得た静養の暇日に乗じて、ねんごろに私に勸めて、遂に斯の書をものさせた。餘外なこと〵知りつ〵も、もともと好きな道の、つい勸められるま〵に、せめて世の私ごとき多情多恨の士の爲に何程かの慰安と道標とになれかしと、朝な夕なに筆を執つた次第である。

物質と科學との時代であるから當然であるが、人の上になつて政治や教育を行ふ名士を見ても、概ね無風流で、詩を解する人はまことに少く、狝猴が冠つけた感をまぬがれぬ。社會運動の各方面を見渡して志士論客と稱せられる人々に就いても歎を同じうせざるを得ない。理窟と算盤だけでは世の中も餘り殺風景で堪へられぬではないか。近頃頻に漢詩の吟詠が流行したり、漢詩の作法や選釋の書類が出版される様になつたのにも、かういふ處に深い由來がある様に思はれる。けれどもまだ眞に漢詩を知らずして漢詩を吟詠してゐる憾が多く、また漢詩なるものを學ばうと思つても、從來の著書は現代人の學藝的好尚に合ふものが少い爲に、どうも門に入りにくからうと思ふ。もし此の小著がその爲に聊か東道の役に立つならば、私の望外の幸福である。

この序文の中で安岡先生は、中学時代剣道や坐禅に熱中していたが、

「夜半に石上に坐り、山奥の木の下に夜明かしするような可愛いことをやった」

と記されている。しかしながら私見ではあるが、これは決して可愛いことでも些細なことでもなく、〝坐禅のための真剣な工夫であった〟と解するのが妥当であると考える。というのはお釈迦様も樹下や石の上で坐禅をされた。禅の世界では祖師方も、高僧と言われる禅者も、室内での坐禅にあき足らず、自ら野外の

厳しい環境に身を置いてひたすら修行を積まれたのである。例えば、〝夢窓疎石禅師はこの石の上で坐禅された〟とか、〝白隠禅師はこの石の上で坐禅された〟というような場所が残っているのである。

今でも禅の修行道場では、接心と呼ばれる厳しい修行の期間には、夜坐といって修行僧は夜遅くまで思い思いの場所で坐を組んで刻苦努力する。

安岡青年は、当時禅道場に居られたわけではないにも拘らず、他から強制されることなく自らの意思で「夜半に石上に坐り、山奥の木の下で夜明かし」された。これに対しては、私は率直に敬意を表したい気持ちになる。

安岡先生は又『漢詩讀本』の序文の中で、

「人の上になって政治や教育を行ふ名士を見ても、概ね無風流で、詩を解する人はまことに少ない」と歎かれている。京都五山、鎌倉五山の歴史を見ても、禅の世界では漢詩の素養は絶対的必要条件であった。その意味では安岡先生は、小学生時代から春日神社の神官浅見晏斎から漢詩の手ほどきを受け、漢詩の素養に恵まれていた。二十一歳の時には蘇東坡研究に没頭、「蘇東坡の生涯と人格」「蘇東坡の行履について」「蘇東坡の養生の法」などの研究成果を相次いで発表している。

さらに二十四歳の時には「白楽天の人と詩」「白楽天の詩について」「情の人としての白楽天」「白楽天の生涯と中唐の政情」などを発表している。

安岡先生が禅僧の遺偈や詩について卓見を示されているのは、小さい頃から蓄積された漢詩の素養が寄与しているのである。

5　『養心養生をたのしむ』足利尊氏と「一座の工夫」

安岡先生には、常に「工夫する」という習慣があった。先に記した様に中学時代先生は、「夜半に石上に坐り、山奥の木の下に夜明かし」して過ごされた体験がある。ここで紹介するのは、安岡先生でなければ思いつかない座禅の工夫である。しかも、先生が大酒を飲まれた最も大きな原因の一つに足利尊氏がある、というから実に面白い。

安岡先生は自他ともに認める「楠公」崇拝者、つまり楠木正成、正行贔屓であった。小・中学時代は暇さえあれば河内、大和、紀州の楠公が活躍した史跡を巡り歩き、『日本外史』や『太平記』を愛読していた。そのため足利尊氏を大いに憎んでいた。理屈というよりは本能的、感情的反発である。ところが大学を卒業した頃、夢窓国師の本を読んでいて様子が変わってきた。夢窓国師とは夢窓疎石（建治元年〜正平六年、一二七五〜一三五一年）のこと、鎌倉後期から南北朝時代の禅僧である。甲州恵林寺の開山、北条氏の帰依を受けて、浄智寺、円覚寺の住持となる。次いで後醍醐天皇の招きにより南禅寺に住し、更に足利尊氏の帰依を受けて天龍寺の開山となった。大変な経歴を持つ禅僧である。その『足利尊氏と「一座の工夫」』には次のように記されている。

「大学を卒えた頃になってやや本格的に書を読み出したある時に、夢窓国師《むそうこくし》のものを読んでおったら、尊氏将軍のことを非常にほめて書いてある。夢窓国師ともあろう者が尊氏をほめるかと思って読んでおって、つり込まれた。

それは、尊氏将軍に及ばざるものが三つあると。第一は、いかなる戦場に臨んでも、かつて恐怖の色がなかった」

「第二には、いかなる者に対しても依怙贔屓《えこひいき》というものがなかった。つまり公平そのものであった」

「第三には、かつて物惜しみということをしない人であった」

「しかし、それも別段突き詰めていうならば大したことでもない。尊氏将軍に最も及ばざるところは何かというと『酣宴爛酔《かんえんらんすい》』とある。」（『養心養生をたのしむ』〈72〜75〉デイ・シー・エス）

酣宴爛酔とは、酒宴の最中にへべれけに酔っぱらうこと。これは何時の世にもあることだが、足利尊氏は違っていたようである。安岡先生の言葉は更に続く。

「足利尊氏は酣宴爛酔、へべれけに酔っても、帰って一座の工夫を為《な》さずんば眠りに就《つ》かず。どんな宴会に行ってへべれけになって帰っても、ちゃんと自分の部屋に帰ったら一座の工夫、つまり座禅、思索しないでは寝なかったという、これは真似ができんということを夢窓国師が書いておる。」
（同書〈77～78〉）

ここで「尊氏にできることが俺にできんということはあるまい」と考えるところがいかにも安岡先生らしくないだろうか。試みに大いに飲んで酣宴爛酔し家に帰ってから座禅をしてみても、当初はどうもうまくいかなかったようである。しかし先生は諦めなかった。いかにも残念と思って何度も繰り返すうちにちゃんと座禅なり正座なりできるようになった。そうすると酔っていても考えられるようになった。わざと飲んだというから大したものである。常人ではない。進んでは本も読めるようになった。まさに「一座の工夫」の成せる力、禅定の力である。

そのうち先生の禅定力は更に進化していった。ここからが先生の本領発揮である。

「こうやっておるうちに、今度は帰って机に座ると、すうっと酒の方がさめる。酒のほうがさめるというのもおかしいけれど、酒がさめる。書斎に入ると酔いが自然に消えて、その辺にある本が呼びか

けるような感じというか、確かに呼びかけられる。『ああ、帰ったか』といわれる。」（同書〈79〜80〉）

「本が呼びかける」という境地は私も経験している。これは、禅でいう「冷暖自知」、つまり自ら体験した人でなければ分らない境地だ。私は先生の次の述懐に何とも言い得ない程感動している。

「その頃、同時に私は藤樹とか蕃山とか陽明とかいうような人に心酔しておったが、したがって陽明の書物だとか藤樹先生、蕃山先生の本などがある。夜遅く飲んで書斎に入ると、こう自然に酒がさめて、そして『おお、帰ったか』と、王陽明や蕃山先生がおっしゃる。本当にそれをいわれる気がする。気がするんじゃない、いわれる。

『えー、帰りました』といって座ると、その本が読めるんだ。」（同書〈80〉）

「おお、帰ったか」「えー、帰りました」。いいですね。このような人間と書物の対話、人によっては妄想、非現実的と思われるかもしれないが、一つの事をつき詰めてゆくと極限のところ（沸騰点、臨界点）で非現実的、不可能に見える事が現実化する。安岡先生はこれを自らの体験で示されている。私自身の体験からしても真剣になると死んだ人との対話、自然との対話、宇宙との対話も可能になる。

6　『養心養生をたのしむ』日用心法—日常の工夫

安岡先生は易の大家であり、易の本を多数著わされているが、『養心養生をたのしむ』の中では日用心法として「実践的に古人の真理を巧みに表現した格言、箴言、座右の銘」を取り出しておられる。

日用心法とは、心を日用する、つまり心を日々、常に用いていく工夫である。万事に心を用いていく工夫である。これは安岡教学で言う「活学」に通じている。実はこれが禅の工夫とも一致しているのである。禅の世界では「著衣喫飯」（衣を着、食事をすること）「阿屎送尿」（大小便をすること）など、日常茶飯のすべてのことに心を用いていかなければならない。これが禅の修行なのである。

臨済義玄の『臨済録』には、

一　仏法は用功《ゆうこう》の処《ところ》無《な》し。祇《ただ》、是れ平常無事、屙屎送尿《あしそうにょう》、著衣喫飯《じゃくえきっぱん》、困《こん》し来たれば即ち臥す。

とある。

又『景徳傳《でん》燈録』には、

神通《じんつう》並《ならび》に妙用《みょうゆう》、水を荷《にな》ひ也《ま》た柴を搬《はこ》ぶ。

とある。眞の神通は日常勤用の上にあり、というもの。安岡先生の日用心法とは、この禅の心の用い方と同じである。

先生は『養心養生をたのしむ』の中で「日用心法」の事例として

四惜
五医
六知
六中観

を挙げておられるが、『百朝集』ではこの他にも「四看」「六時心戒」「六然」「七養」「八休」等の日用心法が収められている。

(1) 日用心法—四惜

昼坐《ちゅうざ》・当《まさ》に陰《いん》を惜《お》しむべし。夜坐・当に灯《とう》を惜しむべし。言《げん》に遇《あ》わば当に口を惜しむべし。時に遇わば当に心を惜しむべし
［陸世儀《りくせいぎ》の言葉］

安岡先生は「日用心法」について次のように記しておられる。

「我々の養生というと、みな肉体のことを考えるんだけれでも、天地・人生を一貫するいわゆる生というもの―易は生の学問である、『生々《せいせい》これを易と謂《い》う』、その生を養う、生の最も高度に発達したものが『心』だ……養生養心。これは抽象的・観念的では駄目なんで、我々の実生活、いいかえれば『日用』しなければいかん」（『養心養生をたのしむ』〈141〉）

安岡先生は、そこで、「心」「実生活」「日用」を易の面から説かれている。一方、先生は『禅と陽明学』―六祖慧能の禅―の中では次のように記されている。

「（達摩正伝の考え方によれば）佛というものは決して人間、自己というものを超越した存在ではない。佛というものは、自身、吾というもの、心というもの、衆生というものを離れては決して存在しない。もし佛を求むれば、まず吾、心、現実、衆生というものに徹しなければならない。」（後述）

先生は、達摩正伝の仏法を「吾、心、現実、衆生に徹すること」と理解されている。このような見方から先生は、馬祖道一や百丈懐海を高く評価しておられる。(後述)

繰り返しになるが、禅生活における「著衣喫飯」「阿屎送尿」は、安岡先生の言われる実生活における養心養生・日用心法と全く変わりないのである。このような原理原則の上に立って、四惜は次のようになる。

「昼坐・当に陰を惜しむべし」は、光陰を惜しむべし、時間を惜しめということ。

「夜坐・当に灯を惜しむべし」は、せっかく灯火をつけたら勉強しろということ。

「言に遇わば当に口を惜しむべし」は、言葉は簡単・明瞭にする、平生は寡言、これが本当の姿であるということ。

「時に遇わば当に心を惜しむべし」は、今のような重大な時こそ我々が心を養う、心を練るのに最も必要な時である、ということになる。(同書〈142〜145〉)

（2）日用心法—五医

費を省《はぶ》いて貧を医《い》す。静坐して躁を医す。縁《えん》に随《したが》って愁《うれい》を医す。茶を煎《せん》じて倦《けん》を医す。書を読みて俗を医す。

〔金纓『格言聯璧』〕

安岡先生は「五医」について次のように言っておられる。

「終わりが『一結千金』といって出だしも大事だが特に終わりが大事です。そして全部を通じて、そこに非常に要約され、洗練された、つまり易の重んずる易簡、シンプリシティーというものが大切なんだ。……出だしも大事だが、一番大事なのは結である」

ということは「五医」の中では「書を読みて俗を医す」が一番大事なところである。いかにも安岡先生らしい。先生は読書を重視された。その人生は読書で貫かれている。

「やはり人間の俗を医しようと思ったら、書を読まなければならない。もちろんこれは聖賢の書、有道の書のことで、この頃のような書は俗書が多い。そんなものではない。本当の書だ。」

安岡教学を学ぶ者にとっては当然とは言え、深く心に銘記しておくべき言葉である。安岡先生はここでもう一つ重要なことに触れられている。

「人生でも、少年時代は大事だ。けれども、これを要するに大事なのは最後、つまり結だ。いわゆる老。いかに老いるか、それを突き詰めればいかに死するかだ。」

「いかに死するか」。これは安岡先生の人生を貫く姿勢である。私はかねてよりここに大きな関心をもってきた。言うまでもなく、先生は禅書や祖師方の語録に親しまれ、禅僧の生き方・死に方についても非常な関心を持たれていた。「まえがき」にも書いたが、『百朝集』の最後の二つ（後述）は、

「死は是の如く」

という二人の禅僧の遺偈になっている。先生はまた、人生の中年の危機・転機についても常々言及されているが、ここでも詩の「起承転結」に関連して次のように述べておられる。

「（人生の）転結が難しい。ということになると転じ方もまた大事です。そこで、中年の危機というやつがあるんだ。中年は人生の転機である。ここが時々危うくなる。肉体的にも四十、五十という時に

転機にさしかかる。四十を厄年というのは必ずしも迷信ではない。」（同書〈146～148〉）

人生の転機こそ「日用」、毎日毎日の心の用い方が大切になってくる。

（3）日用心法——六知

静坐して然《しか》る後、平日の気・浮《う》けるを知る。黙を守りて然る後、平日の言・躁《さわ》がしきを知る。事を省いて然る後、平日の心・忙《いそがわ》しきを知る。戸を閉じて然る後、平日の交《まじわり》・濫《みだ》りなるを知る。欲を寡《すくの》うして然る後、平日の病・多きを知る。情に近づきて然る後、平日の念・刻《こく》なるを知る。

安岡先生は、知性と情緒（知と情）について、どちらがより人間的、あるいは人間としてより本質的なものかというと、いうまでもなく情緒であるとされている。というのは情は徳と結ばれているが、知は人間精神からいえば枝葉のものであるからだ。そして六知を次のように結ばれている。

「人物ができてくると、心ができてくる、胸ができてくる。すなわち情緒が洗練されてくる。そうなると言葉に味、潤い、愛、情けというようなものが出てくるわけだ。これは大事なことで、『一言《いちごん》よく人を生かし、一言よく人を殺す』というが、この言葉は非常に味がある。」（同書〈152～153〉）

この言葉は安岡先生の人格を表現していると言えないであろうか。日用心法の「四惜」と「五医」「六知」、これだけを見ても安岡先生が「心」を如何に重んじられていたかがわかる。「心」は安岡先生の人格の精神的自由のバックボーンとなるものであった。

ここで禅宗では「心」が如何に大切かを見てみよう。臨済宗・黄檗宗『宗学概論』では、

——禅宗はみずからを『仏心宗』と称するのである。禅宗は仏陀の慧命を、あたかも一器の水を一器に移すがごとく、『嫡々相承』してきたのである。（『宗学概論』〈24〉臨済宗黄檗宗連合各派会議所）

と明記されている。臨済宗が「仏心宗」と呼ばれるのは、禅宗が、文字や経典に頼らず仏の心（正法）を師匠から弟子へと直接伝えていくことを基本としているからである。その所以は、お釈迦様が弟子の摩訶迦葉尊者に「正法眼蔵、涅槃妙心」の心を正法伝授されたことに由来している。

お釈迦様から二十八代目の菩提達磨大師（初祖と呼ばれている）も、「不立文字、教外別伝、直指人心、見性成仏」の宗旨を打ち立てられた。禅宗ではその仏心が代々受け継がれて、今も宗門の隅々にまで行き渡っている。

この仏心は安岡先生の説かれている心と同じである。その心は宇宙一杯に漲っている。

安岡先生が学生時代に感動された夢窓疎石も、

「心は天の上を超え、地の下まで届く」

と言われているが、心はそれほど広大無辺である。何という自由濶達、融通無礙な心であろうか。これは安岡先生がすでに中学時代に憧れた「禅僧の自由な、生命の力」「禅的生活」「精神的自由」の心と同じである。当時先生は、「心は自ら『無限』に憧憬れ、無礙自由を欣求する」と書かれている。先生は、その心を「日用せよ」と説かれているのである。

(4) 日用心法――六中観

> 死中・活《かつ》有り。苦中・楽《らく》有り。忙中・閑《かん》有り。壺中《こちゅう》・天有り。意中・人有り。腹中・書有り。
>
> 〔安岡正篤〕

これは聖賢の書からの引用ではなく、安岡先生ご自身の箴言である。先生は『百朝集』の中で

「私は平生密かに此の觀をなして、如何なる場合も決して絶望したり、仕事に負けたり、屈託したり、精神的空虚に陥らないよう心がけてゐる。」（『新編　百朝集』〈109〉関西師友協會）

と記されている。正に安岡先生の日用である。六中観のうち、先生の精神の世界を象徴しているのが「壺中・天有り」だ。ご自身の言葉を記す。

「いかなる現実にあっても、その現実を脱してそれから離れた別天地、俗世間を持つ、自由な楽しい境地を持つことを『壺中の天』という。これがよく雅号なんかになって、壺中軒だとかいうような言葉がある。

その由来に基づいて、『壺中・天有り』。我々は死中、苦中、忙中と同時に、いかなる世俗の中、俗生活の中にあっても、独自の境地、すなわち壺中天、あるいは文学でも芸術でも学問でも信仰でも何でもいい。俗生活に侵されない自由な境地を持つことが必要である。」

先生は、極めて多忙な世俗生活の真只中にありながら、そこから離れた別天地、即ち壺中天の世界を生涯を通じて追求された。正に偉大な孤高の人生を歩まれたように思われる。壺中天は、正に聖人安岡正篤

の世界である。

7　『王陽明研究』新序―生命・情熱・霊魂を揺り動かす書

『王陽明研究』は言うまでもなく安岡先生の代表作であり、大正十一年（一九二二年）に玄黄社から刊行された。これは大学卒業の記念出版『支那思想及び人物講話』の第二巻と見るべきものである。序には、「偏に自ら東洋精神の真髄を体得し、これを江湖に闡明する」ための試みと記されている。ご母堂を失われて初めて迎えた春の夜に書き終えられた。先生はこれを契機に支那思想の大家としての片鱗を表しつつあった。とは言え、まだ若干二十五才。先生のお気持ちは如何ばかりであったろうか。

本書が当時の社会に与えた影響力の大きさを伝えるエピソードがある。

この年、安岡先生は、大學卒業に伴い徴兵猶予が解けて徴兵検査を受けることになった。ところが『王陽明研究』を読んでいた徴兵官は先生がその著者であることに驚き、

「君のような人は、兵役に入るよりは民間にあって国に尽くすほうがよい」

として近視を理由に丙種と判定したのである。

それから三十八年後、先生は学生時代を回顧されて『王陽明研究』新序を書かれた。そこには若き日の安岡先生の読書・思想と行動の遍歴が要約されている。長くなるが引用してみる。

さすがに懐かしい書である。まるで若かりし頃の写真を見る感じがする。高等学校、大学時代、私は熱烈な精神的要求から、悶々として西洋近代の社会科学から、宗教・哲学・文学などの書を貪り読んだ。ダンテ、ドストエフスキー、トルストイ、ニーチエ、ワイルド、マルクスなども耽読した。セネカや、モンテインやパスカル、アミエルなども好んで渉獵した。しかしどうも不満や焦躁の念に駆られ、深い内心の持敬や安立に役立たず、いつのまにか、やはり少年の頃から親しんだ東洋先哲の書に返るのであつた。その頃東洋の先哲とか、その書など、今も大して変りはないが、要するに前世紀の遺物のやうに見なして、若い学生達はほとんど顧みる者もなかった。私が漢籍などを読んでゐると、異端といふより、むしろ奇物変人視されたものである。それでも私は意としなかった。『かつて極めて少数の者にしか通じさうもない学問を、何のためにさう熱心に没頭するのかと問はれて、私はかう答へた。私には少数で十分だ。一人でも十分だ。一人もゐなくても十分だと』。『至善は外界からの手を求めない。内部から培はれ、それ自体から出でて全きものである』と、これはセネカの教へであるが、私もさう信じた。陽明も、天下悉く信じて多しとなさず。一人これを信ずるのみにして少しとなさずと説いてゐる。この書はかういふ心境で学問に没頭した時の所産である。

爾来私は出世街道を断念して、ひたすら内心の至上命令にしたがつて生活した。学問も一つの目的から資料を集め、これ等を比較検討して、何等かの結論を出してゆくやうな客観的・科学的なことよりも、自分の内心に強く響く、自分の生命・情熱・霊魂を揺り動かすやうな文献を探求し、遍参した。丁度竹の根が地中に蔓延して、処々に筍を出すやうに、学問し執筆した。さうして伝習録が縁で、陽明を研究し、陳白沙、李卓吾、李二曲、劉念台、呂新吾、遡つて陸象山、朱晦庵、程明道、伊川、張横渠、邵康節、周茂叔などを遍歴し、日本では、藤原惺窩、山鹿素行、中江藤樹、熊沢蕃山、山田方谷、春日潜庵、大塩中斎などに参求した。その間に法然、親鸞、日蓮、道元などから深い感化を受けた。特に歴史的社会的に脊骨ができたやうに思へたのは、史記と資治通鑑を読破したことであつた。

大学時代棄身になつてよく学問したが、その頃から私は一面強烈に革命を考へるやうになつた。しかし東洋先哲の学問の力であらう、今日の学生のやうに浅薄皮相な集団活動に趨らず、まづ深い政治哲学を持つた優れた同志の糾合を考へた。それが私の社会生活を築きあげる不思議な原動力になつてしまつた。

この『王陽明』新序にはポイントが三つある。

まず第一に、先生は高等学校、大学時代、熱烈な精神的要求から、悶々として書を貪り読まれた。その書とは、ダンテ、ドストエフスキー、トルストイ、ニーチエ、ワイルド、マルクス、セネカ、モンテイン、パスカルなど、西洋近代の社会科学から、宗教・哲学・文学などの書であった。ところが先生はこれに飽き足らず、東洋先哲の書に立ち返っていった。

それ以来、先生の人生観は一変する。当時一高、東大法学部の卒業生と言えば高級官僚・政治家を目指した。家族・親族もいわゆる世俗の出世を期待していた。ところが先生は出世街道を断念して、ひたすら内心の至上命令にしたがって生活するようになった。読む本も自分の内心の至上命令にしたがって生活した。この「内心」「内心の至上命令」という言葉は、その後の先生の人生、思想を考える上でのキーワードとなる。

第二に、読まれる書も「自分の内心に強く響く、自分の生命・情熱・霊魂を揺れ動かす」ようなものに変わっていった。この「生命」「情熱」「霊魂」も安岡先生を理解するキーワードである。

具体的には、王陽明などの中国の先哲十三名、藤原惺窩など日本の先哲七名の名前が挙げられている。私が本書との関連で注目したいのは、

「法然、親鸞、日蓮、道元」

など日本仏教界の先哲である。先生はこれらの先哲から「深い感化を受けた」とされている。では、どの

ような深い感化を受けられたのか。それが私が本書で追求している基本的テーマの一つである。

最後に、先生が大学時代、猛烈に学問をされたことは誰れでも知っているが、「一面強烈に革命を考えるようになった」ことが、ここに記されている。

当時、日本では第一次世界大戦後の社会的・思想的混乱の中で、一方では共産主義革命運動、他方では民族主義に立つ昭和維新運動が抬頭して世の中は騒然としていた。

その真只中で、安岡青年は自らの内心の至上命令に忠実で、自身の生命・情熱・霊魂に激しく揺り動かされていた。小・中学校、高校、大学時代を辿ると、先生は人一倍、多感な少年・青年ではなかったろうか。その一途さ、純粋さから考えて安岡青年がいずれか一方の運動にのめり込んでいっても不思議ではなかった。

そういう先生を過激な革命運動に走らせなかったのは「東洋先哲の学問の力である」と言って間違いないであろう。その精神的・思想的背景がこの『王陽明研究』新序に示されている。

第二章　『百朝集』を仏語・禅語から観る

1　『旧百朝集』と『新編百朝集』

安岡先生の出された『百朝集』には、旧と新編の二つがあり、両者の内容は全く異なっている。

先生は、終戦前後の米軍による激しい空襲の最中、又戦後の大変な混乱期に子弟を集めて朝十分か二十分「活学に資した古今名賢心腹の語録」を講じた。『旧百朝集』は、その聴講者が編集・刊行したものである。

戦争が終ると、先生は武蔵菅谷の地に閑居され、そこに開校してあった日本農士学校の庭内や道傍の掲示板に「古人の名言警語」を発表した。それが学生や里人に感動を与え、新しい掲示を楽しみにする人や、隣村から自転車を飛ばして写しに来る人も出てきた。『新編百朝集』は、旧百朝集の多くを削って新しく感興の深いものを加えて作成したものである。

『百朝集』は一般的には、古今の聖賢の語録と理解されており、仏教思想と禅という視点から見られることはなかったと思われるが、本書では『百朝集』の中で仏教思想と禅に対する安岡先生の透徹した境地が示されている語録を取り上げてみることとする。

『百朝集』は全体で百の語録から成っているが、次に示す八の語録が仏教・禅に関連するものである。宗派で見ると、真言宗、曹洞宗、浄土宗、日蓮宗、臨済宗などの語録が網羅されていて一宗一派に片寄っていないところが流石と思われる。篤く三宝（仏・法・僧）を敬った聖徳太子も含まれている。

一	我	西行法師	山家集	真言宗
一三	腹を立てぬ呪《じゅ》文	西有穆山		曹洞宗
四五	一樹の下	聖徳太子	説法明眼《みょうげん》論	
九四	決定力《けつじょうりき》		一言芳談	浄土宗
九五	信心	日蓮上人	南條時光に與ふる書状	日蓮宗

九八	この二佛		地蔵菩薩本願経	
九九	死は是の如く（一）	絶海和尚	遺偈	臨済宗
一〇〇	死は是の如く（二）	天童正覺禅師	臨終の偈	曹洞宗

後述するが、『百朝集』には、この他にも因縁、死生観など仏教と思想を同じくする語録、さらには『養心養生をたのしむ』日用心法のところで考察した日用と禅の心に関する語録もいくつか含まれている。安岡先生が『百朝集』で示された仏教と禅の語録は、中国の聖賢の語録にも匹敵する重みをもっている。

2　我

> 世の中を夢とみるみるはかなくも猶おどろかぬわが心かな
>
> 〔西行法師・山家集〕

安岡先生は、『新編百朝集』（以下、新編を略）の最初に西行法師の『山家集』からこの歌をもってきておられる。興味深いのは、先生が解説の中で西行法師にも歌の内容にも触れずに、國木田獨歩の『牛肉と馬鈴薯』からの引用と楠木正成と禅僧との問答を記していることである。まず『牛肉と馬鈴薯』からの引用は次のようになっている。

「僕は唯一つ不思議な願いを持って居る。戀愛でもない。大科學者・大哲學者・大宗教家になることでもない。理想社会の實現でもない。結局それは『喫驚《びっくり》したい』といふ願いだと國木田獨歩が『牛肉と馬鈴薯』の主人公に叫ばせてをるのは有名である。人間は段々驚かなくなる、即ち純眞熱烈に感じなくなる。麻痺してくる」(『新編　百朝集』〈18〉)

先生は文明の進歩のためには、驚くこと、純粋熱烈に感じることが必要であると考えておられる。善に対しても、悪に対しても、鈍感になってはいけない、驚かなければいけないと警鐘を鳴らしておられるのである。このような純粋熱烈な精神は、先生の先天的な精神であり、王陽明にも一脈通じるものがある。何事にも無関心になっている現代人に対する警告である。

もう一つ先生は「我の自覺」が大切であるとして、楠木正成と見知らぬ僧との次の問答を紹介している。

━(僧が正成に尋ねた)

僧「貴方は何とおっしゃるお方か」
正成「楠多聞兵衛正成という者です」
（しばらくして僧は呼んだ）
僧「正成」
正成「はい」
（すかさず僧は切り込んだ）
僧「その正成は何でありますか」
（正成はこれによって大いに得るところがあった）

この禅僧と楠木正成との問答は禅の世界では重要な公案であり、安岡先生も折に触れ言及されている。それ故に私は、先生がなぜこの問答にそれほどの関心をもたれているのか、大変興味を持ち謎解きをしたいと思っていたのである。それにヒントを与えてくれたのが先生のご長男、安岡正明氏の著作である。正明氏は、平成十二年（二〇〇〇年）、それまでの人生を振り返って、『我何人』（われはなんぴとぞ）を発刊された。その中で次のように昔を回顧されている。

「小学生の頃、酒井伯爵邸の一隅にあった我が家の玄関に『我何人』と緑色の文字で書かれた扁額が掲っていた。登校下校の朝な夕なにこの扁額を仰いだ日々、私に向かって『我は何人ぞ』と問いかけてくる文字は、何か謎めいた呪文のように、子供心に棲みついてしまった。その後、転居や戦後の混乱の中で、その扁額は消失してしまい、多分私だけの記憶しか残っていないことだろう。この記憶は今も折に触れて『我は何人ぞ』と囁きかけて止まない」

『我何人』の本を目にした時、私は〝これだ〟と思い、飛び上がらんばかりの興奮に襲われた。先生はご自宅の玄関に「我何人」と額を掛けておられたのである。これが先生の強烈な問題意識でなくて何であろうか。私の想像は尽きない。

当時先生は「我何人」を探求しておられたのであろうか？

それとも既に解決されておられたのであろうか？

いずれにしても、禅僧が楠木正成に尋ねた「その正成は何でありますか」という問いは、安岡家の扁額の「我何人」（われはなんぴとぞ）という問いと同じである。

正成は、この問いによって大いに得るところがあった。つまり正成は自分がわかった。我がわかった。

安岡先生は「我」の説明の最後を

「我々は皆我が名を知ってをるが、その我そのものを知ってをるであろうか。」

と結んでおられる。

実に刺激的、挑戦的、啓発的な結びである。この我とは、勿論利己的な我ではなく、「大我」「真我」の我であることを我々は自覚しておかなければならない。

因みに安岡正明氏の結びを紹介しておこう。

「また、我は何処より来り、何処に去るか、を自ら問うところに、覚者が辿る解脱への信仰の世界が生まれる。『逝く者は斯の如きか昼夜を舎かず』孔子のこの言葉の陰に、流転の生に対する詠嘆の想がなかったと言えようか。まして凡俗の身には、空・無・天・神をもってなお消し難い、無常の哀しみが残る。

だが、歳月とともに、無常の愁は穏やかなものとなり、淙々たる因果の流れに身を任せて、終りの近いわが過去に向かって苦笑する今も、『我は何人ぞ』の問いかけは、ついに答えを得るはずもない。」

我々もこのようにして人生を終えてゆくのだが、まさに禅の修行では

一　己事究明

といって、自己を明らかにすることを迫られる。自分が自己と向き合って、真実の自己とは何かを探究するのである。安岡先生は、西行法師の歌からここを鋭く指摘されたのである。

3　腹を立てぬ呪文

おんにこにこ　はらたつまいぞや　そはか

安岡先生によれば、これは「明治初年禪門の耆宿《き》西有穆山がある老婆に教えた眞言陀羅尼」とある。

陀羅尼とは、「持」、「総持」、「能持」の漢訳ですべての善を保持し、すべての悪を抑えておくことである。これを必死に誦すればさまざまな障害を除いて種々の功徳を受けることが出来ると言われている。この陀羅尼は、一般的には意味不明である。それでも翻訳しないでそのまま読誦すべきものとされている。分かり易い事例を挙げると、よく知られている『般若心経』はその最後に、

「即ち呪に説いて曰く、羯諦、羯諦、波羅羯諦、波羅僧羯諦、菩提薩婆訶、般若心経」（ギャーテー、ギャーテー、ハーラーギャーテー、ハラソーギャーテー、ボージーソワカー）

とある。意味は「ゆけるものよ、ゆけるものよ、彼岸にゆけるものよ、彼岸に完くゆけるものよ、悟りよ、弥栄」であるが、翻訳せずにそのまま読んでいる。

翻ってこの陀羅尼に戻ると西有禅師はあるおばあさんに

「いつもにこにこしていなさいよ」
「はらをたててはいけませんよ」
「おんにこにこ　はらたつまいぞや　そはか、といつも唱えていなさいよ」

と教えられた。

仏教には、善根を毒する「三毒」の教えがある。三毒とは、貪・瞋・痴、即ち貪欲・瞋恚・愚痴の三つである。瞋恚は怒り、自らを振り返ってみてもこれはわれわれの善根を最も毒するものである。

どういう事情があったかわからないが、西有禅師はいつもにこにこしていなさいよ、はらをたててはいけませんよ、とおばあさんを諭された。

『百朝集』には、この他にも「臨喜臨怒に涵養を看る」（四看）、「瞋《いかり》を以て威ありと爲す」（六錯）、「瞋怒を戒めて以て肝氣を養ふ」（七養）、「釋《と》き難き怒は較《あらそ》ふを休めよ」（八休）など、怒、瞋を戒める教えが多い。安岡先生は怒りの弊害を次のように記されている。

「液體空氣（壓力を緩めて蒸發させると零下一一七度まで下る）で冷却したガラス管の中に息を吐きこむと、息の中の揮發性物質が固まり、無色に近い液體になる。この人が怒つてをると、數分後に管の中に栗色の滓が残る。苦痛或は悲哀の時は灰色、後悔してをるものは淡紅色になる。この栗色の滓を天竺鼠に注射すると必ず神經過敏になり、激しい嫌惡の情に驅られてをる人の息の滓なら、數分で死んでしまふさうだ。一時間の嫌惡の情は八十人を殺せる毒素を出し、この毒素は從來の科學の知るかぎりの最強の猛毒であると。

おんにこにこ　腹立つまいぞや　そはか」（同書〈39〉）

4　一樹の下

或は一國に生れ、或は一郡に住み、或は一縣に處《を》り、或は一村に處り、一樹の下に宿り、一河の流を汲み、一夜の同宿、一日の夫婦、一所の聽聞《もん》、暫時の同道、半時の戲《げ》笑、一言の會釋《えしやく》、一坐の飲酒、同杯同酒、一時の同車、同疊同坐、同牀《しょう》一臥、輕重異るあるも、親疏別有るも、皆是れ先世の結縁《けちえん》なり。

［説法明眼論］

安岡先生は、ここではただ次のように記されている。

「説法明眼論は聖徳太子の作と傳へられてゐるが、もとより假託である。然し本邦古代の著書として、内外の古書に引用されてゐる。伊勢眞常院の亮典に、説法明眼論三巻がある。」（同書〈92〉）

仏教は「因縁」の教えである。安岡先生も「多逢聖因」「縁尋機妙」を常に説かれている。私事に例えれば、私は日本国に生まれ、今静岡県の沼津市に住み、さまざまな場所に出掛けていく。雨が降ると樹の下や軒下で宿り、畑仕事では小川の水を汲む。一夜、人と同じホテル、旅館に泊ったり、説法を聞いたり、談笑したり、人と会釈を交したり、飲み屋で酒を汲み交したり、乗物で席を隣り合わせたり、茶席で坐を同じくしたり等々。

我々はどこでも、誰れかと何らかの縁をもって生きている。仏教的にはこれは前世からの縁が結びついたものである。われわれは今の縁を大切にしなければならない。良縁を拡げていかなければならない。それが幸福への道である。

ここで「一坐の飲酒、同杯同酒」につき、『百朝集』の中から、いかにも安岡先生にふさわしい箇所を紹介してみよう。「二七　男性的交友」に綴られているものである。

「今夜飲んだな
いや、まだそれほどでもない
ほんとに濟まなかつたな
何が濟まぬ
まあまあ赦してくれ
何を言ふとるのか
さう言はれると恥づかしい
さ、君も飲め、君も飲め。何をこせこせしとるのか
いや、ほんとに濟まなかつた
まだ言ふとるのか
大體彼奴《あいつ》も惡いんだよ
もう好い加減にしとけ。あれがどうの、これがどうのと、吝《けち》なことを言ふもんぢやない。御互に大きく、一度善からうと許しあつたら、ちとばかり氣に入らぬ點（小嫌）は採りあげぬものだよ
分つた、分つた。ほんとに男らしくない話だな
萬里の長江、あに千里に一曲せざらんやだ
呵々大笑」（同書〈62～63〉）

「一坐の飲酒、同杯同酒」。何とも云えぬ男性的交友です。最後の「呵々大笑」。これ又、いかにも先生らしく痛快である。

5　決定力《けつぢやうりき》

法然上人曰く、一丈の堀をこえんと思はん人は一丈五尺をこえんとはげむべきなり。往生を期《ご》せん人は決定《けつぢやう》の信をとりて、しかもあひはげむべきなり。

〔一言芳談〕

安岡先生は、「禅宗は聖道門、浄土教は易行門」という一般論に強く異を唱えておられ、さまざまな著作で自論を述べておられる。これについては後述するとして、先生の真意は、

「浄土宗も、浄土真宗も決して易行門ではない」

というところにある。仏教には、小乗仏教と大乗仏教、聖道門と浄土門、難行道と易行道というように、教義とか行によって二つの流れがあるように考えられている。

このうち「聖道門」というのは、仏の教えがいかに深遠・広大であっても自らの努力によって涅槃の道

に至り安心を得る、というものである。

一方「浄土門」は、ひたすら〝南無阿弥陀仏〟〝南無阿弥陀仏〟と唱え、阿弥陀仏の慈悲にすがっていれば救われる、というものである。

聖道門は、厳しい修行により自力で仏果を得る。

浄土門は、阿弥陀仏を信じ必死に南無阿弥陀仏を唱えていれば仏果を得る。

ここから聖道門は難行道、浄土門は易行道という見方になってくる。これに対して先生の主張は、

「浄土宗を開かれた法然上人の『信の力』や、法然上人に対する親鸞上人の『信の力』を見てみよ、それは決して易行門と低く見えるものではない。」

というもので、その証左として、『歎異鈔』から次の箇所をしばしば引用されている。浄土真宗の信者なら暗記している教えである。長くなるが読者の方々に先生の真意を理解して頂くために引用してみる。

親鸞聖《しんらんしやう》人門徒に向ひて曰ふ、おのおの十余《じふよ》ケ国《こく》のさかひをこえて、身命《しんめい》をかへりみずしてたづねきたらしめたまふ御《おん》こゝろざし、ひとへに往生極楽《わうじやうごくらく》のみちを問ひきかんがためなり。しかるに、念仏《ねんぶつ》よりほかに往生《わうじやう》のみちをも存知《ぞんぢ》し、また法文等《ほふもんとう》をも知りたらんと、こゝろにくゝおぼしめしておはしましてはんべらんは、おほきなるあやまりなり。もししからば、南都《なんと》・北嶺《ほくれい》にもゆゝしき学匠《がくしやう》たち、おほく座《おは》せられてさふらふなれば、かのひとにもあひたてまつりて、往生《わうじやう》の要《えう》よくよくきかるべきなり。親鸞《しんらん》におきては、たゞ念仏《ねんぶつ》して弥陀《みだ》にたすけられまゐらすべしと、よきひとのおほせをかうぶりて信《しん》ずるほかに、別《べつ》の仔細《しさい》なきなり。念仏《ねんぶつ》は、まことに浄土《じやうど》に生まるゝたねにてやはんべるらん、また地獄《ぢごく》に落つる業《ごふ》にてやはんべるらん。総《そう》じてもて存知《ぞんぢ》せざるなり。たとひ法然上人《ほふねんしやうにん》にすかされまゐらせて、念仏《ねんぶつ》して地獄《ぢごく》に落ちたりとも、さらに後悔《こうくわい》すべからずさふらう。そのゆゑは、自余《じよ》の行《ぎやう》もはげみて仏になるべかりける身《み》が、念仏《ねんぶつ》をまをして地獄《じごく》に落ちてさふらはゞこそ、すかされまつりてといふ後悔《こうくわい》もさふらはめ。いづれの行《ぎやう》もおよびがたき身《み》なれば、とても地獄《ぢごく》は一定《いちぢやう》すみかぞかし。

ここで親鸞上人は門徒の人達に向かって、自分は念仏を唱えれば弥陀に助けられるという法然上人の教えを唯信じるだけだ、と語っている。念仏して浄土に生まれるのか、地獄に落ちるのか、そんなことは気にかけない、法然上人に欺されて地獄に落ちても後悔しない、とも言っている。

信じると云っても、ここまで徹底しなければ本当の信とは云えない。これが真の宗教である。安岡先生はこれを「決定《けつじやう》の信」とされ、ここまで至るのは容易なことではない、これは易行門ではない、と主張されている。卓見である。

6　信心

> 飢へて食《じき》を願ひ、渇して水をしたふが如く、戀しき人を見たきが如く、病に藥を賴むが如く、みめかたち良き人・紅《べに》白粉をつくるが如く、法華經には信心を到させ給へ。さなくしては後悔あるべし。
>
> ［日蓮上人・南條時光に與ふる書状］

『日蓮大聖人御書新集』（刊行會）を読むと、日蓮上人は、さまざまな人に夥しい書状を与えている。これは『南條時光に與ふる書状』であるが、南條家だけをとっても、南條殿、南條兵衛七良殿、南條平七郎殿等に宛てた書状等いくつもある。日蓮上人が信者に対して実に筆まめに教えを説いていた状況がよくわかる。日蓮宗が、禅宗、浄土宗、浄土真宗とともに、鎌倉仏教の一つとして今に伝わっている理由の一端がわかるような気がする。

安岡先生は、日蓮上人や『法華経』、あるいは法華経の行者にも強い関心を持たれていた。日蓮上人自身がそうであるが、日蓮宗の信者は法華経に深い「信心」を持っている。安岡先生は、その信心について次のように記しておられる。

「道徳や信仰は上人の言葉の通り本能的にならねば本當ではない。もっと極言すれば、我々が空氣を呼吸し、水を飲むやうに、自然にならねばならぬ。御利益があるからだの、人が言ふからだのといふのでは、爲にするところある不純なものである。文明人がかうならねば、文明は罪惡であり、無意義である。」（同書〈168〉）

ここで安岡先生は、「道徳や信仰は上人の言葉通り本能的にならねば本當ではない」と言っておられる。私は初めこの「本能的」という言葉に違和感を覚えた。安岡先生は、

「知性的・理知的に動かれる方ではないか？」

「本能的に動くことを否定される方ではないか？」

と思ったからである。しかしながら安岡先生と禅を研究する過程で疑問が解けた。というのは、先生は、知性的・理知的な方ではあるが、禅の公案は素直に解決されている。自然体である。又、禅者・仏教学者が難かしく説いている教えを簡易にわかり易く説かれている。つまり素直に本能的に対処されているので

ある。

多くの人は、神様や仏様に人それぞれさまざまな御利益を期待して願い事をする。その願いをかなえるため、さまざまな神様・仏様がおいでになる。ところが先生は、御利益を期待するのは不純だと喝破されている。それではどうすればよいか、自然体でなければならない。純粋でなければならない。日蓮上人が「法華経には信心を致させ給へ」とはそういうことである。御利益を求めたり、期待してはいけないのである。

禅宗では、『碧巌録』第一則に「聖諦第一義」という有名な公案がある。武帝と達磨大師との出合いに関する公案である。

梁の武帝（四六四〜五四九年）は非常に熱心な仏教信者で、建康の都の中だけで五百以上の寺を造り、十万人以上の僧尼を育て、経典の翻訳を行った。又、自ら仏典を講ずるなど教養人、文化人でもあった。手厚く仏教を保護しているという自負心があった。

そこで訪ねてきた達磨大師に尋ねた。

「これだけ仏教を保護していればどんな功徳があるだろうか」。

達磨の答えはにべもないものであった。

「無功徳」（功徳なんでそんなものはない）。

二人のやりとりは更に続くのであるが、下心あっての善行には何の功徳もないということである。達磨禅はここから始まっている。

7　この二佛

爾《その》時に佛有り。未だ出家したまはざりし時、小國の王たり。一の隣國の王と友たり。同じく十善を行じて衆生を饒益《ねうやく》す。其の隣國の内に有らゆる人民多く衆惡を造《な》す。二王議り計《はか》つて廣く方便を設く。一王發《ほつ》願すらく、早く佛道を成じて當に是の輩を度《ど》して餘り無からしむべしと。一王發願すらく、若し先づ罪苦を度して是をして安樂ならしめ、菩提に至ることを得しめずんば、我れ終《つひ》に未だ成佛を願はずと。一王發願して早く成佛せん者は即ち一切智成就如來なり。一王發願して永く罪苦の衆生を度して未だ成佛を願はざる者は即ち地藏菩薩是なり。

［地藏菩薩本願經］閻浮衆生業感品］

「この二佛」は、安岡先生の面目が躍如としている文章である。

学問に対する姿勢において先生が偉大なのは、厖大な歴史的事象を探究してそこからご自身の判断・結論を導き出されているところにある。その過程で先生は、専門家にも知られていない事実や人物を発掘し

て世に紹介されている。隋の時代の「信行」はその好例で、法華經の行者を日蓮とすれば地蔵経の行者は信行であると言う。そして

「（信行は）眞に慈悲の化身であった。彼は四歳の頃、已に、牛車が泥道にはまりこんで、牛が苦労しているのを見て悲泣した。そして車の後押しをしてやろうといってきかなかった」（『新編　百朝集』〈173〉関西師友協會）

として、信行を真の慈悲の化身であると評価されている。

信行が生きていたのは、支那が南北に分れて悲惨な争乱が長く続き、民衆が正に地獄の苦しみに悩んでいた時代であった。そのドン底の過酷な生活の中にあって、信行は

「教えは時代に応じなければならない」

との確信をいただき、仏教で一乗とか、二乗、三乗という区別を立てたり、戒とか見を説いたり、或る特定の立場から法を説くのは「別法」であってそれは誤りである、とした。それでは、信行はどういう教えを説いたのか。先生は『禅と陽明学　上』で次のように記されている。

「何でもよいものはみな取り上げて、それぞれ好むところに従って、偏見・差別観を立てずに行って

いかなければならない。これを普法〈普真普正法〉という。彼はこの信念に到達して、これを熱烈に唱道しました。私も初めて信行を知り、信行のことを研究した時に非常に共鳴した。」（『禅と陽明学　上』〈252〜253〉プレジデント社）

先生は、この信行の教えをさらに仏教家、儒教家、老荘家、西洋哲学者の在るべき姿にも敷衍させて次のような考え方を述べておられる。

「要するに小我に基づく差別観を無くさなければ、悪ければ悪い、善ければ善いで、派閥をつくっていがみあうにすぎない。あらゆる宗教が昔から宗派争いの弊に堪えない。だから私も、とにかく良い人だ、立派な人だという人にはすべて敬意を持ち、その人が佛教者であろうが、儒教者であろうが、老荘家であろうが、西洋哲学者であろうが、何であろうが、少しも差別偏見をもたず、どんな人にでも会ってみたいと思っている。人にもそう勧めてきた。いかなる意味においても私の一家を成すようなことは考えていない。私は生きている間はそれこそ普法でありまして、機会があればできるだけ天下の名山大川を訪ねたいと思う。できるだけ天下の好人傑士を訪ねたいと思う。できるだけ天下の好書を読みたいと思う。一宗一派、一事一物にこだわっているのは惜しいのであります。」（同書〈253〉）

これは過去の仏教、儒教、老荘思想、西洋哲学の教学上、思想上の歴史を辿って見れば「普真普正法」

の教え、ならびに安岡先生の考え方、生き方の正当性が納得できると思う。

宗教を例にとれば、今、世界中至る所で宗教間、或いは宗派内での教学上の対立が熾烈化し、救いを必要としている衆生を省りみることなく闘いが行われている。それが極限まで行くと戦争・殺戮につながる。

信行は教学上の争いよりもまず衆生の救済が優先すべきであるという慈悲心から「普真普正法」を唱道し、安岡先生もそれに共鳴された。この考え方は先生の生涯を通じての行動にあらわれていると云って良いであろう。

さてこの二佛に戻ると

・一佛は早く成佛せんとする一切智成就如来
・一佛は永く罪苦の衆生を度して未だ成佛を願わざる地蔵菩薩

である。両方とも有難い佛さんに思われるが大きな違いがある。分かり易く説明すると

・まず自分が佛さんになってそれから衆生を救ってやろうという佛（一切智成就如来）

・衆生を救うまで佛にならないという佛（地蔵菩薩）

の違いだ。民衆にとってどちらが有難いかというと地蔵菩薩である。こういうことから地蔵信仰が民衆の間に拡がっていった。

安岡先生は信行に着目され、深く信行を研究された。更に『大方地蔵十輪経』や『地蔵十輪経』『蓮華三昧経』『本願経』『法華経』などいくつかの仏典に当たり、その過程で地蔵の慈悲の心に深く共感されていったのではないかと推察される。

そして安岡教学を学んでいる人なら誰れでも知っている「多逢聖因」の出所は、『本願経』で説かれている次の地蔵の十益の中にある。

（1）土地の豊饒、土地を豊かならしめる
（2）家宅を永安ならしめる
（3）先亡者は天に生まれる
（4）現存者は寿を益す。寿命が延びる
（5）求むるところ意を遂げしむ

(6) 水火の災をなくす
(7) 虚安を砕除する。つまらないこと、何にもならないこと、役にも立たないようなことをみんな取り除く
(8) 悪夢を杜絶す。悪い夢を見ないようにする
(9) 出入神護、出たり入ったりに神様が守ってくださる
(10) 多逢聖因

この本を読んで下さっている方々の中には、安岡先生、並びに安岡教学との出会いから多逢聖因に恵まれ幸運を手にしておられる方々も多いのではないでしょうか。私もその一人である。田舎道を歩いていると路傍にさまざまなお地蔵さんが立っておられる。お地蔵さんは六道すなわち地獄・餓鬼・畜生・修羅・人間・天上を能く化してくださる仏様である。衆生の悩み・苦しみ・願いも多種・多様であるから、お地蔵さんも様々に化して世に現れているのである。お地蔵さんに赤いエプロンがかけられているのを見るにつけ、衆生の願いと感謝の心を感じ取ることができて実に微笑ましい。

安岡先生は中国の治乱興亡の歴史に精通され、その激流に翻弄される民衆の塗炭の苦しみを身に沁みて感じ取られていた。それが「この二佛」に表現されているように思われる。

「白蓮教」についても同じ観点から見ることが出来る。

8　死は是の如く（一）

虚空、地に落ち
火星、亂《みだ》れ飛ぶ
筋斗を倒打して
鐵圍《てつい》を抹過す

安岡正篤先生の『百朝集』の締めくくりは

「九九　死は是の如く（一）」
「一〇〇　死は是の如く（二）」

という禅僧の遺偈である。私はここに重要な意味を感じ取っている。というのは、ここに先生の死生観が集約されていると考えているからである。

「生と死」は人生の一大事因縁だ。先生が日本精神の「英靈漢」と評価されている道元禅師（第三章参

照）も、『修證義』の冒頭で

「生を明らめ死を明らむるは佛家一大事の因縁なり、生死の中に佛あれば生死なし、但生死即ち涅槃と心得て生死として厭うべきもなく、涅槃として欣うべきもなし、是時初めて生死を離るる分あり、唯一大事因縁と究盡すべし」

と示されている。

「死は是の如く（二）」は、南北朝・室町時代の禅僧（延元元～応永十二年、一三三六～一四〇五）絶海中津の遺偈である。

絶海和尚は、入明から帰った後、天龍寺、甲斐の恵林寺を経て、義堂周信の推挙により将軍足利義満に招かれたが、一時退隠を余儀なくされた。その後等持寺の住持、京都五山の相国寺の長老となって終った。義堂と並んで五山文学の双璧とされる禅僧である。その絶海和尚の遺偈である。

「虚空、地に落ち、火星　亂《みだ》れ飛ぶ」とは常識的には考えられないが、禅的な悟りは知解の及ばない世界で、作家には格外の働きが生まれてくる。

「筋斗を倒打して」（激しくもんどり打って）、「鐵圍を抹過する」（須彌山《しゅみせん》のまわりの七山八海を更に取り囲む鉄の山から落ちる）とどうなるか。

安岡先生はこれを「いや實に豪快である」（同書〈175〉）と評されている。

禅僧の中には奇抜な死に方をした人が何人か出ている。安岡先生は禅僧の死に関心を持たれていた。

隠峯《いんぽう》は、臨終の時人を呼んで、坐脱、つまり坐りながら亡くなった。
僧璨《そうさん》は、立ったまま亡くなった。
逆立ちして死んだ人はいないと聞き、それをわしがやると云って本当に逆立ちして死んだ禅僧もいる。
霍《かく》山景通は火定した。

安岡先生は「悟りというものはそんなものではない」と言っておられるが、禅僧にとって「死に様」はその境涯を示す一大事だ。安岡先生が絶海和尚の遺偈を取り上げた理由も良く理解できる。

9　死は是の如く（二）

夢幻空華　　夢幻・空華
六十七年　　六十七年
白鳥湮没　　白鳥湮没して
秋水連天　　秋水・天につらなる
　　　　　　　※湮は「沈む」

天童正覺禅師の臨終の偈である。禅師は曹洞禅の大宗で、天童山（景徳寺）に三十年住まわれ、千人を超える修行者が参集して道風大いに振った。先生はこの偈について

「何といふ美しく、清く、大きく、神秘な作であろう。若山牧水の歌に、『白鳥はかなしからずや空の青海の青にも染まず漂ふ』というのがあるが、これにくらべるとまだ問題にならない。」（同書〈178〉）

と記されている。歌人の歌と禅家の境地との明らかな違いである。

安岡先生は昭和五十八年十二月十二日、お亡くなりになる前日、

「今、三千大千世界を廻っているところだ」

と伊与田覚氏に語られたとのことである。そして翌十二月十三日、ご臨終に際し、

「三界流転」

と口ずさばれたとのことである。

天童正覺禅師の「夢幻空華」の世界と同じである。

先生は最後に、王陽明の死に思いを馳せて次のように記されている。

「彼は生滅を超えた純一玄妙の一心を以て自我とし、随處に解脱し、歩々光明の中を行くを旨とした。王陽明は臨終に遺言を問ふ弟子に向つて、此心光明、亦復何をか言はんやと語つて永眠した」

（同書〈177〉）

純一玄妙の一心
随處に解脱
歩々光明
此心光明

見事に禅心が表現されている。安岡先生の死生観を解く鍵がここにありそうである。

第三章『日本精神の研究』日本精神と道元禅師の禅風

1 〝魂〟の記録

『日本精神の研究』は、大正十三年（一九二四年）、安岡正篤先生が二十七歳の時玄黄社より発刊された。
本書は、

『東洋倫理概論』（昭和四年─一九二九年刊行）
『東洋政治哲学』（昭和七年─一九三二年刊行）
『日本精神通義』（昭和十一年─一九三六年刊行）

と並んで、安岡先生の四部作とも言うべき作品である。

いずれも一般人にとっては実に難解な書であるが、特に『日本精神の研究』については、我々がこれを体系的・総合的に理解することは至難の業と言える。しかしながら冒頭の緒言に触れるだけで、本書に対する先生の熱い想いと〝魂〟の叫びがひしひしと伝わってくる。

先生は緒言の中で次のように宣言されておられる。

この書は一昨年來私の参學の生活に於て最も私を動かした問題から十四論文を得、之を一貫せる内面的系統に依つて相照映せしめたものである。述懐すれば、かゝる小著も自ら苦しんで昏散を撲落し、自我の奥殿を通じて國民精神の眞髄に觸れ得た熱き魂の記録である。

世間或は私を以て漢學者と看做し、是の如き道業を私の學の爲に邪路とする者もある。然しながら若し所謂學者たることが魂の自由なる飛翔を封ずるものであるならば、私は生涯學者たることを斷念するであらう。私はただ自我の奥殿を通じて廓然たる自由の天地に出たい爲に縁に随つて儒に入り、更に道釋にも泛濫し、また西洋哲學に聽き、神道に參するを樂む者である。其の他更に餘念は無い。ゆゑに此の書も要するに自ら省る内生の業に過ぎない。偶々此の書が私と志を同じうする人人の魂に何等かの感激を與ふるならば、それは淺からぬ歡喜である。

先生によれば『日本精神の研究』は、国民精神の眞髄に觸れ得た熱き魂の記録であり、志を同じくする人人の魂に何等かの感激を与えることを歓びとしたい、と語られている。この魂は先生の自我の奥殿から生まれたものである。青年安岡正篤の魂の叫びだ。

先生は又、魂が自由に飛翔し、廓然たる自由の天地に出てゆきたいとの願望も述べられている。天地・宇宙に飛び立ち、天地・宇宙を我が物にせんとする魂。何という壮大な魂であろう。

「魂」と「自由」。これこそ『日本精神の研究』を理解する基本概念ともいうべきものである。

2　日本精神に共鳴した二人の人物：八代海軍大将と大川周明

『日本精神の研究』が刊行されるや先生と志を同じくする人物、魂を揺さぶられた二人の人物が現れた。

一人は海軍大将八代六郎である。本書の「跋」に次のように記している。

「此の書通篇實に英靈の生動である。余が久しく期待して居った日本古道の新しき體認と提唱とを、著者に依って鮮やかに實現せられ、退老余の如き者も之を讀んで、眞に心胸の躍るを覺ゆる。特に蕃山先生が晩年學問の極み、神道に深く造られたことを聞いて、案を拍って感悟した。」

「主として此れは著者の醇乎たる日本精神、敬虔なる神の禮拜が與つて力あると思ふ。必ずや此の書は第二の國民に偉大なる薫化を與へるであらう。喜びの餘り之を認めた所以である。」

八代将軍によれば、安岡先生は次のように言って大将を戒められていたと云う。

「一心不鍛錬にして軍将たることは覺束ない。たとへ兵書萬巻を讀破するも、それでは要するに趙括の兵法に過ぎぬ。而て心の鍛錬は先づ慢心を斷絶するに在る。かくて聖賢の書名將の傳に親しんで、之に對しては恭敬直に其の人を拜して教を受ける心持になり、愼思審察、名將の戰積を見ては、己れ其の人に代り其の場合に臨んだならば如何にすべきかと考量し、又古人の兵法を今日に活用するには如何にすべきかと思慮して、これが體現を務めたならば、漸々に心の鍛錬も出來るであらう。かうしてやがては古人未發の見識を立てるように努力せよ」と。

大将はこの教えを守り、席を同じくする時には生涯先生の上座に坐ることはなかったと言われている。それほど先生に対する大将の敬慕の念は強かったのである。

二人目は思想家の大川周明である。同じく「跋」に次のように記している。

「而して此の研究によって、予の思想に根本的の轉向が起つたのである」
「彼は……既に昭々なる理想を仰ぎつゝ、堅確なる歩武を以て、見る目爽やかに日本精神の高根を登り行く」

「この貴き同行は誰ぞ。言ふ迄もなく安岡正篤君である」

大川周明（明治十九〜昭和三十二年―一八八六〜一九五七年）は、昭和期の国家主義者、東大卒業後満鉄に入社、東亜経済調査局長、理事長。又、北一輝・満川亀太郎等と猶存社を設立するなどして「日本精神」を説いた。一九三一年の三月事件、十月事件、三二年の五・一五事件にも加わっている。戦後、A級戦犯で逮捕された。

その大川周明が安岡先生の『日本精神の研究』発刊を機に、満州から日本に帰ってきた。そして「日本精神への復帰《ふっき》」と題して跋を書き、その中で「日本精神」という言葉を九回も使っている。いかに『日本精神の研究』に共鳴したかということである。

大川周明は大部の『大川周明全集』が出ているほどの思想家であるが、彼をして「日本の思想を叙述せるものに、予の哲學的思索の糧たり得るやうに書かれたる一冊の書籍をも見出し得なかったが、……予は此事によって、眞個に日本人として眼覺めた」と言わしめた。

このように『日本精神の研究』は、当時世で名声を得ていた二人の人物の魂を揺さぶったのである。本書発刊からおよそ九十年の歳月が経っているが、私の魂も揺さぶられた。

3　人物論の最上位に

『日本精神の研究』は次の十三章から構成されている。

第一章　自覺の世界に於る根本的態度
第二章　崇嚴なる自由―道元禪師の生涯と其の戒法
第三章　人生と生活―偉大なる藝術的人格熊澤蕃山
第四章　學問と義憤―大鹽中齋論
第五章　日本精神より觀たる無抵抗主義的境地―ガンディズム墨家及武士道に就いて
第六章　劍道の人格主義
第七章　二天宮本武藏の劍道と心法
第八章　武士道より觀たる念佛と禪
第九章　敬と知と勇（行爲と直觀）―蒼海副島種臣伯について
第十章　行藏と節義―高橋泥舟論
第十一章　永遠の今を愛する心
第十二章　日本の婦道

一　第十三章　日本と天皇

この構成を一瞥して私が「なぜか」と思ったことがある。ガンデイガンジーと墨家は別として熊澤蕃山、大鹽中齋、宮本武蔵、副島種臣、高橋泥舟はいずれも世俗の人である。道元禅師だけが世俗世界を超越した宗教家である。禅者である。その道元禅師が『日本精神の研究』で、人物論の最上位に位置付けされている。道元禅師は金雞神社に学問神として祭られている熊澤蕃山より上位に置かれている。禅師は陽明学的志と憤の人、大鹽中齋より上位に置かれている。禅師は剣聖の宮本武蔵より上位に置かれている。

（注）私が参考にしている『日本精神の研究』は、大正十三年三月の初版であるが、昭和十二年四月の増補改版の人物論は、次の十人である。初版とは随分異なっている。ここでは道元禅師は取り上げられていない。

・山鹿素行　・吉田松陰　・高杉東行　・高橋泥舟　・楠木正成　・ガンデイガンジー
・墨子　・大鹽中齋　・西郷南洲　・宮本武蔵

4　生涯と人格の展開

(1) 禅僧の自由への憧景

『日本精神の研究』の第二章のタイトルは「崇嚴なる自由」である。安岡先生の道元禅師に対する評価はこの一言に尽きているように思われる。書き出しは次のように始まっている。

「前章に於て私は、建國以來最も多事なる秋に臨んで、わが日本民族が一刻も早く其の唯物的獸人的な夢魔を振ひ落して、醇乎として醇なる人格的根柢を樹立し、至貴至尊なる自律自由の帝王的精神を發揮すべきことを祈つた。

自由！　これ現代の何人もが絶叫せる理想であるが、しかし餘りにいつも誤られ易い。檻より放たれた野獸が、花より花に遊ぶ蝴蝶が、春風を逐うて上下に狂する柳絮が、決して我々の自由では無い。我々の自由は却つて白刄の下に在る。生死巖頭に在る。パスカルの言ふ樣に人は萬物の中でも最も弱い葦に過ぎぬであらう。然し其の人を全宇宙が壓殺す時にも、其の全宇宙よりも殺される人に尊い自由がある。私は其の崇嚴なる自由を日本民族の一典型的人物である道元禪師に就いて語らうと思ふ。」

自律自由
自由！
我々の自由は却つて白刃の下に在る
尊い自由
崇嚴なる自由

キーワードは「自由」、精神の自由、心の自由だ。安岡先生はこの「自由」を以て道元禅師を「日本民族の一典型的人物」と見做しているのである。

ここで想い起こして欲しいのは、既に引用した四条畷中学時代の回顧（『被教育者の回想』）である。

「これらの人々（中学時代の恩師）の前に出ると、不思議にも私は特に中學時代の青年などに免れがたい増上慢の心、巫山戯《ふざけ》た心、色っぽい心などが朝日の前の露霜のやうに消えて、何ともいへない清々しさを覺え、水のやうな一味の懐かしさに浸るのであった。そして健やかな勇気が身内に漲《みなぎ》ることを感じた。その頃絹川先生のお蔭でほんとの劍道を學んだ。晏齋翁によって漢詩にも夢中になった。達翁の薫化で陽明や中齋を景慕した。また自然と禅僧の自由な、生命の力に溢れた生活や思想に一種いふにいはれぬ憧憬を覺えた。」

先生は更に続けて、

「かくして私は……幸ひなお未だ死命を制せられぬ精神的自由と若さとを持っている」
「禅家の熱喝が耳朶に響く。—爾の脚跟下を照顧せよ」

と叫んでおられる。

つまり中学時代に憬れた「禅僧の自由な、生命の力に溢れた生活や思想」「精神的自由」が、『日本精神の研究』における道元禅師の「崇嚴なる自由」に昇華されているのである。

かくして先生は、日本民族が醇乎として醇なる人格的根柢を樹立し、至貴至尊なる自律自由の帝王的精神を発揮することを祈るのである。それこそが安岡正篤先生の精神的自由の王国である。

先生はその精神的王国を道元禅師に仮託された。

（2）個人の自由と国家の自由

自由については、『日本精神の研究』の総論とも云うべき「第一章　自覺の世界に於る根本的態度」の第

三項　自律自由の最高精神にも言及しておく価値がある。

『日本精神の研究』全十三章四十九項の中で、「自由」のタイトルが使われているのは、第二章の「崇嚴なる自由」と第一章第三項の「自律自由の最高精神」だけである。自律自由の最高精神は第一章の結びの言葉として使われている。先生は次のように述べておられる。

「彼はあらゆるものもの丶手を排脱し、我自ら主として行く。禪家の方などでは之を『隨處に主となる』といつて居る。

人格である以上、この所謂『主となる』ことが自由の本質でなければならぬと思ふ。先に私は東洋思想の根柢を説いて、『自律の大勇猛心』に在ると云つた。茲に於て自由な即ち自律なるが故に、東洋思想の根柢は又實に『眞正なる自由の欣求』に在ると斷ずることが出來る。」

ここで「随處に主となる」とあるのは、臨済宗の宗祖臨済義玄の宗風を代表する言葉である。

先生は個人の自由を国家の自由に展開される。

「個人の自由が其の自律に在る如く、國家の自由は其の獨立に在る。所謂國家の主權、外國語で Sovereignty といふのは、公法學者の説に依れば Sovrain といふ中世の佛語より出たものであつて、至上なること、最高なることを表す名詞である。即ち國家が主權を有して居るとは、國家は絶對であるといふこと、國家が自己の意思に反して他の何者にも律せられぬ存在たることを意味して居る。之を對外的意味に於て又國家の獨立といふのである。

獨立無くんば國家に自由は無い。そして自由は個人と國家とを通じて常に最も奥深く潜める最も強き理想である。」

（3）栄西禅師VS道元禅師

日本の禅宗は現在大別して臨済宗と曹洞宗に分れる。もう一つ黄檗宗があるが、臨済宗とともに臨済宗・黄檗宗連合会派を作っている。

日本臨済宗の開祖は明庵栄西禅師（永治元年～建保三年、一一四一～一二一五年）である。禅師は十四歳で比叡山に登り剃髪・受戒、天台と密教を学んだ。禅師は二回にわたり入宋している。第一回は仁安三年（一一六八年）、第二回は文治二年（一一八六年）、この時は法を求めてインドまで赴こうという気持ちであったから求法の志は相当強かったものと思われる。志は果たせなかったが、宋で天台山万年寺の虚堂懐敞に臨済禅を学び法を継いで帰国した。博多に聖福寺を建てて禅宗を布教、京に上ったが、既成宗教からの激しい抵抗に会い、禅宗停止の宣下を受けるに至った。安岡先生によれば、

「『彼が臨済門下黄龍系の虚庵より法を得、平戸に上陸して始めて禪を談じ、京に上つて別に一宗を起さうとする計劃に着手した時、果して在來の僧侶等は彼に向つて邪慳な妨害を始めた。そこで老巧な彼はこの形勢を緩和する爲に、一面從來の顕密二教と或程度の妥協を試み、修法祈禱をも行ふと共に、一面また力めて朝權に近づいて其の外護を借らうとした。」

先生にとって、禅師の「老巧さ」「妥協性」、「修法祈禱」の実践、「朝權」に接近し、その外護を得ようとする姿勢は、禅者として評価できるものではなかった。既成勢力との軋轢を避ける為、栄西禅師は正治元年（一一九九年）新興武士勢力の中心である鎌倉に下り、幕府の帰依を受けて鎌倉に寿福寺を建立（正治二年、一二〇〇年）、京都に建仁寺を建立（建仁二年、一二〇二年）して天台・真言・禅の三宗兼学の修行道場を作った。

更に禅師は、東大寺勧進職としてその復興に努め、法勝寺九重塔再興にも貢献してその功により権僧正に任ぜられた。

先生にとっては、これも真の禅者と言えるものではなかった。

なお一般に知られている事としては、栄西禅師は中国から茶をもってきて栽培し、『喫茶養生記』を著して茶に医学的効果があることを説いた。代表的著作として『興禅護国論』がある。

そこで登場するのが道元禅師である。先生は『日本精神の研究』の中で道元禅師を「英霊漢」と呼び、栄西禅師と対比して次のように述べられている。

「畢竟彼は眞の禪風を擧揚したのではなくて、在來の宗教に對して一敵國を樹立すべき寧ろ宗教政治的方面に努力したのであつた。眞の禪風は尚ほ何人かに待たねばならない。而てこの大任に當つて、しかも之を鮮やかに果した英霊漢こそは即ち道元禪師である。榮西入滅の時、彼は建仁寺に於て榮西の高足明全和尚の門下に在つた。年はまだ十六の春。」

この「英霊漢」という言葉は、安岡先生による最高の賛辞で、四条畷中学在学中、『碧巖録』第五則の雪峯盡大地を開いて眼に映った瞬間思わず合掌してしまった言葉である。

先の「崇嚴なる自由」と同様、この英霊漢も先生の若い時代の感動が昇華されてきた言葉である。先生の精神の遍歴を読み取ることが出来る。

道元禪師は正治二年（一二〇〇年）、村上源氏の家系をひく久我家に生まれた。父親は内大臣久我通親、母親は藤原基房の女である。因みにこの年、栄西禅師は建仁寺を創建している。（後出、道元禪師年譜参照)。

通親は、鎌倉幕府と摂関家の藤原氏を相手に並ぶものなき権勢を誇った人物であるが、禅師は三歳の時父親を失い、それから五年後、八歳の時母親を失うことになった。母親は、幼い道元を枕元に呼んで出家得道を懇請したと云われている。

この母親の死が、道元禅師に世の無常を悟らせ発心求法の道に入るきっかけになった。

禅師は建暦二年(一二一二年)十三歳の時、比叡山に叔父の良観を訪ね、翌年天台座主公円に就いて剃髪、受戒した。この年、栄西禅師は権僧正に任ぜられている。

しかしながら、当時の比叡山は僧兵の横暴という異常な事態に陥っており、天台教団内部でも対立・抗争が激しくなっていた。その上、天台座主の地位は院政・藤原摂関家との結びつきによって決まっていた。

このような比叡山の状況は、真摯な求道心に燃える道元禅師の宗教的欲求を満たすものではなかった。加えて禅師は教義上の疑団に逢着、その解決のため園城寺公胤の指示によって、建保二年(一二一四年)十五歳の時、建仁寺の栄西禅師に参じた。この年、栄西禅師は将軍源実朝に茶を勧め『喫茶養生記』を呈している。又、実朝の命により『法華経』を転読、雨乞いの祈祷を行っている。

ところが栄西禅師は間もなく示寂、七月五日のことであるから二人の出会いと別れはまさに運命的であったと云える。その後道元禅師は建仁寺の住持であった明全和尚の下で修行、貞應二年（一二二三年）二十四歳の時師とともに入宋した。

栄西禅師と道元禅師との間には五九歳の年齢差があるが、重なっている十五年の短い期間だけを見ても、栄西禅師が時の権力とつながりのあった事実が見て取れる（年譜参照）。安岡先生が

「（栄西禅師は）眞の禪風を擧揚したのではなく……宗教政治的方面に努力したのであった。」

と評している所以はここにある。そして、「眞の禪風を果たす大任」をもって入宋したのが道元禅師其の人なのである。その「眞の禪風」とは何なのか。以下、ここに焦点を当てて道元禪師の生涯を辿って見る。

（4）阿育王山の一老僧に会う

道元禅師は師匠の明全和尚（元歴元年～嘉禄元年、一一八四～一二二五年、建仁寺の栄西に参禅、上足となる。道元の師。道元も連ねて入宋、天童山で修行中入寂）とともに明に向けて出帆、二人の乗った船は貞應二年（一二二三年）四月明州慶元府に着岸した。明全和尚は間もなく上陸して明州景福寺に行けたが、道元禅師は約三カ月間船内に留め置かれた。その間禅師は諸山を回ったり、さまざまな修行の準備をしていたようであるが、五月四日眼を開かされる出会いが訪れた。六十歳ほどの老僧が船中に買い物にやっ

てきたのである。

彼は西蜀の出身で故郷を出てから四十年、諸方の叢林（修行道場）を遍歴、六十一歳になってから阿育王山に掛搭（僧堂に入って修行すること）し、前年の夏安居終了後、典座役（禅の修行道場で炊事を司る役）に当っていた。雲水に麺汁を供養するため出汁となる日本産の椎茸を買いに来たのである。

道元禅師はこの老僧をお茶でもてなし、更に色々聞きたいこともあって少しここに留ってはどうかと勧めた。『日本精神の研究』に記されている道元禅師（道）と老僧（僧）との会話を見てみる。

道　此處から育王山までどれ位道のりがありますか。

僧　五六里あるでせう。

道　今日偶然にもお逢ひしたのであるから、之を御縁にしばらく船にとまつて話してゆかれたら如何ですか。私があなたを供養致しませう。

僧　いやさういふわけにもまゐりません。明日の供養に私が居らなければ不都合です。

道　でもあなたお一人位ゐなくても、まさか食物の調理に事欠きは致しますまい。

僧　いや、私は年を取つて此の役目に當つて居る。いはば八十の手習（耆及の辯道）です。人に任せて置いたのでは何にもなりません。また出かける時、とまるとも云つてきませんでしたから。

道　あなたは其のお年で修行なさるなら、何故坐禪して公案を工夫されないのですか。そんな面倒な仕事を引き受けてつまらんじゃありませんか。

僧　老僧は之を聞いて大笑ひした。

外國のお方、あなたはまだ修行の何たるかをお分かりになつて居らんな。學問の意義を御存知ない點がある。

道元はハッと心づいて思はず顔を赤らめながら、此處ぞと思つて尋ねた。

道　なる程。それでは學問修道の眞義を御教示に預りたい。

僧　そこをうまく通ればしめたものなのだが……若しまだ御合點がいかねば、いつか育王山へおいでなさい。一番文字の道理を商量しませう。

老僧はこう語り終ってから「日も暮れた。急ぎ帰ろう」と言い残して立ち去って行った。

道元禅師は慶元府に着岸後、中国の仏教界の現状を調査するにつけその俗化ぶりに失望感をいだいていた矢先だった。この為、この一老僧の求道心の強さに感嘆するとともに「禅の修行とは何か」という根本的問題を突きつけられることとなった。修行は日常の生活の中にあると。

この老僧の「あなたはまだ修行の何たるかをお分かりになつて居らんな。學問の意義を御存知ない點がある」という言葉は、道元禅師にとっては一大痛棒であったに違いない。「ハッと心づいて思わず顔を赤らめながら」という表現がそれを表している。実はそれが、禅師の修行の大きな転機ともなったのである。禅師は『典座教訓』(典座の役割や心構え、典座の一日等を記したもの)の中で、

「山僧聊か文字を知り弁道を了ずることは、乃ち彼の典座の大恩なり」

と述懐している。

安岡先生もここに注目された。

「この老人に會つたことは入宋求法の道元に取つて先づ大いなる驚きであり、悟りであつた。學とか悟とかいふ問題を、何かしらん文字通りに出世間のこと、世間の生活から隔離したことの様に思ふのはおおいなる間違である。肉體を離れて心の求むべきものは無い様に、日日の生活の裡に我等の學道はある筈である。それが本當である。其處に到るべく我々は假に靜處を探ね、或は文字を借つて思惟するに過ぎない。」

この「日日の生活の裡に我等の學道はある筈である」という先生の見解は、六祖慧能以来の自由奔放な溌剌とした初期禅の伝統と重なっている。それは先生が六祖やその法を継いだ馬祖道一、百丈懐海など禅の祖師方を評価する姿勢につながっていると思われる。(第六章―第九節、第十節で詳述)。繰り返すがこの一老僧は典座、炊事係である。一般の人にとっては、炊事係は大して重要な役割とは思われないが、老僧

と道元禅師との会話に着目された安岡先生の眼識は流石である。

（5）如浄禅師の膝下で身心脱落・脱落身心

道元禅師は、慶元府に着いてから三カ月後に漸く天童山景徳寺に入ることが出来た。その後禅師は各地の名刹・名僧を訪れ、嘉禄元年（一二二五年）二十六歳の時再び天童山に戻って如浄禅師に相見した。如浄禅師（長寛元～安貞二年、一一六三～一二二八年）は、曹洞宗の雪竇智鑑禅師の法を継ぎ、宋の宝慶元年（一二二五年）に天童山景徳寺の住持に就任していた。道元禅師はこれに先立って切々たる道心の志を綴った書簡をしたためていた。それが如浄禅師の心を揺り動かした。これに対し如浄禅師は〝昼夜にかかわらず、衣・袈裟を付けていなくても、方丈に來って参間するに妨げなし〟と破格の待遇をもって応じてくれた。禅界に居る人間にとっては、このような特別の扱いは思いもよらないことである。

安岡先生は『日本精神の研究』において次のように指摘する。

「如浄禪師の禪風は果して若き道元を傾倒せしめるに充分であつた。禪師は隆々たる道譽を擔ひながら、道業愈々堅固に、朝廷より贈られた紫衣も師號も總て辭退され、權門より献じた資財をも固辭して、頂天立地獨立獨歩の高潔なる精神を發揮し、遠近をして眞に渇仰舍かざらしめた。そしてこの禪師をして法乳を惜みなく與へさせたものは實に外ならぬわが道元和尚であつた。禪師はこの異國の一若僧こそ一山の大衆を壓する眞の英靈漢なることを深くも看破したのである。」

如浄禅師は勅請によって天童山に晋山してきた誉高き高僧である。日本の禅界にも今なお名を残している虚堂智愚（南宋の禅者、淳熙十二～咸淳五年、一一八五～一二六九年、四明象山・浙江省出身。運庵普願の法嗣。弟子に日本の留学僧、南浦紹明がいる。大徳寺、妙心寺派の法系は、虚堂智愚―南浦紹明―宗峰妙超と継がれている。臨済禅において重要な存在である。『虚堂録』がある）や無門慧開（南宋の禅者、淳熙十～景定元年、一一八三～一二六〇年、杭州・銭塘の出身。七百年以上にわたって禅堂における雲水の修業上の手引きとして使われてきた公案集『無門関』の編者）にも並ぶ禅僧と云われていた。道元禅師はその如浄禅師から中国の修行僧も及ばない待遇を受けることになったのである。安岡先生によれば、「一山の大衆を壓する英靈漢」である。道元禅師は、如浄禅師の膝下で一層参禅弁道に励んだ。

嘉祿元年（一二二六年）の夏安居も終りに近づいたある日、一人の雲水が坐禅しながら居眠りをしていた。これを見た如浄禅師は、

「参禅は須らく身心脱落なるべし、只管に打睡して恁麼を為すに堪えんや。」

と厳しく叱った。

之を聞いて道元禅師は豁然として大悟した。大事了畢したのである。道元禅師二十六歳の夏、十年余り

の参禅弁道が遂に実を結んだのである。安岡先生は次のように記されている。

「ある日道元が坐禪して居ると、傍の雲水が頻に坐禪したまゝ居睡つて居る。如浄禪師は之を觀て嚴に誡めた。參禪は身心脱落しなければならぬ。ふらふら居睡つて居て何が出來るか。之を傍で聴《き》いた道元は礑《はた》と悟る所があった。彼は思はず敬虔の情に打たれてつと方丈に上つて焼香した。

『焼香してどうしたのか。』禪師はすかさず一矢を放った。

『身心脱落しました。』

『えらい。身心脱落、脱落身心』

敬虔なる道元は答へた。

『いえ、まだ一時の悟りです。なかなかお許しを受けるどころではありません。』

『そこだ。脱落身心。』

道元は深く禮拜した。」

天童山景徳寺の方丈におけるこの道元禪師と如浄禅師の深い法のやりとりと荘嚴な雰囲気を連想してみて欲しい。道元禅師が真の悟りを開かれ如浄禅師がそれを是とされた瞬間である。

私も隣の雲水が警策で激しく打たれた瞬間、同じような体験をしている。禅の修行においてはこのような一瞬の一事が大切である。

安貞元年（一二二七年）、如浄禅師の法を嗣いだ道元禅師は、師より自賛の頂相と袈裟、曹洞宗の宝典たる寶鏡《ほう》三昧、五位顕訣を授けられて帰国の途についた。

如浄禅師は次のように語って道元禅師を戒めた。

「国に帰つて法を弘め、広く衆生を済度せよ。都会に住むことなかれ、国王大臣に近づくことなかれ、深山幽谷に住んで一箇半箇を接得し、吾が宗を断絶せしむることなかれ。」

道元禅師は帰国後、この戒めを一生涯守り通した。これが栄西亡き後、日本の宗教界に「眞の禪風」を築く礎となった。「崇嚴なる自由」に溢れた英霊漢、道元禅師の誕生は間近である。

（6）僧堂建立を決意

道元禅師は帰朝後、京都の建仁寺に入られ、安貞元年（一二二七年）には宇治深草の安養院、更に天福元年（一二三二年）には山城観音導利院興聖寺に入られた。禅師はこの時代、学道を志す学人の育成に努めると共に、禅師の道誉を慕って集って来る在家の人々の教化にも力を入れられた。文暦元年（一二三四年）には禅師に生涯随い、後に『正法眼藏随聞記』を著わした懐弉も参じてきた。

そこで道元禅師は如浄禅師から嗣法した正伝の仏法を日本に伝え、興隆させていくための活動を進める過程で、僧堂（道場）建立の事業に着手された。一般的に云って寺院建築には「七堂伽藍」という建築様式がある。禅宗では次の七つの堂宇が掲げられている。

①山門《さんもん》（三門）
②仏殿《ぶつでん》
③法堂《はっとう》
④庫裡《くり》
⑤僧堂《そうどう》
⑥浴室《よくひつ》
⑦東司《とうす》

大久保道舟博士は、その僧堂の意義について「禪林の風格を具える唯一の条件は、僧團の生命ともいうべき僧堂を建立することである」（『道元禪師傳の研究』）と述べ、禅師の意図を勧進疏に基づき説明している。

「然寺院是諸佛ノ道場也、神丹ノ佛寺ハ天竺僧院ヲウツセリ、日本ノ精舎モマタカレヲ學ブベシ、其功大ニ、其徳厚ク、國國ニ傳ハリ、人人ニホドコス處アラン、吾入宋歸朝ヨリ以來、一寺草創ノ志願ヲ起シテ、日久月深トイヘドモ、衣盂ノササウベキナシ、今勝地一處ヲ深草ノ邊、極楽寺ノ舊址ニ得タリ、觀音導利院ト名ク、薙草ノウエ叢林ナラズ、此處ニ甲刹ヲカマエントス、寺院ノ最要ハ佛殿・法堂・僧堂也、此中佛殿ハモトヨリアリ、法堂イマダシ、僧堂最モ切要ナリ、今是ヲ建立セントス」（『道元禪師傳の研究』〈225～226〉岩波書店）

ここで道元禅師は、「寺院の最要は佛殿・法堂・僧堂である。此のうち佛殿はもとからあるが、法堂はまだない。最も緊急に必要とするのは僧堂であり、今これを建立しようとするものである」と言われている。大久保博士が僧堂建立を「僧團の生命」と表現した意義もまさにここにある。

また、竹内道雄氏の『道元』には、

「このようにして僧堂が完備し、正式の清規によって禅林生活がはじまったことは日本において初めてのことであり、日本禅宗史上画期的な意義をもつものであった」（『道元』〈224〉）

とある。

帰朝からおよそ八年、道元禅師による「眞の禅風」確立が本格化してきたのである。

道元禅師による僧堂建立は、禅師の生涯においても日本の禅宗史にとってもこのような歴史的意味をもっているのであるが、安岡先生は興聖寺僧堂開堂に際しての道元禅師の上堂の語を引用しておられる。

「山僧叢林を歴ること多からず。只是れ等閑に天童先師に見えて、當下に眼横鼻直を認得して人に瞞せられず、すなはち空手にして郷に還る。ゆゑに一毫も佛法無し。任運に且く時を延ぶ。朝々日東より出で、夜々月西に沈む。雲收まりて山骨露はれ、雨過ぎて四山低る。畢竟如何。三年一閏に逢ひ、鶴五更に向つて啼く。」

「眼横鼻直」「空手にして郷に還る」は道元禅師が宋から帰朝して間もなくの開堂宣言としてつとに有名である。眼は横に鼻は縦についているのはごく当たり前のこと、物のあるがままの相である。道元禅師は如浄禅師の膝下でそれを学び、「空手にして郷に還る」、何ももたずに日本に帰ってきたというのである。実はこれは容易なことではなく深い意味があるのであるが、先生はこの語を「實に淡泊な、しかし無量の味の籠ったものであった」と評されている。先生ならではの味わいである。

(7) 大仏寺竣工

道元禅師は、寛元元年(一二四三年)、四十四歳の時、波多野出雲守義重の勧請により越前に向かった。

そして開元二年（一二四四年）禅師四十五歳の時、大仏寺竣工。二年後には大仏寺を永平寺と改めた。

「其の頃禪師の信者の一人に波多野出雲守義重といふ勇將が居つた。彼は鎌足の後裔で代々武勇の譽高く、義重に至つて深く道を禪師に學び、入道して如是と稱した。此の人が其の領地の中、越前吉田郡の深山に非常に幽静な古寺があるから、それを利用せられては如何と申出た。越は天童地方と同名である。禪師は大いに喜んで其の勸めに随つた。義重も熱心に精舎の建立に従事して、遂に寛元二年今の永平寺を竣成することが出來た。禪師の道風は愈々崇高堅固を加へた。」

道元禅師は、国王大臣に近づくな、深山幽谷に住んで一箇半箇を説得せよという如浄禅師の戒めを守って、本格的な参禅弁道と学人説得の道を歩み始めたのである。禅師が師の教えを固く守り実行に移している真摯な姿が目に浮かんでくる。

禅師は越に来てから最初の夏安居に当たって晩間上堂して云わく。

「縦ひ衆多きも、而も抱道の人無ければ、則ち是れを小叢林と為し、縦ひ院小さきも抱道の人有れば、則ち是れを大叢林と為す。……今大仏既に天童の子と為りまた晩参を行ず、是れ則ち我朝の最初なり。」（『道元禅師語録』〈60〉鏡島元隆　講談社学術文庫）

前半は石霜楚円禅師が叢林（僧堂）の大小について説いた言葉である。たとえ大衆（修行僧）が多くいても真に仏道を行ずる人がいなければそれは小叢林であり、大衆が少なくても真に仏道を行ずる人がいればそれは大叢林であるというのである。永平寺を真の道場にしてゆこうとする道元禅師の気概が伝わってくる。後半の晩参については、自分は如浄禅師の弟子であるからには古人の規則に従って晩参を行ずるというのである。これは日本では最初のことであると道元禅師は自負されている。

この上堂の語は、安岡先生が尊宗されていた孟子の

「千万人といえども我行かん」

という意気軒高さを彷彿させる。また

「晩参は我朝で初めてだ」

という矜持も感じ取ることが出来る。

安岡先生は永平寺の竣工に道元禅師の禅風の崇高堅固さを読み取っておられる。

（8）執権北条時頼の寺院建立を断る

寶治元年（一二四七年）、道元禅師は執権北条時頼（安貞一～弘長三年、一二二七～六三年。泰時と並んで仁政を讃えられた。二十九歳の時病で出家。道崇と称した）の招きにより鎌倉に向かった。禅師に帰依していた時頼が弟子の礼をとって関東地方巡錫を依頼したのである。安岡先生によれば、

「剣刃の下に鍛へられた武士は師に於て始めて紅爐上に雪を點ずる崇嚴な自由の眞風に接したのである。」

道元禅師の己を尽くした崇嚴な自由の精神は、剣によって鍛えられた武士道の精神につながっている。

先生が『日本精神の研究』の第二章を「崇嚴なる自由―道元禪師の生涯と其の戒法」とされた理由の一端はここにある。

道元禅師の崇嚴なる自由は、後半の生涯でさらに輝きを増すことになる。

北条時頼は禅師のために寺院を建立して鎌倉に引き止めようと図った。ところが禅師はこれを断り、翌年には永平寺に帰山してしまった。繰り返しになるが、

・国王大臣に近づくな
・深山幽谷に住んで一箇半箇を説得せよ

という如浄禅師の戒めに忠実たらんがためであった。道元の道をとって道宗と号する程禅師を尊宗してい

た時頼の失望は如何ばかりであったろうか。その帰山の句が実に良い。懐しさの籠った山への愛の表現である。

山僧出去半年餘
猶孤輪の大虚に處するが若し
今日山に歸れば雲氣喜ぶ
山を愛するの愛初より甚し

安岡先生は、権勢を誇る執権の要請を断った道元禅師の姿勢を武帝の下を去った達磨大師に譬えておられる。

「昔は達磨大師王者の權榮を見ること弊履の如く、去つて嵩山の中に隠れ、寶誌をして闔國の人追へども還らじと讃歎せしめ、今は道元禪師執權の渇仰に甘んぜずして、越山の雲氣を愛す。古今哲人の肝膽相照す處、光風霽月の如き境地に三歎を禁じ得ないではないか。」

これは、『碧巖録』第一則「聖諦第一義」を指している。

「挙《こ》す。梁《りょう》の武帝《ぶてい》、達磨大師《だるまだいし》に問《と》う、如何《いか》なるか是《こ》れ聖諦第一義《しょうたいだいいちぎ》。磨云《まいわ》く、廓然無聖《かくねんむしょう》。帝曰《ていいわ》く、朕《ちん》に対《たい》する者《もの》は誰《た》ぞ。磨云《まいわ》く、不識《ふしき》。帝契《ていかな》わず。達磨遂《だるまつい》に江《こう》を渡《わた》って魏《ぎ》に至《いた》る。帝後《ていのち》に挙《こ》して志公《しこう》に問《と》う。志公云《しこういわ》く、陛下還《へいかかえ》って此《こ》の人《ひと》を識《し》るや否《いな》や。帝曰《ていいわ》く、不識《ふしき》。志公云《しこういわ》く、此《こ》れは是《こ》れ観音大士《かんのんだいし》、仏心印《ぶっしんいん》を伝《つた》う。帝悔《ていく》いて、遂《つい》に使《つかい》を遣《つか》わして去《さ》って請《しょう》ぜんとす。志公云《しこういわ》く、道《い》うこと莫《なか》れ、陛下使《へいかつかい》を発《は》し去《さ》って取《と》らしめんと。闔国《かっこく》の人去《ひとさ》るとも、佗亦《たまた》回《かえ》らじ。（『碧巌録提唱』〈5〉朝比奈宗源　山喜房佛書林）

武帝は梁の絶対的権力者である。達磨大師と会ったが達磨の言っていることを理解出来なかった。そこで達磨はそこに留っていても意味ないとして武帝の憶いを無視し、嵩山に隠れてしまった。道元禅師は鎌倉に留ってほしいという幕府の権力者、北条時頼の懇請を断って越の国に戻ってしまった。

このように対比して見ると、禅師がとった行動の意義が良く理解できるであろう。

なお安岡先生は『日本精神の研究』の中で

・玄明擯罰事件
・後嵯峨上皇による紫衣下賜

にも言及されている。

玄明事件とは、弟子の玄明が北条時頼による越前六條の地三千貫の寄進状を持ち返り歓喜して触れ回ったことを以て、道元禅師が厳しく叱責し、玄明を追放するとともに玄明の坐禅の牀まで切り取ったというものである。

これについて大久保道舟博士は『道元禅師傳の研究』の中で、

「傳記作者はこれをもって禪師が名聞利養を排除せられた好適な資料として稱讃せんとしているが、それが果して歴史的事實であったか、一應吟味を加える必要がある。……されど禪師の會下に玄明なるものがいて、何か放逸な行いをしたために罰せられたことはあったらしく」(『道元禅師傳の研究』〈306〜307〉岩波書店)

と記されている。

竹内道雄氏の『道元』の中にも、

「徒弟玄明らの処罰事件をもととしてつくりあげたもので、道元の名利拒否の高潔な人格を讃仰しようとして粉飾したものであろう。」

と記されている。

もう一つの後嵯峨上皇による紫衣下賜の件は、上皇が勅使を永平寺に遣わされて紫衣を賜わろうとしたが、禅師は再三辞退したものの断り切れず、ついに拝受したというものである。これについても竹内氏は、

「史実としては疑わしい」

とされている。したがって興味をそそる事例ではあるが、本書では割愛する。

(9) 箇の跨跳を打して、大千を觸破す

道元禅師は、大仏寺建立、大仏寺から永平寺への改名、鎌倉から永平寺への帰山をもって、如浄禅師の教えを着実に実践する道へ踏み出していった。その宗教は余りにも深遠広大であるが、先の大久保道舟博士は、日本佛教史上における禅師の宗教を次のようにまとめている。

---

(1) 僧寶本位の宗教

禅師の宗教は実に出家仏教の代表的なものである。即ち教えの中心が出家を対象にしてその属

する僧団の充足を求めている
（2）日本仏教創始の理想
理想の達成に安易な方法をとらず、むしろ直接釈尊の往昔に帰らんことを念とした
（3）宗名なき宗旨の提唱
佛祖の大道は、ただ正法眼蔵涅槃妙心のみであって、釋尊に帰ればすべてが一味の仏法である
（4）正法主義の提唱
これは釈尊の教法を中心とした純一の仏法の挙揚を意味する
（5）興聖護国の実践
興聖護国とは真実の仏法と王化の太平との一如相関である。禅師においては天皇が即ち国家であり、国家は皇統の連綿と共に億萬年にわたって持続すべきものである。

禅師は天皇の尊嚴を一箇の宗教的権威と認め、これに絶対的尊敬を払われた。

以上、大久保道舟博士の見解を紹介したが、釋尊に立ち帰る、正法を中心とする、特定の宗旨を立てない、という考え方は安岡先生の仏教観でもある。国家観・天皇観は安岡先生とも一致している。

道元禅師はこのような宗教観に基き、北越の深山幽谷の地で専一に坐禅・弁道に励まれるとともに一箇半箇の真の道人の育成に精魂を傾けられた。

道元禅師は永平寺に帰山されてから四年で病につかれ、翌建長五年（一二五三年）、五十四歳にして遷化された。

安岡先生は道元禅師が一日一日病が重くなる中低声読誦しながら自ら筆をとって写された『法華経』如來神力品と遺偈を記して、禅師の「生涯と人格の展開」の項を締めくくられている。

若しくは林中に於て、若しは樹下に於て、若しは僧房に於て、若しは白衣の舎、若しは殿堂に在って、若しは山谷曠野、是の中皆應に塔を起して供養すべし。所以何となれば、當に知るべし是處即ち是れ道場にして、諸佛此に於て阿耨多羅三藐三菩提を得。諸佛此に於て法輪を轉じ、諸佛此に於いて般涅槃す（『法華経』〈69～70〉如來神力品）

『法華経』如來神力品は安岡先生が最も頻繁に引用される経典の一つである。

この中で世尊は諸仏の無量・無辺・不可思議の神力を説かれ、一切の人々に法華経を受持・読誦し、解説・書写して、そのように修行せよと告げられる。そしてここに示されているように、樹の下においても、僧房においても、白衣の家においても、殿堂にあっても、もしくは山谷・曠野においても皆搭を立てて供養すべし、と説かれているのである。

言わんとするところは、居るところ、そこがすべて道場ということである。どこもかしこも道場である。

どこもかしこも仏土である。
次に道元禅師の遺偈を記す。

五十四年　第一天を照し
箇の跨跳を打して　大千を觸破す　咦
渾身覓むる無し　活きて黄泉に陷る（道元禅師の遺偈）

道元禅師五十四歳で遷化、出家して四十一年、天下を照し、三千大千世界を自由自在に踏破した。通身無字、生死一如の世界に生きた。見事な禅僧の死の境涯である。
遺偈について先生は、次のように記されている。

「齡五十四、法臘四十一。孔子七十にして心の欲する所に從つて矩を踰えずと云つた。五十四年第一天を照し、歩に任せて自在にふるまひ來り、生死一如の永遠の天國に活潑々圓陀々に振舞ふといふ禪師の遺偈は、また限り無き悟道の妙趣を味識せしめるものである。」

「箇の跨跳を打して　大千を觸破す」とは正に崇嚴なる自由のなせる業である。安岡先生が道元禪師に冠した「崇嚴なる自由」の言葉は、禅師の遺偈の中に生きている。

5　悟道と戒法

(1)崇嚴なる努力

『日本精神の研究』の第二章「崇嚴なる自由—道元禅師の生涯とその戒法」は、次の二つの項から構成されている。

第一項　生涯と人格の展開
第二項　悟道と戒法

これを見てもわかる様に、安岡先生の道元禅師論においては「戒法」は重要な意味を持っている。そして第二項の悟道と戒法は次の書き出しで始まっている。

「禪師が死に際して獨り静かに誦した如來神力品の經文や、其の遺偈を味讀する時、何人も恐らく眞の自由、禪家の所謂『悟り』の意味を新に深く直觀されるであらう。そして再び師の生涯を顧みる時、我等自由を愛する子をしてそゞろに肅として襟を正しうさせるほど崇嚴なる努力が犇々と感得される。師の説話にも曰く。」

この「我等自由を愛する子をしてそゞろに粛として襟を正しうさせるほど崇嚴なる努力」。安岡先生をしてこう言わしめた道元禅師の「崇嚴な努力」こそ、道元禅師の人格であり安岡先生の人格でもある、と私は考える。それは、『日本精神の研究』の最後で国家の人格に昇華してゆく崇高な人格でもある。

『日本精神の研究』は、文字通り「日本精神」を究めるものではあるが、同時にそれは「至高の人格」を究めるものでもある。その至高の人格に到達するには「崇嚴な努力」が求められる。安岡先生は「悟道と戒法」において道元禅師の崇嚴なる努力を禅師の説話を基に縷々説明されている。

「さとりといふは別事にあらず。形式戒法立つて後のことなり。今時の僧、みだりに祖師の語を見て思量し分別して、戒行不足にしてさとれりといへり。是れ末世法をみだり、人をまどはす大罪人なり。佛一代の説法一切諸經は皆是小玉をよぶ手段なることをしらず。さとれる者は戒法正しく、物我なく、大慈圓滿にしてもろもろをすくへり。あさましきかな。末法の僧は俗家をたぶらかし、時にあへるに心をよせ、時に不合の人ありといへどもかつてみることなく、いまの僧は俗家の世渡業にもおとりてあさまし。なかなか渡世のなすことをみれば、なすことありて、取ることあり。此れにははるかに劣れるはこのごろの佛者のありさまなり。眼をさまして佛の眞理を辨へ、向上の大路をあゆむべし。」

克己が克己でなくなる。苦行が苦行でなくなる。ここまで到達しないと本物とは云えない。

安岡先生はこの道元禅師の説話をもとに、悟り（身心脱落・脱落身心、自由の体現）の意味を浅薄に解しては非常な誤りであると指摘されている。先生が『日本精神の研究』を著わされた時代、快楽主義、自然主義が流布していたが、先生は「快楽、情欲は自然であるが、克己もまた極めて自然である。己が高まれば克己も克己ではなく自然となる。克己の裡にも深い快楽がある。」とされている。

今、世の中に快楽主義、欲望の追求が慢延している時代、先生の言葉は我々の胸を裂く。

先生は崇嚴な形式戒法の努力を怠った「絶学無為の閑道人」と称する禅者を次のように痛烈に批判されている。

「自由といふことはつまり權力とか財力とか其の他凡て自己から離れた外來の作用に依つて屈服させられない—醇乎として醇なる自律に生きることの意味である。そこで道元禪師の説の如く、悟りといふも別事では無い。形式戒法立つて後のことである。久しい間の鍛錬を積んで自ら自由を得た様な古人の、例へば絶學無爲閑道人といふやうな語を聞いて、戒行不足の青二才が其の皮相を猿眞似するなどは、身の程しらざるのみか、後世をあやまる大罪人である。」

この「絶学無爲の閑道人」は永嘉玄覚（六七五〜七一三年）の『永嘉証道歌』に出てくる。『永嘉証道歌』は『信心銘』『十牛図』『坐禅儀』とともに禅宗の『四部録』に収められている。その冒頭に次のように記されている。

君見ずや
絶学無爲の閑道人
妄想を除かず真を求めず
無明の実性即仏性
幻化の空身即法身

『永嘉証道歌』は六祖慧能の南宗禅の高い境地を表現するものと評価されているが、「絶学無爲の閑道人」は、禅僧の追求する究極の境地とされている。

安岡先生はこれを引用され「絶学無為の閑道人」を称する「戒行不足」の禅者を批判されたわけである。

我々はここで安岡先生が説かれている

「権力とか財力に屈服させられない自由」
「醇乎として醇なる自律に生きる」
「形式戒法立つて後の悟り」

等の意味を真摯に味読せねばならない。
安岡先生はこのような観点から道元禅師の戒法を多数引用・解説されている。その一部を記し、禅師の生涯における悟りと戒法の意味を明らかにしてゆくこととする。

（2）道元禅師の戒法からの引用

①人道の心得

「道心ありて名利をなげすてん人入るべし。いたづらにまことなからん者入るべからず。あやまりて入れりとも、考へて出だすべし。知るべし道心ひそかに起れば、名利たちどころに解脱するものなり。おほよそ大千界のなかに正嫡の付属まれなり。わがくに昔よりいま之を本源とせん。後を憐みて、今を重くすべし。（重雲堂式）」

何より道を求める志のある人こそ入るべきで、名誉や利益を求める人は入ってはならない。

②道情

「堂中の衆は乳水の如くに和合して、互に道業を一興すべし。いまはしばらく賓主なりとも、のちにはながく佛祖なるべし。しかあれば即ちおのおの共にあひ難きにあひて行ひ難きを行ふ誠の念ひを忘るゝことなかれ。これを佛祖の身心といふ。かならず佛となり、祖となる。すでに家を離れ、里を離れ、雲をたのみ水をたのむ。身をたすけ、道をたすけんこと、この衆はながく佛道の友にてあるべし。（重雲堂式）」

先生はいつも「道情」、道を同じくする人々の和合の心を大切にされておられた。「觀念して之を讀めば、眞に涙を催す深情の語である」という先生の評は私の胸にもジーンと響く。今の世の中どこにおいても反目や争いが絶えない。これは和合僧であるべき筈の禅道場においても同じである。修行者の誰れもが、心に銘記すべき戒である。

③佛家の兄弟

「寮中まさに大乘經並に祖宗の語句を看、自ら古教照心の家訓に合すべし、先師衆に示して曰く、儞曾て遺教經を看しや。闔寮の清衆各々父母兄弟骨肉師僧善知識の念に住し、相互に慈愛し、自他顧憐し、潜かに難値難遇の想ひあらば、必ず和合和睦の顔を見ん。失語有るが如くんば、當に之を諫むべし。垂誨有るが如くんば、當に之に順ふべし。此れは是見聞の巨益なり。能く親近の大利たるものか。苟も厚く善根を植ゑし良友に交はり、幸に住持三寶の境界を拜す。また慶快ならずや。俗家の兄弟すら猶ほ異族に比せず。佛家の兄弟乃ち自己よりも親しむべし。黄龍南和尚曰く、孤舟共に渡るすら尚ほ夙因あり。九夏の同居豈曩分無からんや。須く知るべし一日暫く賓主となるも、終身便ち是れ佛祖ならん。（永平寺衆寮）」

この示衆は一語、一語、一行、一行が胸に響く感涙に堪えないお示しである。特に、「佛家の兄弟乃ち自己よりも親しむべし」、「一日暫く賓主となるも、終身便ち是れ佛祖ならん」などは、道元禅師の心奥から絞り出された禅師ならではのお言葉である。

④凡眼を以て觀るべからず

「寮中清浄の大海衆、それ聖かそれ凡か、誰か測度するものならんや。然らば面を見て人を測るは痴の甚しきなり。世尊の在世すら尚盲目の比丘牛飼の比丘ありて衆に交はる。況んや像末の澆運は唯結縁を貴ぶ。何ぞ人を輕んずるものならんや。衣綴零落し、道具舊損するも、凡眼を以て觀るべからず。之を忽にすべからず。古來有道の人、衣服に華ならず。唯道具を實にす。卑族輕んずべからずや。初學笑ふべからず。縦へ笑はるゝとも瞋恨するなかれ。況んやまた下下の人に上々智あり。上上の人に没意智あり。ただ四河海に入りてまた本名無く、四姓出家して同じく釋氏を稱せよとの佛語を念へ。

（永平寺衆寮箴規）」

凡眼を以て人を観るべからず、仏眼を以て人を観るべし。

外観で人を判断してはいけないということである。如浄禅師は朝廷から贈られた紫衣も師号も辞退された。道元禅師も後嵯峨上皇より賜った紫衣を一生身につけられなかったという逸話も残っている。真実を見る眼が大切である。

⑤君子の心

「他人の非に手がくべからず。憎む心にて人の非を観るべからず。不見他非我是自然上敬下恭の昔の言葉あり。また人の非をならふべからず。わが徳を修すべし。佛も非を制することあれども、憎めとには非ず。（重雲堂式）」

これも言うまでもないことであるが、実践は修行の進んだ人でも難かしい。

⑥韜光晦跡

「ありき（歩）を好むべからず。たとへ切要には一月に一度を許す。昔の人遠き山に住み、はるかなる林に行し、人事稀なるのみにあらず。萬縁ともに棄つ。韜光晦跡せし心をならふべし。いまは是れ頭燃をはらふ時なり。この時をもていたづらに世縁めぐらさむなげかざらめや、なげかざらめやは、無常たのみがたし。知らず露命いかなる道の草にか落ちん。まことにあはれむべし。（重雲堂式）」

「寮中世間の事、名利の事、國土の治亂、供衆の麁細を談話すべからず。これを無義の語、無益の語、雑穢の語、無慚愧の語と名づく。固く之を制止す。聖を去ること遠し。道業は未だ成らず。身命は無常にして光陰繋ぎ難し。然らば十方の雲衲専ら光陰を惜み、精進して、須く頭燃を救ふが如くすべし。努力せよ。閑談して空しく時節を過すこと勿れ。石頭和尚曰く、謹んで參玄の人に白す。光陰空しく度ること莫れ。（衆寮箴規）」

「韜光晦跡」とは、韜はつつむ、晦はくらますの意で自分の才能・地位などをつつみかくすことである。

安岡先生は、

「虚偽の生活を去って、純眞なる自己に活き、自己を充實させる爲め止むを得ぬ道である。其の古人の緊張した尊い心持を味つて、露の命に許された永遠の光を發揮すべく、努力向上せよと云ふのである。」

と言われている。

以上私は安岡先生が『日本精神の研究』に引用されている道元禅師の『興聖寺重雲堂式』『永平寺衆寮箴

規』を紹介してきた。煩わしく感じられる読者もいると思うが、ここに至って一般の人にとっても「悟法と戒法」の真意が了解できると思う。先生は、

「韜光晦跡という事と工夫辨道とは必ず一致することであると信ずる」

と喝破されている。韜光晦跡は純一無雑な禅者の至高の境涯であるが、自分自身の修行経験に即して云えば、真摯な工夫辨道なしに真の韜光晦跡はあり得ない。自分自身の反省を含めて往々にして一致しない禅者が多いのではないだろうか。

お釈迦様には「出山釈迦像」という有名な画がある。お釈迦様は山中で苦行されたのち山を下りられ、尼連禅河で沐浴をし菩提樹下で成道された。

達磨大師も武帝の下を去り嵩山に晦れて面壁九年、禅宗の初祖となられた。

初期禅の祖師方は皆、深山幽谷で修行し大事了畢された。

道元禅師は越前の山中に韜光晦跡してひたすら工夫辨道された。

安岡先生はこの意義を次のように強調されている。

「宗教に限らず、一切の事業總て皆其の眞に價値あり力あるものは、區々たる功名心や不純な野心を雜へて出來るものでは無い。却つて醇乎として醇なる自己幽潛より自然に發動して行はれるものである。隱れるといふことは怠けるといふことでは無い。世間の無意義な煩ひを斷ち切つて、無駄の無いそして悠々とした生活を實現することである。」

⑦賓主の禮

安岡先生は、道元禅師が「僧堂生活に於て、賓主の禮を嚴かにして居る」として「洞山五位」に基き、禮の大切さを強調しておられる。洞山五位は後述するのでここでは省略するが、言わんとするところは、「人々は屢々自由平等の名の下に禮を無視して亂離に陥る……眞の自由平等は禮でなければならぬ」というものである。僧堂生活においては一日でも早く入った者が上位とされる。そして知客、直日、副司、典座などの役割が整然と決まっている。住持の下でこの秩序が維持されない限り僧堂生活は成り立たない。「韜光晦跡」の人でなければ賓主の禮を守ることは出来ない。賓主の禮に言及されているのはいかにも安岡先生にふさわしいと感じる。

（3）崇高自由なる戒律

安岡先生は「崇嚴なる自由—道元禪師の生涯と戒法」の結びに当って次のように述べられている。

「わが一擧手一投足にも宇宙と感應道交あることを悟るところより、一擧手一投足をも等閑にしないという崇高自由なる戒律を生ずる。」

その崇高自由なる戒律の事例は、次のように個別・具体的にわたる。

・堂のうちにてはなたかくかみ、つばきたかくはくべからず。道業のいまだ通達せざることを悲しむべし。おのづから少水の魚の心あらむ（重雲堂式）

・さけに酔ひて堂中に入るべからず。わすれてあやまらんは禮拜懺悔すべし。また酒をとり入るべからず。にらぎの香して堂中に入るべからず。（同上）

・僧俗を堂内に招きて衆を起動すべからず。近邊にても賓客とものいふこゑたかくすべからず。ことさら修練自稱して供養をむさぼることなかれ。ひさしく參學の志あらむか、あながちに巡禮のあらむはいるべし。そのときもかならず堂主にふるべし。（同上）

・寮中高聲に讀經吟詠して清衆を喧動すべからず。又勵聲を揚げて誦呪すべからず。又數珠を持して人に向ふは是れ無禮なり。諸事須く穏便なるべし。（衆寮箴規）

・寮中他人の案頭に到りて他人の看讀を顧視して自他の道行を妨ぐべからず。雲水の最も痛みとする所なり。（同上）

このように「重雲堂式」や「衆寮箴規」に一つ一つ懇到を極め定められている戒法は、一般の人にとっては勿論、志を持つ道人にとっても自由を制約する負担となるはずである。現実に昨今の道場において、他人の修業を妨げて平然としている行為が見られる。注意すると反発する、怒る。慎むべし、戒むべしである。

安岡先生によれば、万物を以て一体となし、一草一木にも大自然の心を見る禅者に在っては「放尿痾屎皆是れ般若を行ずる」のである。禮法を無視して放埒に振舞うのは身心脱落・脱落身心（悟り）ではない。悟りは円満なる戒行にある。「自ら楽しんで戒行を具する處に自由の眞義がある」。安岡先生はその真の自由人の姿を道元禅師の人格に見ているのである。

6　道元禅師年譜

年次	西暦	年令	事項
正治　二	一二〇〇	一	・内大臣久我通親と藤原基房の女との間に生れる

建仁 二	一二〇二	三	・父を失う
承元 元	一二〇七	八	・母を失う
建暦 二	一二一二	一三	・比叡山に叔父の良観法師を訪れる
建保 元	一二一三	一四	・天台座主公円に就て剃髪、受戒
二	一二一四	一五	・建仁寺、栄西に参ず
貞應 二	一二二三	二四	・師の明全と共に入宋 ・阿育王山の典座に会う ・天童山景徳寺に入る ・各地に名刹・名僧を訪れる
嘉祿 元	一二二五	二六	・如浄禅師に相見 ・明全寂す ・如浄の膝下で修行 大事了畢《りょうひつ》

安貞　元	一二二七	二八	・如浄から嗣法。嗣法の證據として袈裟、寶鏡三昧・五位顯訣を受ける ・帰朝して建仁寺に入る
寛喜　二	一二三〇	三一	・建仁寺を出て宇治深草の安養院に入る
天福　元	一二三三	三四	・山城觀音導利院興聖寺に入る
文暦　元	一二三四	三五	・懐奘、道元に参ず
嘉禎　三	一二三七	三八	『典座教訓』一巻、『出家作法』一巻を撰す
延応　元	一二三九	四〇	『正法眼蔵』重雲堂式一巻を撰す
寛元　元	一二四三	四四	・波多野出雲守義重の勧請により越前に向かう
開元　二	一二四四	四五	・大仏寺竣工
四	一二四六	四七	・大仏寺を永平寺と改める ・『日本国越前永平寺知事清規』一巻を撰す
寶治　元	一二四七	四八	・北条時頼の依頼により鎌倉に向かう

二	一二四八	四九	・永平寺に戻る ・弟子、玄明を叱責、下山を命ず ・永平寺庫院制規五箇条を起草
建長　元	一二四九	五〇	・『吉祥山永平寺衆寮箴規』一巻を撰す ・永平寺住侶心得九箇条を制定
建長　二	一二五〇	五一	・後嵯峨上皇、紫衣を賜うとの勅使派遣
建長　四	一二五二	五三	・病む
五	一二五三	五四	・再び病む ・京都六波羅波多野義重の勧めにより療養の為京都に赴く ・八月二八日　遷化

（注）本書に関連する事項のみ記載してある

第四章　『光明藏』を仏典・仏教思想から観る

1　無尽蔵の智慧

『光明藏』は、昭和四年（一九二九年）に刊行された小冊子である。この年には安岡先生の四部作を成す『東洋倫理概論』も刊行され、それは生涯の用力工夫の教典となったが、『光明藏』は、金雞学院（昭和二年創立）、ならびに日本農士学校（昭和六年創立）学徒の学問の書となった。

「光明」とは、禅で云う自己本来の面目、即ち本当の自分のことであり、ここに尽きることのない光輝いた智慧が収蔵されている。所謂「般若の智慧」である。般若の智慧は空智慧である。

「無一物中無尽蔵」という禅語があるが、無（空）に徹すれば無尽蔵の智慧、働きが湧いてくる。『光明藏』は、自己本来の面目の輝きの広大さを示す指南書である。『光明藏』という書名からして仏教・禅との深い関係を連想させるが、内容には仏教・禅の教えが色濃く反映されている。中国の聖賢の教えと同じ重みを感じるのである。私はこれまで安岡先生が説かれている心の大切さ、並びに心を日々用いる工夫の大切さに言及してきたが、『光明蔵』も軌を同じくするものである。

『光明蔵』原本の表紙を開くと、日本農士学校の長老室で端座しながら書を読まれている安岡先生の昭和七年頃の写真が目に入ってくる。思わずグッと引き付けられる。しかしながら一般の人にとって内容は非常に難解である。当時の金雞学院の第二期生日本農士学校教授・研究主任である渡辺敏夫氏の註釈がついているが、これ又本文以上に難解である。本書では、『光明蔵』の内容と仏教・禅の教えを対比させることによって出来る限りわかり易く両者の関連を明らかにしてゆきたい。

『光明蔵』は三十編から成っているが、その内、仏教・禅の教えが反映されているのは以下の九編である。

1　開巻語
3　道友
4　愛語
9　憤
10　一心
11　日用心法

27　覚悟
28　生死
29　易簀
30　三省語

2　開巻語

開巻語

敬《つつし》んで　至尊に白《まお》す。臣等　至尊に依つて最勝の國土に生れ、至極《しごく》の盛徳を仰ぐを得たり。願はくば益々烝《じょう》民を化育し、群品《ひん》を陶甄《たうけん》し、皇運天壤と與に窮まり無からんことを。

敬んで聖賢に白す。生等遺教に依つて幸に昏《こん》黑長夜の迷夢より覺め、一切顚倒《てんたう》の心意を救ひ、天下の廣居に居り、天下の正位に立ち、天下の大道を行くことを知る。願はくば益々徳風に薫《くん》じて仁義を修め、深く經卷《けいくわん》を探《たづ》ねて智慧《ちえ》海の如くならん。

敬んで父母に白す。兒等恩愛に依つて得難き人身を受け、逢《あ》ひ難き聖學に就くを得たり。この徳いかでか報ゆるを得ん。惟《た》だ願はくば愛愍《あはれみ》を垂れて不肖《われ》を覆護《まも》り、孝道に於て咎《とが》無からしめ給へ。

「開巻語」は『光明蔵』の第一編である。書き出しはこの実に格調の高い名文で始まっている。それは、安岡先生が仏教経文の『開経偈』から取り入れたものと云われ、至尊と聖賢と父母の有難い恩に対する感謝の気持と、その恩に報いようとする誓願の気持を表わした三つの部分から成っている。

以下『光明蔵』とそこに示されている仏典・仏教思想を示しながらその類似性・関連性を明らかにしてゆくこととする。上段が『光明蔵』、下段が仏典・仏教思想の該当箇所である。

光明蔵	仏典・仏教思想
敬んで、至尊に白す。…願はくば…無からんことを。 敬んで、聖賢に白す。…願はくば…如くならん。 敬んで、父母に白す。願はくば…無からしめ。	『開経偈』 無上甚深微妙の法は百千万劫にも遭い遇う事難し。 我今、見聞し受持する事を得たり。 願くは如来の真実義を解し奉つらんことを。

仏典の「開経偈」は、この上なく奥深い仏法を見聞し受持できたことに対する感謝の気持ちとその真実

の教えを理解しようとする誓願の気持を表わしたものである。大切なお経を読む心得を示した聖句で、読経の前に合掌してお唱えする。意訳は臨済宗の『禅宗日課勤行集』から記してある。

この上《うえ》もなき深《ふか》き妙《たえ》なる法《のり》は
永遠を経るとも遇い難し
我《わ》れ今《いま》聴《き》きて心《こころ》にたもてり
願《ねが》わくは仏《ほとけ》の教《おし》えをさとらんことを

至尊 聖賢 父母
『心地観経』に、父母の恩・衆生の恩・国王の恩・三宝（仏・法・僧）の恩の四恩が説かれている

儒教の三恩と仏教の四恩を対比させて報恩感謝の意を表している。仏教の経典はその多くが報恩の誓願であると言っても過言ではない。

昏黒長夜の迷夢より覚め
一切顛倒の心

仏教では凡夫は迷妄、妄想の中にさ迷っている。そこから目覚めるのが悟りである。

『般若心経』には「一切の顛倒《てんどう》夢想を遠離《おんり》して涅槃《ねはん》を究竟《くぎょう》す」とある。

顛倒夢想とは、さかさまにひっくり返った妄想のこと。これを離れて悟りの境地を求めよ、というのが『般若心経』の教えである。

深く經巻を探ねて智慧海の如くならん。

『三歸禮』には、「自ら佛に歸依し奉る。當に願わくは衆生、大道を體解して無上心を發せんことを。自ら法に歸依し奉る。當に願わくは衆生、深く経蔵に入って、智慧海の如くならんことを。自ら僧に歸依し奉る。當に願わくは衆生、大衆を統理して、一切無礙ならんことを」とある。

『三歸禮』は三宝、即ち仏・法・僧に帰依する経文で、訳は同じく臨済宗の『禅宗日課聖典』。

得難き人身を受け、逢ひ難き聖學に就く	道元禅師の『修證義』に「人身得ること難し、佛法値うこと希なり、今我等宿善の助くるに依りて已に受け難き人身を受けたるのみに非ず、遇い難き佛法に値い奉れり、生死の中の善生、最勝の生なるべし」とある。

『修證義』の仏法が、「開巻語」では聖學に変わっている。

なお「受け難き人身を受け、遇い難き佛法に値う」とは、安岡先生がよく引用されている言葉である。

以上、「開巻語」の内容を仏典・仏教思想と対比させて説明してきたが、「開巻語」の中に仏教思想が色濃く反映されている事実は明白である。仏教の教えが金雞学院・日本農士学校の学徒の人格形成に大きく寄与したことは想像に難くないのである。

3　道友

「道友」は『光明蔵』の第三編で、「寮中の清衆」という日本農士学校の学徒に対する安岡先生の呼びかけで始まっている。この言葉は、道元禅師が『吉祥山永平衆寮箴規』の中で永平寺の修行僧に対して使っているもので、「道友」の内容は、永平寺の『衆寮箴規』、つまり僧堂規則をほゞそのまゝ引用している。この事実は安岡先生が如何に道元禅師に傾倒されていたかを示す好箇の事例である。道元禅師は一箇半箇の学人の育成に生涯を捧げられた。先生も、日本農士学校の学徒の育成に寝食を共にして情熱を傾けられた。その学徒への呼びかけが道元禅師の精神を基にしているのである。

以下、「道友」編と『衆寮箴規』の該当部分を並記し、両者に一致している言葉・表現に傍線を付した。一字・一句を味わって有為の人材育成に対する道元禅師と安岡先生の情熱を共有して頂きたい。

道友全文	吉祥山永平寺衆寮箴規
寮《れう》中の清衆互に敬重《けいちょう》し、自他顧憐《これん》し、潜《ひそ》かに難値《ち》難遇の念《おもひ》を忘れず、乳水の如く和合す	寮中の儀、應に佛祖の戒律に敬遵《きやうじゅん》し、兼ねて大小乗《だいせうじよう》の威儀に依随百丈《ぢやう》の清規《しんぎ》に一如

べし。若し懈《け》怠あらば當に之を諫《いさ》むべし。若し垂誨《すいくわい》あらば當に之に順ふべし。此れぞ是切琢《たく》の巨益《やく》、訂砭《ていへん》の利濟《りさい》たるものか。苟《いやしく》も善く明徳を明らかにせる良友に交り、幸に聖賢の樂地に參す。亦慶快ならずや。世間の兄弟すら猶《な》ほ異族に比せず。いかに況んや學道の兄弟に於てをや。學道の兄弟は自己よりも親しむべし。佛家《け》曰く、孤舟共に渡るすら尚ほ夙《しゆく》因あり。九夏の同居豈に曩《なう》分無からんやと。須く知るべし、即今《そくこん》の對牀《しやう》由來する所深きを。

寮中の清衆最も古經《きやう》竝びに聖賢の語録文章を看、常に古教照心の祖訓に合すべし。妄《まう》想して空しく時節を過すこと勿れ。無義の語、無益《やく》の語、雜穢《ざうえ》の語、無慚愧《ざんき》の語を弄すべからず。閑有らば抱甕灌蔬《はうをうくわんそ》し、灑掃《さいさう》清談すべし。

すべし。清規に曰く、事《こと》大小と無く並に箴に合《かな》へと。然あれば則ち須らく梵網經《ぼんまうきやう》、瓔珞經《えうらくきやう》、三千威儀經等を看るべし。

寮中應に大乘經並に祖宗《そしう》の語句を看し、自《みづか》ら古教照心の家訓に合すべし。先師衆に示して云く、儞曽《なんじかつ》て遺教經《ゆゐけうぎやう》を看するやと。闔寮の清衆各《おのおの》父母、兄弟《ひんでい》、骨肉、師僧、善知識の念に住し、相互ひに慈愛し、自他顧憐して、潜に難値難遇《なんちなんぐう》の想《おもひ》有らば、必ず和合和睦の顔《かんばせ》を見ん。失語有るが如きんば當に之を諫むべし、垂誨《すいかい》有るが如きんば當に之に順《したが》ふべし。此は是れ見聞の互益《ごやく》なり、能く親近《しんごん》の大利たる者歟《ものか》。忝《かたじけな》くも厚殖善根《こうじきぜんごん》の良友に交り、幸に往時三寶の境界《きやうかい》を拜す、亦慶快ならざんや。俗家《ぞくけ》の兄弟《ひんでい》すら猶異族に比せず、佛家《ふつけ》の兄弟乃ち自己よりも親しむべし。黄龍《くわうりう》の初學笑ふべからず。素樸《そぼく》輕んずべからず。たとへ笑はるゝも瞋恚《しんい》する勿れ。輕んぜらるゝも怨恨する勿れ。況んや又下々の人に上々智有り。上々の人に没意智有り。治亂の迹《あと》を顧れば、文常に質を待つに於てをや。唯だ誠ならんのみ。

南和尚《なんをしやう》云く、孤舟共に渡るすら尚夙因《しゆくゐん》有り、九夏同居囊分《きゆうげどうごなうぶん》無からんやと。須らく知るべし、一日暫く賓主《ひんしゆ》と爲るも、終身便ち是れ佛祖たらんことを。

寮中世間の事、名利《みやうり》の事、國土の治亂、苦衆《くしゆ》の麁細を談話すべからず。此を無義の語、無益の語、雜穢《ざうゑ》の語、無慚愧《むざんき》の語と名づく。固く是れを制止す。況んや聖《しやう》を去ること時遠く、道業《だうごふ》未だ成らず、身命は無常なり、光陰は繫《つな》ぎ難し、然あれば則ち十方の雲衲専ら光陰を惜んで精進し、

須らく頭然《ずねん》を救ふが如くすべし。努力《つとめ》よや、閑談して空しく時節を過すこと莫れ。石頭和尚の曰く、謹んで參玄の人に白す、光陰虚しく度《わた》ること莫れと。

古來有道の人は衣服を華《かざ》らず、唯《ただ》道具を實にす。卑族輕んずべからず、初學笑ふべからず。縱ひ笑はるとも嗔恨《しんごん》すること莫れ。況んや復下下《またげげ》の人に上上《じやうじやう》の智あり、上々の人に沒《もつ》意智《いち》あるをや。但《ただ》四河海《かい》に入つて復本名《またほんみやう》無く、四姓《せい》出家して同じく釋氏と稱せよの佛語を念《おも》へ。

以上、安岡先生の「道友」は、ほゞ道元禅師『吉祥山永平寺衆寮箴規』（〈95～99〉岩波書店）そのものであることが分かる。安岡先生がこの箴規を如何に重視されていたかは、本書の第三章『日本精神の研究』（日本精神と道元の禅風）の中に記してある。

4　愛語

「愛語」は『光明藏』の第四編である。冒頭には「今人怨憎多く雑言盛にして、仁者の愛語まことに稀なり」と記されている。『光明藏』の刊行は昭和四年（一九二九年）、安岡先生の眼から見ると世相は怨みや憎悪が多く悪口雑言が盛んで、仁者のような慈愛に満ちた言葉がまことに少なかったようである。先生はそこから菩薩四摂法（布施・愛語・利行・同時）の中から愛語を取り上げられたものと思われる。

〈菩薩四摂法〉
布施
愛語
利行
同時

ここで「道元禪師曰く」から「知るべし、釋氏の心訣は惟だ慈悲の二字に在り」までは、道元禅師の『正法眼蔵』菩提薩埵四摂法の巻と『修證義』から引用されている。まさに道元禅師の説かれている愛語そのものと云える。

思うに今の世界は、当時よりもはるかに多くの怨み・憎悪が漫延し、悪口・雑言が飛び交っている。

「釋氏の心訣は惟だ慈悲の二字に在り」
「孔門の學脈亦仁の一字に存するを」

という結びの言葉は、今一層切実な重みをもって我々に問いかけているように思われる。

愛　語

今人怨憎《えんぞう》多く雑言《ざうごん》盛にして、仁者の愛語まことに稀なり。道元禪師曰く、愛語といふは、衆生をみるにまづ慈愛の心をおこし、顧愛の言語をほどこすなり。おほよそ暴惡の言語無きなり。世俗には安否を問ふ禮儀あり。佛道には珍重《ちんちょう》のことばあり。不審《ふしん》の孝行あり。慈念衆生《しゅじやう》猶《いう》如《によ》赤子《しやくし》のおもひをたくはへて言語するは愛語なり。徳あるはほむべし。徳なきはあはれむべし。愛語をこのむよりは、やうやく愛語を増長するなり。しかあれば、日頃知られず見えざる愛語も現前するなり。現在の身命《みやう》の存せらんあひだ、このんで愛語すべし。世々《せぜ》生々《しやうしやう》にも不退轉ならん。怨《をん》敵を降伏し、君子を和睦《ぼく》ならしむること愛語を根本とするなり。むかひて愛語を聞くは、おもてをよろこばしめ、こころをたのしくす。むかはずして愛語をきくは、肝に銘じ、魂に銘ず。しるべし、愛語は愛心よりおこる。愛心は慈心を種子とせり。愛語よく廻天の力あることを學すべきなり。ただ能を賞するのみにあらずと。知るべし、釋《しやく》氏の心訣《けつ》は惟《た》だ慈悲の二字に在り。孔門の學脈亦仁の一字に存するを。

5 憤

「憤」は、『光明藏』の第九編である。憤と云うと、通念としては人間的・道徳的・社会的に慎むべき行為、行ってはならない行為と考えられている。『広辞苑』にも、いきどおること、怒り、腹立ちと記されている。

しかしながら、ここでの憤は一般の通念とは異なっていて、「士心の憤發」と「菩提心の長養」である。前者については三輪執斎先生の『士志論』から、後者については『華嚴経』（大方広仏華厳経）から引用されている。

三輪執斎先生は、学問の道とは士心つまり志を立てることであると断言されているが、安岡先生は、士心は仏教で云う「菩提心」に他ならないとされている。それでは菩提心とは何か。『織田佛教大辭典』には

「菩提心とは是れ四弘誓願を體とす」

と記されている。

〈四句誓願文〉

衆生《しゅじょう》無辺《むへん》誓願度《せいがんど》―一切衆生悉く仏性あるを念じて、大般涅槃に入らしめんと願う

煩悩無尽誓願断《ぼんのうむじんせいがんだん》――自ら尽きることのない煩悩を断じようと願う
法門無量誓願学《ほうもんむりょうせいがんがく》――無量の仏門を学ばんと願う
仏道無上誓願成《ぶつどうむじょうせいがんじょう》――無上の悟りを得せんと願う

この法を求め悟りを開かんとする菩提心、さらには衆生を済度せんとする慈悲の志は大乗仏教の要とも云うべきものである。言葉に若干の違いはあっても各宗派に共通する大切な経文である。『華嚴経』の入法界品には、菩提心に燃えて五十三人の善知識を訪ねて行脚する善財童子の求道の姿が綴られている。安岡正篤先生はご自身自からが生涯学問の道を究められた求道者であったから、『華嚴経』の入法界品は味読されたものと拝察する。

他方、先生は自らの学問を人々に広められた布教者でもあった。「上求菩提・下化衆生」（上には悟りを求め、下には衆生を化する）は、大乗仏教の要である。安岡先生はこの道を身をもって実践された。「憤」の最後は、

「願はくば吾曹毎に士心の憤發を盛ならしめんことを」
「願はくば吾曹常に菩提心を長養せんことを」

と、ご自身の熱い願いで締めくくられている。

憤《いきどほり》

執齋《しつさい》先生曰く、爲學《ゐがく》の道は士心を立つるに在り。士心は憤を尚《たふと》ぶ。四時間斷無きは天の憤なり。生々息《や》まざるは地の憤なり。仁義忠信時として感通せざるなきは人の憤なりと。佛家所謂《け》菩提《ぼだい》心亦是士心に他《ほか》ならず。華嚴《けごん》に云ふ、菩提心は則ち一切諸佛の種子なり、能く一切諸佛の法を生ずるがゆゑに。菩提心は則ち良田たり、衆生の白浄《びやくじやう》の法を長養するがゆゑに。菩提心は則ち大地たり、能く一切諸《もろもろ》の世間を持するがゆゑに。菩提心は則ち浄水たり、一切煩惱《ぼんのう》の苦を洗濯《せんだく》するがゆゑに。菩提心はすなわち大風たり、一切世間に障礙《しやうげ》するものなきがゆゑに。菩提心は則ち盛《じやう》火たり、能く一切の邪見愛を焼くがゆゑに。菩提心は則ち浄日《にち》たり、普《あまね》く一切衆生の類《たぐひ》を照すがゆゑに。菩提心は則ち明月たり、諸の白浄法悉《ことごと》く圓滿するがゆゑに。菩提心は則ち浄燈たり、普く一切諸法界《ほつかい》を照すがゆゑに。菩提心は則ち浄眼《げん》たり、悉く能く邪正《しやう》の道を觀《み》るがゆゑに。菩提心は則ち大道たり、皆一切智の域《ゐき》に入るを得しむるがゆゑにと。

願はくば吾曹毎《ともがらつね》に士心の憤發を盛ならしめんことを。願はくば吾曹常に菩提心を長養せんことを。

6　一心

「一心」は『光明藏』の第十編である。

この一心という言葉も『華嚴経』の中に見られるが、内容は栄西禅師『興禅護国論』の冒頭の文章からの引用である。

私は、「安岡教学の核心は心である」と考えている。先生が「日用心法」として日常の心の用い方を説かれているのも、『百朝集』で心のあり方に繰り返し言及されているのも、『禅と陽明学』の講話をされたのも、更に仏教と禅に深い関心を持たれているのも、すべてが「心」にかかわっている。

その心の大きさを栄西禅師ほど大きく表現したのは、他に無いのではなかろうか。

心は何て大きいことだろう。天の高さは極むことはできない。しかるに心は天の上に出ることができる

地の厚さは測ることはできない。しかるに心は地の下深くゆくことができる

どんな明るさも日月を超えることはできない。しかるに心は、日月の明るさのおもてに出ることができる

大千世界は究むことはできない。しかるに心は大千世界の外に出ることができる。

心は天地・宇宙・万物に通じ、天地・宇宙・万物を超越することができる、というのである。

禅とはこの心を究めることである。その心の大きさについて、禅を中国から初めてもたらした栄西禅師がこのように表現していることに、私は限りなき興趣《きょうしゅ》を覚える。

では心とは何か。表現する言葉が見つからないので、ここではやむを得ず、「最上乗」「第一義」「般若實相」「一眞法界」「無上菩提」「楞嚴《りょうごん》三昧」「正法眼藏」「涅槃妙心」と名づける、と記されている。禅的にはその通りである。

『無門関』第六則○世尊拈花には次のように記されている。言葉に表現することも出来ず教えることも出来ないお釈迦様の法が摩訶迦葉を通じていままで伝えられている。

〈世尊拈花〉

「世尊云く、『吾に正法眼蔵、涅槃妙心、実相無相、微妙の法門有り。不立文字、教外別伝、摩訶迦葉に付属す』」

ここには禅の根本義が示されている。禅の修行者は、これを究めるべく学道修行に努めるのである。釈尊の大覺、夫子の聖學、陸子の玄悟、王子の深省という結びの言葉は、仏教・禅と儒教を踏まえた安岡先生の一心である。これは『禅と陽明学』に通じている。

一　心

榮西禪師曰く、大いなる哉心や。天の高き極むべからず。しかるに心は天の上に出づ。地の厚き測《はか》るべからず。しかるに心は地の下に出づ。日月の光は踰《こ》ゆべからず。しかるに心は日月光明《みやう》の表に出づ。大千世界は窮《きは》むべからず。しかるに心は大千世界の外に出づ。それ太虚《たいきょ》か。それ元氣か。心は太虚を包みて元氣を孕《はら》む者なり。天地我れを待つて覆載《ふさい》し、日月我れを待つて運行し、四時我れを待つて變化《げ》し、萬物我れを待つて發生《はつしやう》す。大いなる哉心や。吾れ已《や》むことを得ずして、強ひて之を最上乘と名づけ、亦第一義と名づけ、亦般若《はんにゃ》實相と名づけ、亦一眞法界《ほつかい》と名づけ、亦無上菩提《ぼだい》と名づけ、亦楞嚴《りようごん》三昧《まい》と名づけ、亦正法眼藏《しやうぼふげんぞう》と名づけ、亦涅槃《ねはん》妙心と名づくと。釋尊《しやくそん》の大覺此の心に他ならず。夫子《ふうし》の聖《せい》學亦此の心を盡すのみ。陸子の玄悟《げんご》、王子の深省《せい》、皆這箇《しやこ》を説かざるなし。何人か心なからん。而して道不得是の如し。恥づべく、憤《いきどほ》るべし。

7　覺悟

「覺悟」は『光明藏』の第二十七編である。ここには易行門と聖道門という言葉は出していないが、易行門は必ずしも易行ではないという安岡先生の基本的考えに基づいて、親鸞上人の覺悟が記されている。

先生は『日本精神の研究』の中で「武士道より觀たる念佛と禪」という章を設けられ、そこで次のように記されている。

「私を以て観れば、他力易行道決して世間の思ふ様に易行ではない。そは寧ろ自力聖道門より難行の法門と云ふことも出来る。」

又、『禅と陽明学』には、次のように記されている。

「聖道門と浄土門、日本では法然・親鸞が浄土門の代表で、禅などは最も聖道門の方であります。これはしかし一応の分け方であって、これを深く追求すれば、聖道門を難行道といい、浄土門を易行道という。果たして易行道が易行であるか。考えようによっては易行道の方がもっと難行道であるかもしれない。」

親鸞上人の言葉については『百朝集』の「信」のところで説明してあるので、ここでは省略することとする。

覺　悟

親鸞《しんらん》聖《しやう》人門徒に向ひて曰ふ、各々十餘箇國の境をこえて、身命《みやう》をかへりみずして尋ねきたらしめたまふ御こころざし、ひとへに往生《わうじやう》極樂のみちを問ひきかんがためなり。しかるに念佛よりほかに往生のみちをも存《ぞん》知し、また法文等をも知りたらんと、心にくゝおぼしめしおはしましてはんべらんは、大きなるあやまりなり。もししからば、南都北嶺《れい》にも、ゆゆしき學匠《しやう》たちおほくおはせられさふらふなれば、かのひとにもあひたてまつりて、往生の要よくよくきかるべきなり。親鸞においては、たゞ念佛して彌陀《みだ》に救《たす》けられまゐらすべしと、よき人のおほせをかうふりて信ずるほかに、別の仔《し》細なきなり。念佛はまことに浄土に生るゝたねにてやはんべるらん。また地獄に落つる業《ごふ》にてやはんべるらん。總じてもて存知せざるなり。たとひ法然上人にすかされまゐらせて、念佛して地獄に落ちたりともさらに後悔すべからずさふらふ。そのゆゑは自餘の行《ぎやう》もはげみて佛になるべかりける身が、念佛をまをして地獄に落ちてさふらはばこそ、すかされまつりてといふ後悔もさふらはめ、いづれの行もおよびがたき身なれば、とても地獄は一定《ぢやう》すみかぞかし。

8　生死

「生死」は、『光明藏』の第二十八編である。

安岡先生にとって生死は、人生の一大事因縁と云える。先生はその生き方を「生を明らめ死を明らむるは仏家一大事の因縁なり」という道元禅師の言葉に仮託して表現されている。

「生死」編は次の三部から成り立っている。

第一は道元禅師の『修證義』の冒頭部分からの引用である。

「生を明らめ死を明らむる」

「生死即ち涅槃」

これは仏道に志す者が明らめるべき究極の目標であり、学道者はそのため日々血のにじむ修行に励んでいる。

第二は『法華経』の如来神力品からの引用である。

「是の處即ち是れ道場」

「今」、「此処」、「自己」、これが禅の精神、禅の修行、禅の生活である。

「諸佛此に於て阿耨多羅三藐三菩提を得、諸佛此に於て法輪を轉じ、諸佛此に於て般涅槃す」

諸佛とは正に、自分自身のことである。自分自らが今、此処において悟りを開き、法を転じ、涅槃の境地に至るべしという教えである。

第三は「朝に道を聞けば、夕に死すとも可なり」という『論語』からの引用である。

それ故に安岡先生は、結びにおいて、

「一刻も懈怠あるべからず」

と学道の人を督励されているのである。

生　死

修《しゅ》證義に曰く、生《しやう》を明らめ死を明らむるは佛家《け》一大事の因縁《いんねん》なり。生死の中に佛《ほとけ》あれば生死なし。

> 但生死即ち涅槃《ねはん》と心得て、生死として厭《いと》ふべきもなく涅槃として欣《ねが》ふべきもなし。是時初めて生死を離るる分《ぶん》ありと。曾て法華《ほけ》經を看るに、如來《によらい》神力品《ぼん》に云ふ、若しは經巻《きやうくわん》所住の處、若しは園中に於て、若しは林中に於て、若しは樹下《げ》に於て、若しは僧坊に於て、若しは白衣《びやくえ》の舍、若しは殿堂に在つて、若しは山《せん》谷、曠《くわう》野、是の中皆應に塔を起して供養《くやう》すべし。所以は何《いかん》。當に知るべし、是の處即ち是れ道場にして、諸佛此《しよふつここ》に於て阿耨多羅《あのくたら》三藐《みやく》三菩提《ぼだい》を得、諸佛此に於て法輪を轉じ、諸佛此に於て般涅槃《はんねはん》すと。朝《あした》に道を聞けば、夕《ゆふべ》に死すとも可なりと云ふも亦此の意《こころ》なり。唯だ人身得ること難く、正法聖《しやうぼふせい》學値《あ》ふこと希《まれ》なり。而して光陰の速《すみ》やかなる、白駒《く》の隙《げき》を過ぐるが如く、露命いかなる道の草にか落ちむの歎《なげき》あれば、一刻も懈《け》怠あるべからず。

9　易簀

「易簀」は『光明藏』の第二十九編である。

「易簀」とは曽子（曽参）の死に臨んでの故事によるものである。曽子が臨終に際して季孫より賜った丈夫用の簀を分不相応として易えたことから、学徳のある人の死を易簀と言うようになった。

「吾れ何をか求めんや。吾れ正を得て斃るれば斯に止まんと。擧げ扶けられて之を易え、席に反って未だ安んぜずして没す」。

曽子の見事な臨終である。

先生は更に続けて
「後世賢者の死を易簀という。宜しく佛老の臨終と併せ考うべし。」

と記されている。

私はこの「易簀」に接した時、安岡先生が道元禅師や絶海和尚、天童正覺禅師など偉大な禅僧の遺偈に大きな関心を持たれていた背景が理解できたのである。「正しい死に方」とは何であろうか。


曽子の臨終とは？

佛子の臨終とは？

老子の臨終とは？


それぞれが「其の性の真を極め、其の心を尽くした」。それが見事な臨終なのである。

先生が人生の究極の目標とされていたのは、

賢者の見事な臨終
佛老の見事な臨終

にあったのではないだろうか。

易　簀

諸子檀弓《だんぐう》を見しや。

曾子疾《やまひ》に寝《い》ねて病《へい》なり。樂正《がくせい》子春牀《しやう》下に坐し、曾元・曾申《しん》足もとに坐す。童子隅《ぐう》坐して燭《しよく》を執《と》る。童子曰く、華にして睆《くわん》なる大夫《たいふ》の簀《さく》か。子春曰く、止めよ。曾子之を聞き、瞿《く》然として曰く、呼《ああ》。曰く、華にして睆なる大夫の簀か。曾子曰く、然り。斯れ乃ち季孫の賜《たまもの》なり。我れ未だ之を易《か》ふる能はず。元、起つて簀を易へよ。曾元曰く、夫子の病革《やまひすみやか》なり、以て變ず可からず。幸に旦《あした》に至らば、請ふ、敬《つつし》んで之を易へん。曾子曰く、爾《なんぢ》の我れを愛するや彼に如《し》かず。君子の人を愛するや徳を以てす。細人の人を愛するや姑息《こそく》を以てす。吾れ何をか求めんや。吾れ正を得て斃《たふ》るれば斯《ここ》に止まんと。擧げ扶《たす》けられて之を易へ、席に反つて、未だ安んぜずして没す。

後世賢者の死を易簀といふ。宜しく佛老の臨終と併せ考ふべし。彼を以て此より深しとなすべからず。此を以て彼より拘《かか》はるとなすべからず。各々其の性の眞を得、其の心を盡す。天地の齊《ひと》しく讃歎《さんたん》する所なり。

10　三省語

「三省語」は、『光明蔵』の第三十編、結びの言葉である。劈頭の「開巻語」に対応している。ここには、金雞学院・日本農士学校以来現在に至るまでおよそ九十年間安岡教学を志す人々の精神的心構えが示されている。今でも郷学研修所の研修会では、早朝に参加者全員で朗誦されている。室一杯に響く「三省語」は実に清々しく厳粛である。儒学・仏教経典の言葉が凝縮されているが仏典からの引用に傍線を付してある。ここでも仏教の教えの重みを強く感じる。

三省語
夫《そ》れ学道は難《かた》く光陰は速《すみや》かなり
慎《つつし》んで思うに
今日経籍を探ねて懈怠《けたい》なかりしや
師友に伴うて歓喜を得しや
世俗に交って三毒《さんどく》を厭離《おんり》せしや
外道に逢《あ》うて能《よ》く摧伏《さいぶく》せしや
艱険《かんけん》に処《しょ》して心に罣礙《けいげ》なかりしや

逍遥《しょうよう》して襟懐灑落《きんかいしゃらく》を得しや
坐《ざ》作《さ》言語《げんご》安詳《あんじょう》なりしや
誓《ちか》って我れ日に新に又日々に新ならん

第五章　『東洋倫理概論』生涯用力工夫の教典

1　参学者に魂を入れる

『東洋倫理概論』は、昭和四年（一九二九年）、安岡正篤先生が三十二歳の時刊行された。『日本精神の研究』、『東洋政治哲学』『日本精神通義』と並んで先生の四部作とされ、安岡教学の基本をなすものである。

本書刊行の直前、昭和二年（一九二七年）一月一日には金雞学院が創立されている。その目的は『金雞学院便覧』に記されているように

「世道の陵夷、生民の憔悴、座視するに忍びず、ここに有徳の人材を得たく私塾的学院を興す」

ことにあった。その金雞会館が建てられ始めた昭和三年（一九二八年）春、

「心ひそかに物を建てるとともに魂を容れねばならぬ」

と考えて本書を書き始められたのである。

序には次のように記されている。

「さて、我々が短い生涯に大事を成そうというのに、漫然と、あるいは盲滅法《めくらめっぽう》に生活することはできない。必ず生涯いずれの処に向かっていかに工夫用力するかの大方針を樹てねばならぬ。しかるに、この吃緊事《きっきんじ》に対して在来の倫理学書はあまり閑話に過ぎ、処世訓の類はまたすこぶる雑駁《ざっぱく》である。故に一向真剣の学問生活に役立たない。それかあらぬか多くの真摯な求道者達に接してみると、彼らの人物の支離《ばらばら》、思想の散漫に眉を顰《ひそ》めざるを得ぬことが少なくない。よって、まず私自身の所見を整え、わが学院の参学者になりとも雑夢の生活を喚醒したいと思って、朦朧たる眼《まなこ》を擦《す》りながら、とにかく暁鐘を撞《つ》きにかかったのである。」

実に含蓄のある文章である。先生は、はじめこの書を「暁鐘」と名づけたかったとある。暁鐘とは、夜明けの鐘である。金雞学院の参学者に向かって、

「雑夢から覚めよ」

「生涯いかに生くべきかとの大方針を樹てよ」

との暁鐘である。

本書は次の三編から成り、「早年」「中年」「晩年」に対応した倫理が定められている。

一　第一編、志向―早年の倫理―

第二編、敬義―中年の倫理―
第三編、立命―晩年の倫理―

倫理と云うと一般には難しく思われるが、ここでは人生いかに生くべきかというである。

「工夫用力の大方針」

我々は短い人生を漫然と過ごしてはならぬ、早年、中年、晩年、それぞれの期を真剣に生きなければならないと、暁の鐘を打たれているのである。

早年を漫然と過ごさず真剣に生きることが、中年の礎となり力となる。
中年を漫然と過ごさず真剣に生きることが、晩年の礎となり力となる。
晩年を漫然と過ごさず真剣に生きることが、臨終―死の礎となり力となる。

本書においては、第一編と第三編において禅の祖師方、仏教・禅思想からの引用がみられる。その部分を抜粋・解説することとする。

2　師友に対する敬愛

(1) 感恩の情

安岡先生が『東洋倫理概論』において「志向—早年の倫理—」として挙げているのは次の五つである。

(1) 孝悌
(2) 師友に対する敬愛
(3) 英雄哲人に対する私淑
(4) 恋愛
(5) 至尊および社稷に対する忠愛

この内「師友に対する敬愛」を象徴するものとして挙げられているのが次の八つの師弟関係で、その中に「懐奘と道元」「白隠と正受老人」「香巖と大潙」「耶律楚材と澄和尚と萬松和尚」という禅の祖師方の師弟愛がある。

（1）顔回と孔子
（2）懐奘と道元
（3）白隠と正受老人
（4）香巖と大潙
（5）耶律楚材と澄和尚と萬松老師
（6）卜居（屈原と鄭詹尹）
（7）伯牙と鍾子期
（8）管仲と鮑叔

ではそもそも「師友」とは？　安岡先生は『東洋倫理概論』の中で、
「師友は我々にとって第二次の父母兄弟である。骨肉の親に対して言えば道の親である」
として次のように記されている。

「師は我れに先んじて世路《せいろ》の艱険《かんけん》と闘い、人生の理趣を探り、英霊の高峯を極めつつある人である。友は我れと先後してその後に続いている者である。

生物は単に生きるだけでも容易ではない。人身を受けることは実に不思議の因縁といわねばならぬ。しかし、人身を受けてもまた要するに人間という動物として生きるだけが、実は普通《ただ》ならぬ苦労なのである。単に衣食するだけが、すでに容易ならぬ努力を要するのである。その上に道心を長養し、理想を欣求してゆくなどは、それこそ稀有至難のことと言わねばならぬ。

それだけに、道を修める者の間にはおのずからまた骨肉の情とは異なった敬愛、いわゆる道情が通う。これは人間にとって骨肉的情愛よりさらに高次な心の作用である（もちろん、真の骨肉の情は同時に道情をもたねばならぬ）。我々に親のないことは堪え難い不幸であるように、師友のないことは最も深刻な寂寞《せきばく》である。」

孔子と顔回の例をとれば、孔子が匡で災難に逢った時、独り後れた顔回が追いついてひょっこりと姿を現わした。孔子は驚喜して迎え「わしはお前が死んだと思った」と言うと、顔回は「先生が在《いま》される以上、回はどうして死なれましょう」と答えた。

一方、顔回が孔子に先立って亡くなった時、孔子はお弔みに往って外聞もなく慟哭した。どんなことにも動じない孔子の動転した様子に驚いた従者が「先生は大変にお慟《なげ》きになりましたね」と言うと、孔子は「私が慟哭した？　彼のために慟かずして誰れのために慟こうか」と答えた。

安岡先生はこの師友の愛について、

「師弟の道情のこまやかさがしみじみ味わわれる」

と評されている。

「師弟の道情のこまやかさ」

これはいかにも安岡先生の心情から滲み出た言葉であり、伯牙と鍾子期、管仲と鮑叔にも当てはまると思われるが、私はここで先生の言われる師友の愛にはもっと厳しく身命を賭した道情があることを指摘しておきたい。それ故に「懐奘と道元」「白隠と正受老人」「香嚴と大潙」「耶律楚材と澄和尚と萬松老師」を選ばれたのである。先生は屈原について次のように記されている。

「自らが自らに対する不満寂寞と共に、自らが社会に対して感ぜられるこの不満寂寞は、一層我々を悩ましくする。自性を徹見せんがためには身命を惜しまぬが求道者の覚悟であるが、人は同時に己を知ってくれる者のためには身命を捧げて惜しからぬ感恩の情を覚える。」

「自性を徹見せんがためには身命を惜しまぬが求道者の覚悟である。」

これこそが正に禅の求道者の覚悟である。

「己を知ってくれる者のためには身命を捧げて惜しからぬ感恩の情」

これまた禅の師弟間の情である。

安岡先生が師友の愛として九人の禅者を挙げておられるのは正にここにある。安岡先生は、他の著作においてもこれら禅者の師弟愛にしばしば言及されている。

（2）懐奘と道元

道元禅師については『日本精神の研究』のところで詳説した通りであるが、懐奘禅師は建久九年（一一九八年）京都の生まれ、道元禅師より二年年長である。

懐奘禅師が道元禅師に参じたのは文暦元年（一二三四年）、道元三十五歳、懐奘三十七歳の時である。以後二十年間、懐奘禅師は年長であるにも拘らず道元禅師示寂の日まで常に侍者として献身的にお仕えした。

一方道元禅師は嘉禎二年（一二三六年）、懐奘禅師を興聖寺の首座に任命、体調を損なわれてからは建長五年（一二五三年）、永平寺の住持職を懐奘禅師に譲った。それから約一カ月後、道元禅師が亡くなられた際には懐奘禅師は、悲嘆の余り半時ばかり絶え入ったと云う。

それから二十七年間、懐奘禅師は道元禅師の遺影を自室に飾り、八十三歳の示寂まで毎日朝夕礼拝して怠りなかった。死に際して懐奘禅師は、自分の遺骨を道元禅師の塔のかたわらの侍者の位置に埋めるよう遺言したと云われている。

懐奘禅師は、師の語られた教えを記録した『正法眼蔵随聞記』を著わした。それは曹洞宗、臨済宗を問わず今もなお仏道を学ぶ修行者にとっての貴重な心得となっている。

先に紹介したように安岡先生は、「道を修める者の間にはおのずからまた骨肉の情愛とは異なった敬愛、いわゆる道情が通う」と記されているが、懐奘禅師と道元禅師の敬愛の念はまさにその象徴的な事例と言える。

先生は『東洋倫理概論』にただ次のように記されている。

「懐奘と道元
　曹洞の高祖道元禅師が信者の懇請に応じ、十年喫飯《きつぱん》の永平道場より重病の身を起こして、薬を人間《じんかん》に討《たず》ねてしばらく嶠《やま》を出て、京都に上った効もなく空しくなった時、長らく湯薬に侍した二祖懐奘《えじょう》は悲嘆のあまり肝を潰《つぶ》し、半時ばかり死に入ったという。（村上素道著『懐奘禅師傳』）」

（3）白隠と正受老人

白隠禅師と正受老人との敬愛の情は、懐奘禅師と道元禅師のそれとは全く異なっている。安岡先生は次のように記されている。

「父母の苦労は子の思いも及ばぬところであるが、明師の苦心もまた、いかに感激に堪えぬものが多いことであろう。もし当年の惠鶴（一字鵠林、後の白隠禅師）が越後高田の英巖寺における理智的小悟のまま、ついに信州飯山の正受老人に親炙することがなかったならば、彼の人物は果してどうなったであろうか。」

白隠禅師とは江戸時代中期の禅僧（貞享二〜明和五年、一六八五〜一七六八年）で、臨済宗中興の祖と呼ばれている。駿河国松蔭寺の単嶺和尚について得度、美濃国瑞雲寺の馬翁、更に越後国英巖寺の性徹和尚の下で寝食を忘れて修行に励んだ。そして、宝永五年（一七〇八年）、二月十六日の夜明け、遠寺の鐘の音を聞いてそれまでどうしても解決出来なかった公案を解くことが出来た。白隠禅師は自らの『壁生草』（禅文化研究所）に次のように記されている。

「満ずる夜半、遙かに鐘聲を聞きて、身心脱落、纖塵を絶す。歓喜に堪えず高聲に叫ぶ、岩頭老人猶

お好在なりと」（『壁生草』〈172〉禅文化研究所）

安岡先生が記す「越後高田の英巖寺における理智的小悟」とはこの悟りを指している。

これより白隠禅師は、このように痛快な悟りを得たものは日本中探しても誰一人いないであろうというほどの増上慢に陥った。禅師自身の記すところによれば

「此より慢心大いに指し起こって、一切の人を見ること土塊の如し」（同書〈173〉）

と。この後白隠禅師は法友に誘われ、鼻高々で信州飯山に正受老人を訪ねた。

ところが正受老人に参禅するものの鼻を押えつけられたり、「土鼠奴」とか「穴蔵坊主《あなぐらぼうず》」と罵倒されて、いかなる見解《けんげ》をもっていっても許してもらえなかった。襟元をつかまれたり、拳槌を加えられたり、縁の下に突き落とされもした。しかしながら懊々として心楽しまざる毎日、両眼に涙を浮かべて坐禅に励んだ。正受老人の悪辣な手段に屈することなく修行に怠りなかった。白隠禅師の求道心は実に並々ならぬものがあったのである。

一方、正受老人はこの有為の修行僧を激しく叱りつけたり、手荒な手段を使ったりして真の悟りに導か

んものと精魂を傾けた。
安岡先生は、その事情を次のように記されておられる。

「彼が厭《いと》わしい大慢心を以て法友の勧めに従い飯山に来るや、正受老人は到底尋常の手段を以てしてはこの邪路に趨《はし》った英才を済《すく》うよしなきを観破し、熱喝《ねつかつ》また痛棒《つうぼう》、あらゆる悪辣《あくらつ》な活作略《かつさくりゃく》を振るって彼の全人格を根底より震撼《しんかん》し、彼の自負する一切の虚栄扮装を剥奪して、かくて至純清新な真実求法《ぐほう》の大道を彼に示現したのである。」

今の価値観からすると想像できない教育指導である。ついに行き詰ってしまった白隠禅師はある日飯山の城下へ托鉢に出かけた。ある家の門前で公案を拈じ立ち尽くしていると、老婆が腹を立てて草箒で禅師を思い切り打ちのめした。禅師の網代笠は破れ気絶してしまった。その時偶々通りかかった三四人の通行人に抱き起こされて禅師は正気を取り戻した。その刹那、これまでの難解難透の公案が次々に永解したのである。禅師は手を打って呵々大笑し、歓喜にひたって正受庵に帰った。

正受老人は白隠禅師をどのようにして出迎えたか、安岡先生は白隠禅師の『壁生草』をそのまま引用されている。

「余それより歓喜して正受の門に至れば、師縁端に立ち、一見して問ふ。何の好事《こうず》かありし。余前に近づきて精しく所見を述ぶ。師団扇《うちわ》を把《と》りて余が背を撫し、願はくば汝が壽算《じゅさん》わが年に到れ。必ず小を得て足れりとする勿《なか》れ。これより力《つと》めて悟後の修業を行ぜよ。小を得て足れりとするは聲聞乗《しょうもんじょう》なり。もし汝悟後の修業を知らずんば、惜むべし、小果の羅漢とならん。疥癩野干《かいらいやかん》の身は受くとも、二乗聲聞の類となる勿れ」と。

何と心暖まる正受老人の温情であろうか。ここに至って鬼のようだった正受老人はあたかも好好爺に一変している。安岡先生は二人の師弟愛の極致を見ておられる。

禅僧の生涯は死ぬまで修業である。小悟は言うまでもない。大悟を得ても練って練って練り上げて境涯を高めてゆくのが禅僧の心構えだ。正受老人は白隠禅師にその戒めを示された。禅師もまた悟後の修業に努められた。それから一八年後、四十二歳の時、「初めて正受老人平生の受用を徹見」され、「覚えず声を放って号泣された」

「神機獨妙禪師年譜」（『白隠和尚年譜』から引用）には次のように記されている。

――師、四十二歳。秋七月、看経牓《かんきんぼう》を挂《か》く。徳源の東芳、差《さ》して『法華経《ほけきょう》』を読ましむ。一夜読んで譬《ひ》喩品《ゆぼん》に到り、乍《たちま》ち蛬《きりぎりす》の古砌《こせい》に鳴いて声声《しょうしょう》相い連なるを聞き、豁然《かつねん》として法華《ほっけ》の深理《じんり》に契当《かいとう》す。初心に起す所の疑惑釈然として消融し、従前多少の悟解了知《ごげりょうち》の大いに錯《あやま》って会《え》することを覚得す。経王《きょうおう》の王たる所以《ゆえん》、目前に璨乎《さんこ》たり。覚えず声を放って号泣す。初めて正受老人平生《へいぜい》の受用を徹見し、及び大覚世尊の舌根両茎の筋を欠くことを了知す。此れより大自在を得たり。仏祖向上の機、看経《かんきん》の眼《まなこ》、徹底了当して余蘊《ようん》無し。

安岡先生が『東洋倫理概論』の中で「白隠と正受老人」の説明に費やされているのは、わずか一ページと数行に過ぎない。これだけでは一般の人には安岡先生の心意が全く理解されないと思うので、史実を踏まえて解説してみた。

私は、安岡先生がいみじくも挙揚されている白隠禅師と正受老人との間に育くまれた「師友に対する敬愛」の念に限りない感動を覚える。

（4）香嚴と大潙

先の「懐奘と道元」「白隠と正受老人」はいずれも日本の禅僧であるが、この「香嚴と大潙」は日本では馴染みのない中国の禅僧である。しかも安岡先生による道元禅師『正法眼藏』渓聲山色からの引用は難解を極める。

そこで説明の方法として、まず『東洋倫理概論』の該当部分全文を掲載し、それに従って解説することとする。

「香嚴智閑禪師《きょうげんしかん》かつて大潙大圓禪師《だいいだいえん》の會《え》に學道せし時、大潙いはく、なんぢ聰明博解なり。章疏《しょうしょ》のなかより記持せず、父母未生以前《ふもみしょういぜん》にあたりてわが爲に一句を道取《どうしゅ》し來るべし。

香嚴いはんことをもとむること數番《すばん》すれども不得なり。ふかく身心をうらみ、年來たくはふるところの書籍《しょじゃく》を披尋《ひじん》するになほ茫然たり。つひに火をもちて年來のあつむる書をやきていはく、畫《え》にかけるもちひはうゑをふさぐにたらず。われちかふ、此生に佛法を會《かい》せんことをのぞまじ。ただ行粥飯《あんしゅくはん》僧《ぞう》とならんといひて、行粥飯して年月をふるなり。行粥飯僧といふは衆僧に粥飯を行益《ぎょうやく》するなり。このくにの陪饌役送《ばいぜんやくそう》のごときなり。

かくのごとくして大潙にまをす、智閑は身心昏昧《しんしんこんまい》にして道不得《どうふて》なり。和尚わがためにいふべし。大潙のいはく、われなんぢがためにいはんことを辭せず。おそらくはのちになんぢわれをうらみん。

かくて年月をふるに、大證國師の蹤跡《しょうせき》をたづねて武當山にいりて、國師の庵のあとにくさをむすびて爲庵《いあん》す。竹をうゑてともとしけり。

あるとき道路を併浄《ひんじん》するちなみに、かはらほとはしりて、竹にあたりてひびきをなすをきくに、豁然《かつねん》として大悟す。沐浴《もくよく》して潔齋《けっさい》して、大潙《だいい》山にむかひて燒香禮拜して、大潙にむかひてまをす。大潙大和尚、むかしわがためにとくことあらば、いかでかいまこの事《じ》あらん。恩のふかきこと父母よりもすぐれたり。

つひに偈をつくりていはく、一撃《きやく》亡二所知一。更ニ不二自ヲ修治一。動容揚ガリ二古路ニ一。不レ堕二悄然機一。處々無ク二蹤跡一。聲色外威儀ナリ。諸方達道ノ者。咸コトゴトク言二上々機一。［一撃に所知を亡ず。更に自ら修治せず。動容古路に揚がり。悄然の機に堕せず。処々蹤跡無く。声色外の威儀なり。諸方達道の者。咸《ことごと》く上々の機と言はん。（一撃に観念を捨て、更に自ら修行せず。日常の行動が古来の道を明らかにし、隠された堕落への罠に落ちない。居るところにその形迹は全くなく、感覚の外にある。諸方の人は全て、これこそ悟への上々の機と言う）」

この偈《げ》を大潙に呈す。大潙いはく、『此子《しし》徹せり』

という条がある。」

これは、香嚴智閑禅師が大潙大圓禅師の厳しい慈愛によって大悟に至った経緯を記したものである。香嚴禅師は学問に造詣が深く稀にみる聡明な人物であった。初め百丈懐海禅師に参じ次いで大潙禅師の下で修行に励んだ。大潙禅師はその才能を認めて何とかして眼を開かせてあげたい（悟らせてやりたい）と考えていたが、香嚴禅師の学問がそれを妨げていた。そこで大潙禅師は一計を講じ、「お前はなかなか聡明だが、そんな糟知識は不要である。父母未生以前の一句を持ち来れ」と迫った。（これが劈頭の導入部分

である）

ところが香嚴禅師はこの問いに答えるすべを持たなかった。それまで積み重ねてきた書物をひもといても、ただ茫然とするばかりであった。ここに至って香嚴禅師はそれまで集めてきた書物をすべて焼いて曰く、「絵に画いた餅は飢えを満たすことは出来ない」と。こうわかっただけでも大したものである。それからは香嚴禅師は、仏道修行の道を諦め、修行僧に食事を供する役（食事係）を果たしてゆこうと心に決めた。（この部分が第二段である。）

かくして香嚴禅師は大潙禅師に申し上げた。私は精魂尽き果ててしまいました。何とぞ私のためにご教示くださいと。要するにもう駄目です。答えを教えて下さいということである。これに対する大潙禅師の答えは、お前のために説くことは簡単だが、恐らくお前は後に私をうらむことになるであろう、というものであった。他人から教えられたものは身につかないということである。大潙禅師の厳しい慈愛の心である。ここで気を付けなければいけないのは、香嚴禅師が安易に教えを乞うたわけではないということである。大潙禅師に繰り返し繰り返し参禅し、それでも許してもらえず、苦しみ苦しみ抜いての決断である。禅の修行者はそういう血の滲むような苦修の過程を経験するのである。これは体験者でなければわからない。（この部分が第三段である。）

かくして香嚴禅師は潙山禅師のもとを去り、大證国師（慧忠国師）の跡を訪ね、庵を結んで墓守りをしながら一生を過ごそうと決心した。竹を植えて友とした、とある。ここでも香嚴禅師は無為に時を過ごしていたわけではない。恐らく毎日毎日、昼も夜も悩み苦しんでいたことは想像に難くない。「竹をうゑてともとしけり」という言葉も、何でもないように思われるが大きな意味がある。常に竹と一つになっていたのである。（これが第四段である。）

ある日香嚴禅師が掃除をしていて瓦礫を竹藪の中に捨てると、一つの小石が竹に当った。カチーン。その響きを聞いた瞬間、香嚴禅師は豁然として大悟した。心がカラーッとして悟りを開くことが出来た。それまでの迷い、悩み、苦しみが一瞬にして消え去った。香嚴禅師大悟の瞬間である。

禅師は直ちに庵に戻って沐浴、衣を更めて大潙山の方に向かって焼香・礼拝して大潙和尚に申し上げた。「昔、私の願いに応じて和尚が教えを説いていたら、どうして今のこの大事があったでしょうか。和尚の恩は父母の恩にも勝るものです」と。香嚴禅師はかつて答えを教えてくれない師に不満をいだいていたかもしれない。うらみに思っていたかもしれない。しかし香嚴禅師は、苦しみに耐えて今大きな歓喜を味わうことが出来た。師の大恩に感謝することが出来たのである。

ここには禅修行の本質が示されている。

禅は他人に教えられるものでも、他人の真似事でもない。禅修行はどんなに苦しくても実参・実証、自ら体験し自得しなければならないのである。

禅の修行が厳しいとは、こういうことである。安岡先生がしばしば禅を「難行門」とされているのはこういう意味が込められている。（これが第五段である。）

最後は香嚴禅師の大悟の偈である。これは本人の体験であり、他人が説明・解説する性格のものではないが、「一撃」とは小石が竹に当ったカチーンという音、「所知を亡ず」とは是非・善悪など一切の二元的分別心が無くなったことである。カチーンという音を聞いて無心になった。

香嚴禅師がこの偈を大潙禅師に呈すると、大潙は「汝徹せり」（お前は徹見した、お前の悟りは本物だ）と一言、香嚴の悟りの境涯を認めたのである。

安岡先生が数ある禅の師弟関係の中から、「白隠と正受老人」「香嚴と大潙」を選ばれたのは大変な慧眼であると考える。前者は、鉄拳によって弟子を悟りに導いた事例、後者は、静かに機の熟するのを待って弟子を悟りに導いた事例である。全く対照的な選択をされたところが実に味わい深い。

（5）耶律楚材と澄和尚と萬松老師

耶律楚材（明昌元年〜淳祐四年、一一九〇〜一二四四年）は、モンゴル帝国の政治家である。

十二世紀末から十三世紀初めにかけての中国は、南宋の勢力が衰える一方、モンゴル帝国が西遼、西夏、金などを亡ぼして統一国家の基礎を築いていった時代である。耶律楚材は遼の王室の子孫であったが、初め金王朝に仕官、一二一五年（貞祐三年）モンゴル軍が北京に侵入すると、チンギス・ハンの招聘に応じて元王朝に仕えることとなった。以後チンギス・ハンに重用され、その死後はオゴタイ・ハンの即位に貢献、さらに金王朝滅亡後はモンゴルによる中国支配の基礎を築くなど、モンゴルによる中国支配を支えた実力政治家であった。

他方、耶律楚材は学問好きで、天文・暦数・地理・医卜に精通する文化人であった。禅にも通じ湛然居士と号した。著作に『湛然居士集』がある。

安岡先生は耶律楚材に深い関心を寄せられ、

「蒙古建国の大功臣湛然居士耶律楚材《たんぜんこじやりつそざい》は、恐らく世界稀有の哲人宰相と言うべきであろう。」

と評されている。その最初の禅の師匠が北京の広寧門外聖安寺の澄禅師であった。安岡先生によると、

「（耶律楚材は）暇さえあれば惹かれるように和尚の許を尋ねて、あるいは祖師の道を語り、古人の語録中自ら思索し悟入した点を呈して、これに参究した。」

澄禅師は、道元禅師の師天童山の如浄禅師に連なる曹洞宗の高僧である。耶律楚材はこの澄禅師に参禅し、自らの見解を呈していたが、そのうち耶律楚材の禅的境地が高まり、それに伴って疑団も生じてきたようである。澄禅師は耶律楚材に次のように語った。

「お聞きなさい。あなたは今まで名士であった。また、当今の儒流は大抵仏書の研究は深く積まないで、ただ手近い語録ぐらいを拾い読みして談柄《だんぺい》に資するに過ぎぬ。したがって私も別段苦しんであなたに鉗槌《かんつい》を加える必要を覚えなかったのである。しかるに、今あなたの心を揣《はか》るに、今度こそは本分の一大事に逢着されたと見える。この上からはもはや私も従前のような茶談的態度に出るわけにはいかない。でも、もう私は老いた。由来、私は儒学にはあまり通じていないから、深くその方を極められたあなたを教えるには不適当である。あなたはすべからく去って他に師を求めねばならぬ。方今《ほうこん》あなたの師となる者は、恐らく萬松《まんしょう》老人をおいて外にあるまい。彼は儒仏に兼ね通じ、宗学に深く加うるに弁才をもまた無礙《むげ》である。さあ、今より去って萬松の門を叩きなさい」

澄禅師は耶律楚材が「本分の一大事に逢着した」と見て取ったのである。

単純な比較は出来ないが、白隠禅師が正受老人の下で大事了畢し、香嚴禅師が大潙禅師の下を去って武當山の庵で大事了畢した様に、耶律楚材も高い禅境に近づいていたと思われる。

禅の修行においては、大事了畢には機の熟することが必要である。澄禅師は耶律楚材にその機を見て取った。

澄禅師は私心を捨て去り、誠に有難い慈悲の心を以て萬松老師に耶律楚材を紹介した。

安岡先生は澄禅師の尊い慈悲心を次のように指摘されている。

「法恩あつい垂示《すいじ》に楚材は感激した。澄公は容易ならぬ師家である。楚材の真剣になったところを捕えて大覚悟を奮起させ、さて彼の才学が世の常ならぬものであるから、その才学を生かして陶冶《とうや》すべき必要を悟って、惜しげもなく彼を萬松の下に導いてやる。誠に尊い慈悲である。かくて楚材は和尚の垂示によって萬松の門に入り、寝食を忘れて参究の結果、その法嗣に擬せられるまで進んだのであった。」

安岡先生は、澄禅師の私心を捨てた慈悲心に師友に対する敬愛を見出したのである。耶律楚材も、その恩に報いるため修行に励み、法を継ぐまでに至った。

『東洋倫理概論』の中で「懐奘と道元」「白隠と正受老人」「香嚴と大潙」「耶律楚材と澄和尚と萬松老人」に関する安岡先生の記述は、合わせても七ページ弱である。内容の濃さと比べて余りにも短すぎる。一般の人にとって理解が難しいと思われるので非力ながら説明を加えさせて頂いた。

3　中年いかに生くべきか

中年の倫理については仏典・禅語からの引用は見られないので内容は省略する。

4　晩年いかに生くべきか

(1)　立命

安岡先生は『東洋倫理概論』において、人生を早年、中年、晩年の三つの時期に分けられ、それぞれの倫理として「志向」、「敬義」、「立命」とされ工夫用力の教えを説かれている。総じて言えば、「人生如何にいくべきか」という教えであるが、早年、中年の倫理には、既述の師友に対する敬愛を除いて仏教思想や禅は全く登場してこない。

これは、見方によっては当然と言える。早年の時代は純真で理想に燃えている。「天」の位である。中年はその理想を実現するため全身全霊を傾ける時代である。「人」の位である。ここでは仏教・禅に限らず宗教は必要とされないのかもしれない。

しかしながら晩年は、理想・努力の総決算の時代である。「地」の時代である。人生を夢と見る境涯に入り、死を覚悟し、万物に感謝する時期に入る。ここで仏教・禅が意味を帯びてくる。

安岡先生は、晩年の倫理を「立命」と命名され、その生活を

① 境遇の自得
② 生死の覚悟
③ 報謝の生活

に分けられた。

まず立命については次のように述べられている。

「晩年の倫理の眼目は躊躇なく『立命』の二字に決した。命とは絶対自慊の造化の行《はたら》きの、その『やむにやまれずして然る』あるいは『然る所以《ゆえん》を知らずして然る』意味を表す語であって、立命とはかくの如き造化に超詣《ちょうけい》すること、自律自由になりきることを言う。

人の晩年は理想の自己実現の結果、すなわち地でなければならぬのだから、これに越す命名はあるまいと常に考えていた。」

造化に超詣すること
自律自由になりきること
——

これは禅の境涯の極致と言える。

安岡先生が『臨済録』から

一「随處作主立處皆眞」（随處に主となれば立処皆眞）

という臨済禅師の言葉を時に引用されているのはここの消息である。
先生が、『日本精神の研究』の中で道元禅師に「崇嚴なる自由」を認められたのもここにある。

（2）境遇の自得

①人の晩年

最初から個人的見解で恐縮であるが、私は、安岡先生が人生で最も重視されていたのは晩年、突き詰めれば臨終ではなかったか、と考えている。

「見事な臨終」

安岡先生はこの究極の目標に向かって稀にみる人生を歩まれた。『東洋倫理概論』を何回も読んで、私はこの見方に確信をもってきている。

先生は、「晩年の倫理」境遇の自得の劈頭で、「人の晩年」を次のように記されている。

「冬になれば、『木落ち水盡き千崖枯れて、迥然天地の眞吾が現れる』ように、人間も年寄るに随って、容色は衰え、矯飾は廃れて、その人の真実我が掩うところなく現れてくる。『菜根譚』にも『人を看るには只後半截を看よ』という古語を引いているが、誠に人の晩年は一生の総決算期で、その人の真価の定まる時である。」

私のような晩年の人間にとっては、この言葉がグサッと胸に突き刺さってくる。

迥然《けい》天地の眞吾が現れる其の人の真実我
　←
自己本来の面目

禅語で言えば「自己本来の面目」である。これを徹見するのが禅修行の究極の目標である。安岡先生は晩年の人間に向かってズバッと「眞吾」「眞実我」「自己本来の面目」を突きつけられた。

②邯鄲の夢

安岡先生は「人の晩年」に続いて、

「黄粱一炊《こうりょういちりゃん》の夢」

として、所謂「邯鄲《かんたん》の夢」を記されている。邯鄲とは、中国河北省の地名で、春秋時代には衛の都、戦国時代には趙の都があったところである。「邯鄲の夢」とは良く知られた故事で、盧生という官吏登用試験に失敗した青年が、邯鄲で道士の呂翁から栄華が意のままになるという不思議な枕を借りてきて寝たところ、立身出世して栄華を極める夢を見た。ところが夢から覚めると、それは枕元の黄粱がまだ煮えないほどの短い時間であった、という故事である。人生の栄枯盛衰がはかないことの譬えとして用いられている。

安岡先生は晩年を迎えたら人は邯鄲の夢を捨てよ、と言われている。

「名や利や色に熱中し、人に勝とう凌ごうと焦り瞋《いか》り猜《ねた》み悶えるようなことは、この頃になって段々雲や霧の霽れるように薄らいでゆかねばならぬ」

人は早年の時代には高い理想に生きる、学問に励む。中年になると、家庭生活、社会生活に忙殺されるようになる。そのような時代には何事も結果によって評価される。有名企業に就職した。昇進・昇格した。売上げ・利益をどれだけあげた。人はそういう世界ですべてのエネルギーを消費する。

他人が先んずれば妬み、苦しみ、悩む、果ては病んでしまう。

先生は、これを「黄粱一炊の夢」(邯鄲の夢）として捨てていかなければいけない、と諭されている。

禅界で尊ばれている教典『金剛経』には、

一切有為の法は夢幻泡影の如し。露の如く亦電の如し。

とある。

安岡先生の「境遇の自得」とは正にここを指摘されている。

更に先生は大鹽平八郎の『洗心洞箚記』を借りて次のように記されている。

「『周（濂渓《れんけい》）・程（明道・伊川）・陽明先生等はあまり史論をやらない。一体、古今の英雄豪傑も多く情欲上から動いている。情欲上から動くなら、驚天動地の大功業でも、要するに夢中の技倆に過ぎない。夢の是非を評するようなことは、道を明らかにしている君子の言いたくないことだ。それで史論が少ないのではあるまいか』と言っている。」

私が敢えて「大鹽平八郎の『洗心洞箚記』を借りて」と書いたのは、察するに「これが安岡先生の姿勢だったのではないか」と考えているからである。「周・程・陽明先生」はいずれも安岡先生が敬愛される中国の聖人としての存在である。

先生にとっては、古今の英雄豪傑の驚天動地の大功業も所詮、邯鄲の夢ではなかったろうか。先生の矜持が示されているように思われる。

世の中を夢と見る見るはかなくも、猶おどろかぬわが心かな

これは高僧至道無難禅師の句である。先生が「邯鄲の夢」をこの句で締めくくられている心を味わわねばならぬ。

（3）生死の覚悟

① 一大事因縁

いよいよ『東洋倫理概論』―人生いかに生くべきか―の最後は、「生死の覚悟」である。先生がいくつかの著作の中で言及されている『修證義』は次の出だしで始まっている。

生を明らめ死を明らむるは仏家一大事の因縁なり、生死の中に仏あれば生死なし、但生死即ち涅槃と心得て、生死として厭うべきもなく、涅槃として欣うべきもなし、是時初めて生死を離るる分あり、唯一大事因縁と究尽すべし。

道元禅師にとって生死は正に「一大事因縁」であった。道元禅師の世界に深く入っておられた安岡先生にとっても、生死は一大事因縁であったに相違ないのである。先生が晩年の倫理の最後として「生死の覚

悟」をもってこられたのは必然の帰結であった、と考えられる。

②名僧善知識の臨終

安岡先生は禅僧の遺偈に非常な関心を持たれていた。その中から道元禅師、絶海和尚、天童正覺禅師の遺偈については既に紹介した通りであるが、先生はその遺偈の中に禅僧の臨終の理想的な姿を見て取られていた、と思われる。

先生は『東洋倫理概論』生死の覺悟の中で「名僧善知識の臨終」として次のように記されている。

「事実、昔から名僧善知識も死に臨んで灑々落々《しゃしゃらくらく》たる者が実に多い。禅家に坐ったまま死んだり（坐脱）、立ったまま死んだり（立亡）するのは格別珍しい例ではない。真言の慈雲尊者も、臨終まで平気で講説しながら、禅家では坐脱立亡とやらせられるそうじゃが、俺は横になるのじゃと、そのまま右脅《みぎわき》を下に晏然《あんぜん》として入滅《にゅうめつ》したと言う。磊落豪放な丹霞天然和尚などは、人と同じ死態《しにざま》では面白くないとて、妹の尼と相談の上、逆立ちして遷化《せんげ》したと禅家に伝わっている。」

このような死に方は、凡人には真似することの出来ないこととして、如何にも人々の話題になり勝ちである。しかしながら先生はこれをもって、「軽々しく生死を説く者は外道である」と切って捨てられている。私も全くその通りと考える。

死とは人間の尊厳にとって極めて厳粛なものであり、坐脱立亡をもって〝見事だ〟とか、〝とても真似出来ない〟などと外から軽々しく論じてはならない、と云うのである。正論である。

「物の生死には大いに悲喜を感ぜねばならぬ。これ造化の心――仁の本質である」
「死者に対する情と礼とは最も人生に厳粛な問題たることを忘れてはならない」

という安岡先生の言葉は、非常な重みをもって我々の心に語りかけてくる。

③ゆかしい臨終

「ゆかしい臨終」

私は『東洋倫理概論』でこの言葉に接した時、臨終に冠する形容詞としてこのように美しい言葉はないのではないかと直感した。

安岡先生の次の文からも「ゆかしい臨終」に込められた先生の想いを看取出来る。

自らの臨終に際しても、駆けつけた司馬光に試しに与《とも》に化を観んかと言った邵康節より、私は臨終の数日前静かに死を予言して、不吉の言を恨む家人に、ただ自然だと厳《おごそ》かに答えた陸象山を取る。生涯憂患に傲った蘇東坡が、臨終の枕許に辞世の力強い一言を弟子から要求されて、そんなことをする

―といかんと言って瞑したのを喜ぶ。

（陸象山の）「ただ自然だ」

（蘇東坡の）「そんなことをするといかん」

安岡先生は、二人のそれぞれの言葉にゆかしさを感じられた。私も、この二人の死に方に奇抜な死を演じた禅僧よりも高い境地を感じている。

ここで想い起こすのは、『百朝集』の―死は是の如く―である。先生は、

―絶海和尚の遺偈を「いや實に豪快である」と評され、天童正覺和尚の遺偈を「何といふ美しく、清く、大きく、神秘な作であろう」

と評されている。

先生は暗に、天童正覺和尚の死の如くありたい、と言われている。

陸象山と蘇東坡は安岡先生が敬愛された中国の哲人である。蘇東坡は中国の文人の中で禅の境涯を最も美しく謳っている詩人である。安岡先生に通じるものがあったのではなかろうか。

安岡先生は亡くなられる前日、伊与田覚氏に対し、

「今、三千大千世界を廻っている。不思議だねえ」

と言われたとのことである。

翌十二月十三日、臨終に際しては
「三界流転、日本は不滅」

と口ずさまれたそうである。


私ごときが誠に恐縮であるが、実に「ゆかしい臨終」と云えるのではないだろうか。

④死の平生

安岡先生による「生死の覺悟」の真骨頂は次の二つの言葉にある。第一は「死の平生」である。

「しかし、道元禅師も普勧《ふかん》坐禅儀に坐《ざ》脱立亡《だつりつぼう》も平生坐禅の力によることを道破しているように、何にせよ問題は平日にある。死を思うにつけても人は平日いたずらに生きてあるべきではない。すべて生きんとする意志は、いうまでもなく人生の原動力である。しかしながら、ただ生きようとするだけでは、まだ動物的境界に過ぎない。人格において、はじめていかに生くべかの内面的要求を生ずる。ここに人にのみ許された至尊なる価値の世界—法則の世界—自由の世界があるのである。た

だ生きようとする意志は、やがて自己保存種族維持の努力となって現れ、長生を願い、子孫の繁栄を望んで焦慮《しょうりょ》する。しかるに、一度『いかに生くべきか』の内面的要求に基づいてくると、この自己を保存し種族を維持しようとする努力に新たな自覚を生ずる。」

先に記したように安岡先生は禅家の坐脱立亡について、こういうことを話題にして軽々しく生死を説く者は外道であると言われているが、ここでは道元禅師の言葉を引用され、坐脱立亡も何事も、

「問題は平日にある」

と喝破しておられる。道元禅師の『普勧坐禅儀』には、

「嘗観《しょうかん》すれば超凡越聖、坐脱立亡、此の力に一任す」

とある。凡夫とか仏とかの問題を超越し、坐したまま死に、立ったまま死ぬということも、坐禅の力一つにかかっているというのである。平生しっかり坐禅せよ、という教えである。

安岡先生はここから、平日いたずらに生きていてはいけない、と戒めておられる。

生きんとする意志は、人生においていかに生くべきかという内面的要求とならなければならない。道元禅師の崇高なる自由の精神はここから生まれた。

安岡先生は『東洋倫理概論』の序章において、刊行の目的について

「まず私自身の所見を整え、わが学院（金雞学院）の参学者に雑夢の生活を喚醒したいと思って、朦

朧たる眼を擦りながら、とにかく暁鐘を撞きにかかったのである。」

と意気込みを語られている。

その暁鐘とは何か？　その結論がこの「死の平生」で示されている。それは

「いかに生くべきか」

「平日いたずらに生きてあるべきではない」

ということである。安岡先生がさまざまな機会をとらえて、又さまざまな著作において示されている生き方そのものである、と云って良いであろう。

本書が「生涯用力工夫の教典」とされているのも、本質を突いた表現と云える。

⑤武士道の生死の覚悟

このように生死の覚悟と云っても、なかなか一般人の感覚で理解することは難しい。そこで先生が示されている二つの事例を引用しておくこととする。一つは、武士道の生死の覚悟―大道寺友山の『武道初心集』である。

「武士たらんものは正月元旦の朝雑煮の餅を祝ふとて箸を取初るより其年の大晦日の夕べに至るまで日々夜々死を常に心にあつるを以て本意の第一と仕り候」

これ程の死の覚悟はなかなか見つからない。平生の覚悟がいかに大切かということである。

⑥芭蕉の覚悟

二つ目は、芭蕉の覚悟である。これも、『花屋日記』に芭蕉の臨終を記して、とする安岡先生の文章をそのまま記すこととする。

「文考乙州等去來《きょらい》に何か囁《ささや》きければ、去來心得て、病床の機嫌をはからひて申していふ。古來より鴻名《こうめい》の宗師多く大期に辭世あり。さばかりの名匠の辭世はなかりしやと、世にいふ者もあるべし。あはれ一句を殘したまはゞ、諸門人の望足りぬべし。師のいふ、きのふの發句は今日の辭世、けふの發句は明日の辭世、われ生涯いひすてし句々、一句として辭世ならざるはなし。若しわが辭世は如何にと問ふ人あらば、この年頃いひすて置きし句、いづれなりとも辭世なりと申したまはれかし。諸法ハ従リ二本來一常ニ示ス二寂滅ノ相ヲ一。これは是れ釋尊の辭世にして、一代の佛教此の二句より外はなし。古池や蛙飛びこむ水の音。此の句にわが一風を興せしより初めて辭世なり。その後百千の句を吐くに、此の意ならざるはなし。ここを以て句々辭世ならざるはなしと申しはべるなり」

きのふの發句は今日の辭世、けふの發句は明日の辭世。

まさにいかに生くべきか、いかに死すべきかの人生である。死の平生である。

芭蕉は又、「諸法は本来より常に寂滅の相を示している」を以て釋尊の辭世と見た。「きのふの發句は今日の辭世、けふの發句は明日の辭世」とは、芭蕉にして初めて表現出来た境涯である。

更に芭蕉は、「古池や蛙飛びこむ水の音。此の句にわが一風を興せしより初めて辭世なり。その後百千の句を吐くに、この意ならざるはなし」

ここに至って私は、「古池や蛙飛びこむ水の音」の句をこれまで余りにも安易に理解していたことを痛切に反省した。

芭蕉は一句、一句に生命《いのち》を賭け、一句、一句が辞世であったのである。死の平生であったのである。私はそれを安岡先生から教えて頂いた。

真の脱落――生死即涅槃

安岡先生が説かれている「生死の覺悟」の真骨頂の第二は「生死即涅槃」である。

先生は「生死の覺悟」の締めくくりで、三つの言葉を引用されている。

まず孔子である。

―朝に道を聞けば夕に死すとも可なり。（『論語』里仁篇）

この教えは余りにも人口に膾炙《かいしゃ》しているため軽く受け止められ勝ちであるが、実に厳しい覚悟のいる言葉である。ズバリ言えば、あなたは朝真実の道を聞くことが出来れば夕方死んでもよいか、「死ねるか」と迫っているのである。慫慂《しょうよう》として死に赴《おもむ》ける人は何人いるであろうか。

次は『法華経』如来神力品である。

「若しは經巻所在の處、若しは園中に於て、若しは林中に於て、若しは樹下に於て、若しは僧坊に於て、若しは白衣の舎、若しは殿堂に在って、若しは山谷曠野、是の中皆應に塔を起して供養すべし。所以は何《いかん》。當に知るべし。是の處即ち是れ道場にして、諸佛此に於て阿耨多羅三藐三菩提《あのくたらさんみゃくさんぼだい》を得、諸佛此に於て法輪を轉じ、諸佛此に於て般涅槃《はんねはん》す。」

―――――――

と。『法華経』如来神力品は、安岡先生の最も好まれていた仏教教典である。どこもかしこも今ここが修行の道場であり、今ここが悟りの場という教えである。今を真剣に生きれば今ここで悟りが得られるというのである。今ここでというのは禅道場に限らぬ。家庭で、学校で、会社で、歓談している時、散歩をしている時、どこもかしこも修行道場、悟りの場である。

道元禅師が遷化の直前、自ら筆をとられ書写されたのも『法華経』如来神力品である。

最後は、繰り返しになるが道元禅師の『修證義』である。安岡先生は諸著作、そして本書でも何度となく、『修證義』に言及されている。


　生を明らめ死を明らむるは佛家一大事の因縁なり。生死《しょうじ》の中に佛あれば生死なし、但生死即ち涅槃と心得て、生死として厭ふべきもなく涅槃として欣ふべきもなし、是時初めて生死を離るる分あり。

安岡先生が『東洋倫理概論』の晩年の倫理のクライマックスとも云うべき「生死の覚悟」で、最後に『修證義』を引用されていることを再度強調しておきたい。

（4）報謝の生活

『東洋倫理概論』を仏典・禅から見る試みも、いよいよ結びの「報謝の生活」となった。

人生いかに生くべきかと死の覚悟をもって努力・精進してきた人にとって、人生の最後を「報謝の生活」で過ごすのは誠に幸せなことではないであろうか。

安岡先生は「我々はこの天地の中にあって無量の恩恵に生きている」として『心地觀經』の四恩を説かれている。

第一に父母の恩
第二に衆生の恩
第三に国王の恩
第四に三宝の恩

さらに『正法念經』の中から

一に母の恩
二に父の恩
三に如来の恩
四に説法の恩

安岡先生が説かれる晩年の倫理は、「報謝」である。先生は「洞家では『誠の生活』を特に『日々の行持』と説いて、報謝の正道を明示している。」として、道元禅師の『修證義』を引用されている。文字通り『修證義』が『東洋倫理概論』の結びである。

「其の報謝は餘外《よげ》の法は中《あた》るべからず。唯當に日々の行持其の報謝の正道なるべし。謂ゆるの道理は日々の生命を等閑《なおざり》にせず。私に費さゞらんと行持するなり。光陰は矢よりも迅《すみや》かなり。身命は露よりも脆し。何れの善巧方便ありてか過ぎにし一日を復び還し得たる。徒に百歳生けらんは恨むべき日月なり。悲しむべき形骸なり。設へ百歳の日月は聲色の奴婢と馳走すとも、其の中一日行持を行取せば、一生の百歳を行取するのみに非ず、百歳の他生をも度取すべきなり。此の一日の身命は貴ふべき身命なり。貴ふべき形骸なり。此の行持あらん身心、自らも愛すべし。自らも敬ふべし。」

第六章　『禅と陽明学』上巻

第一節　諸教帰一〈すべての教えは一つに帰する〉

1　東洋思想を統一的に把握する

安岡正篤先生の『禅と陽明学』は大著である。実に難解の書である。これについて何かを書くということは私の力の限界を超えているとも云えるが、安岡先生と禅を説くに当っては必読の書であるので、主として禅との関連に於て説明を試みることとする。

『禅と陽明学』は、昭和三十七年（一九六二年）から同四十一年（一九六六年）にかけて月一回行われた照心講座の講義録をまとめたものであるが、青年時代の『日本精神の研究』や『東洋倫理概論』『東洋政治哲学』『日本精神通義』など意気軒昂たる気迫が漲っていた著作と違って還暦を過ぎた円熟した境地が惨み出た大作である。

先生は本を著わすに当っては、それぞれ明確な目的をもって執筆されている。『禅と陽明学』の元となる照心講座も同じで、禅と陽明学の歴史を辿ることによって、仏教と儒教を二大潮流とする東洋思想を統一的に把握しようとされたものと思われる。それは、第一回の講義において禅の先駆としてのヨーガと釈尊の説かれた仏教思想と仏行の話をされた後、締めくくりとして書かれた次の文章の中に示されている。

「こういうふうに哲学と修行と併せてやっていかなければならないのですが、これはことごとく大きな精神の流れ、道脈、心脈というものがあって出来てきております。それでヨーガも真剣にやれば、これはすぐ佛教に連なるものであります。

こういう根柢から綿密に入っていったならば、いつの間にか佛教でも老荘でも儒教でも自然に連なってくるもので、いつの間にか真諦《しんたい》、要諦《ようたい》を会得していくことができる。どうしてもこういう大きな思想精神の流れを追っていかないと学問にならない。本当の智慧にならない。そうすると、また些細なことでも深い意味を発見することができる。したがってこういうところから入っていけば、禅というものはどういうものであるかということを正しく学ぶことができます。こういう流れに遡らずに、いきなり禅にとび込むと、たいてい外道《げどう》禅、野狐《やこ》禅になる。この講座（註・照心講座）も長らくいろいろの精神の王国の風光を見てきたわけですから、この辺で流れの根源に遡って、頭を整頓し、心を深めていきたいと思います。」（『禅と陽明学　上』〈33～34〉プレジデント社）

安岡先生は、それまで行われてきた照心講座で見てきた「精神の王国の風光を流れの根源に遡って説いてみよう」と思い立たれたのである。そうすると、仏教と老荘思想、儒教が自然に連なってくる。これが先生の言われるところの「諸教帰一」である。「仏教も老荘思想も、儒教も一に帰する」というのである。それを把握するためには、大きな思想精神の流れを追ってゆく必要がある。それが照心講座の目的である。実に壮大な計画で、『禅と陽明学』が大部になっているのはそのためである。

2　生きた人間に徹する

「諸法帰一」は、大きな東洋思想の精神の流れが行き着く究極の一点である。

安岡先生が、第一回の照心講座でこれに言及されたのは、以後四十数回にわたって続く講義の厖大さを考慮して、大きな流れの方向を示されたものと解される。

それにしても「諸法帰一」は難解な言葉である。読者が具体的にそれをイメージすることは非常に難かしいが、理解の一助となるものがある。それは『禅と陽明学』上巻の表紙を開くと目に入る次の文である。

人間学講話
禅と陽明学

禅の六祖・慧能が懇々と教えている大事な要点は、佛というものは決して人間を超越した存在ではない、ということである。信仰者は佛を超越的存在に持ってゆきたがるが、佛というものは、自身、吾、心、衆生を離れては決して存在しない。

一方、儒教は、どこまでも人間と現実に徹して、情熱をもってこれを改めてゆこうとするもので、必ずしもその成功を求めない。良心、真理、道を旨とし、実践に徹してゆこうというのがその真面目である。

儒教、道教、佛教は違うというけれども、世間一般に言うような差異ではない。儒教でも、「命《めい》に従う」とか「運を啓《ひら》く」という問題になれば、浄土門の佛にすがるというのと同工異曲である。だから現れる形は違っても、少し奥へ入れば真理は一つ。諸教は帰するところみなおなじである。」

安岡先生が『禅と陽明学』上巻の劈頭で禅の六祖・慧能に言及していることは、私の知る限りほとんど気付いていていない。そもそも慧能という名前そのものが一般には知られていない。しかしながら、この事実は『禅と陽明学』のその後の内容の展開を考える上で極めて重要である。先生は

「禅の六祖・慧能が懇々と教えている大事な要点は、佛というものは決して人間を超越した存在ではない」

と喝破されている。慧能の時代（唐代）の禅は、宋代と違って自由闊達な人間精神に溢れていた。佛とは、自身、吾、心、衆生そのものであった。生きた人間そのものであった。

一方、儒教については先生は、

「どこまでも人間と現実に徹して、情熱をもってこれを改めてゆこうとするもの」

とされている。

『論語』はその典型である。それは孔子と弟子との日常の会話、行いそのものであり、人間味豊かな教えである。そこには、真理、人間の良心、践み行なうべき道が説かれている。

つまり、慧能の禅も儒教も人間が主役である。

――

慧能の禅―佛とは人間、自身、吾、心、衆生のことである

儒教―人間と現実に徹する。良心、真理、道の実践である

この引用文の中で先生は「禅と陽明学」の横に振り仮名のように小さく

「人間学講話」

と記されている。安岡先生にとって仏教も、老荘思想、儒教も人間学であったのではないだろうか。

私は、先生の「諸法帰一」をそのようにイメージしている。この観点から読むと難しい『禅と陽明学』もより良く理解出来るように思える。

3　お釈迦さまから百丈懐海まで

『禅と陽明学』は上巻だけでも「十六章　四一五ページ」から成る大作である。しかも内容が稠密であるから、理解しながら読み進むのは至難のことである。

上巻には、時代で見ると、お釈迦さまの時代から始まって百丈懐海まで、西暦にすると紀元前六世紀から紀元七世紀まで約一三〇〇年間の歴史が記されている。

内容で見ると、ヨーガ、仏教から禅、老荘思想、儒教、達磨・六祖慧能・百丈懐海の禅に及び、安岡先生の言われる諸教（東洋思想）の精神の大きな流れが記されている。

『禅と陽明学』は、この精神の流れから「諸法帰一」を説こうとする遠大な試みである。

第二節　禅の起源

1　古代インドの精神史

『禅と陽明学』上巻は次の書き出しで始まっている。

「業《ごう》とか輪廻《りんね》という問題を取り上げると、儒教も道教も関連してくるけれども、まず考えつくのは佛教思想である。ところが佛教というものは、決して釈迦（Gautama Siddartha 佛教の開祖。釈迦牟尼と尊称、略して釈尊、釈迦という。前五六〇頃〜前四八〇頃）によって初めて開かれたものではない。よく間違える人がありまして、釈尊が当時のインドになかった何か新しい宗教、したがっていろいろの思想だの、いろいろの行《ぎょう》を始められたように錯覚する人が多いのですけれども、そういうものではない。道というものも始めなく終わりなきもので、釈尊出現の前にインドに源流があって、その大きな流れの中で釈尊という偉大な存在が生まれたのである。業、輪廻の考えもその通りでありまして、やはりインドの釈尊以前からあった問題です。」（同書〈14〉）

安岡先生はここで「佛教は釈迦によって初めて開かれたものではない」と指摘されている。〝えっ〟と意外に感じる読者が多いと思うが、ここには先に指摘した先生の基本姿勢が示されている。つまり仏教思想をインドの「大きな精神の流れ、道脈、心脈」の中でとらえて、仏教の源流をお釈迦さまが出現する以前のインドに求められているのである。

同じように禅についても、お釈迦さまがおられた頃盛んであったヨーガをその「先駆」とされている。

「そもそも坐禅というものは、何も禅から始まったものではない。坐禅というから禅の独特のものだと思っているが、そうではない。坐禅というものは、その昔のバラモン（婆羅門。インド四姓中の最高種族の僧族で、バラモン教の祭祀・教法を掌る。その修業法の一つに座禅瞑想がある）もみなやっていた。それを特に取り上げて、これに新たなる魂を入れて普及させたのがいわゆる禅宗であります。これはインド宗教には古くからあったものであり、名を変えて世界いずれの民族の古代の思想や行事にもみなあったものであります。インドにももちろんあった。これは非常に深遠で厳粛なものです。『この頃どうも身体の調子が変だから坐禅でもやってみようか』などという安直居士《こじ》がいるが、そう箇

単なものではない。」（同書〈15～16〉）

立川武蔵氏によると、インド精神の歴史は、次の三つの時期に区分できる。（『はじめてのインド哲学』講談社現代新書）

第一期　紀元前二五〇〇年～一五〇〇年　インダス文明の時代
第二期　紀元前一五〇〇年～五〇〇年　バラモン中心主義の時代
第三期　紀元前五〇〇年～後六〇〇年　仏教などの非正統派の時代（『はじめてのインド哲学』〈22〉講談社現代新書）

読者の理解を容易にするため、この時代区分に従って安岡先生の古代インド精神の流れを説明することとする。

2　アーリア人の文学

①リグ・ヴェーダ

古代インドでは紀元前二五〇〇年頃から同一五〇〇年頃にかけて、インダス河流域に都市計画にもとづいて建設された都市文明が栄えていた。相当高度な文明であったらしい。いわゆるインダス文明であるが、この第一期には精神的思索と呼べるものはなかったとされている。（『はじめてのインド哲学』〈23〉）

精神的思索が生まれたのは第二期に入ってからのことである。（同書〈23〉）紀元前一五〇〇年頃になると、インド・ヨーロッパ語族に属するアーリアアーリア人がインダス河流域に沿ったパンジャブ地方に侵入し、次第に東方に支配地域を拡大、以後インド社会の中核となっていった。

アーリアアーリア人は、偉大な大自然と神の力に畏敬の念を覚えて神を讃える文学を生み出した。それが「リグ・ヴェーダ」である。

アーリアアーリア人の社会にあっては、宗教儀式が決定的に重要な意味をもっていたため、神を讃え祝詞の儀式をとり行う僧侶階級のバラモンが社会の頂点に立ち、バラモン教を中心とする社会が形成されていった。リグ・ヴェーダはバラモン教の根本聖典として、アーリアアーリア民族の宗教哲学として重きをなした。

②梵書

リグ・ヴェーダの発展に伴ってブラフマン（梵）を解釈したり、リグ・ヴェーダの儀式を解釈する聖典が生まれてきた。これが梵書である。ブラフマンとは元々、呪力あるいは呪力のある言葉を意味して居るが、この時代になると、宇宙万有の創造変化を営む神聖な力、あるいは原理という意味になってきている。安岡先生はこれを「東洋の『天』とか『道』というのと同じことである」（『禅と陽明学　上』〈18〉プレジデント社）とされている。

③ウパニシャッド

さらに時代が下がって紀元前八〇〇～七〇〇年頃になると、人々は死後の世界や現世利益を追求するバラモンの宗教儀式には満足出来なくなり、より精神性・哲学性を追求するようになっていった。

ここに宗教的哲学書とも云うべき『ウパニシャッド』（優婆尼薩土）が誕生し、後にインド哲学の源流となった。ウパニシャッドの基本思想は「ブラフマン」と「アートマン」であるが、ブラフマンは宇宙・神、アートマンは自我とされている。

④ヨーガの実践

この宗教の哲学化・理論化と並んで、生活様式の中に瞑想を取り入れたり、身心の持ち方を工夫する行が盛んに実践された。それが「ヨーガ」である。安岡先生によると、

「これは非常に古いもので、釈尊が出現した頃にすでにこういうものがちゃんとできておりました。釈尊もこういうものを修行して十分採り入れているのです。」（『禅と陽明学　上』〈18〉プレジデント社）

臨済宗黄檗宗の『宗学概論』にも

「われわれが今日行じている坐禅の源流は、シバ神が行った禅定にまで遡ることができるのではないかと考えられている」（『宗学概論』〈3〉臨済宗黄檗宗連合各派会議所）

と記されている。安岡先生によれば

「このヴェーダから梵書、ウパニシャッド、ヨーガというものが今日までずっと続いておりますが、このヨーガはなかなか深遠複雑であり、禅というものもこれと離れることのできない関連にある。いま言いましたように、これはユージ〈Yuj〉、瞑想からきており、瞑想に伴う身体の持ち方、動き、その洗練されたものをいうのでありまして、ヨーガには、したがって反面に深い瞑想を含んでいる。単なる形や動作の問題ではない。したがって観法、哲学がある。」（同書〈18～19〉）

3　梵神の象徴〈唵《おん》〉

『禅と陽明学』においては、禅あるいは仏教について、他の禅書、仏教書に見られない独自の見解が示されている。それについては都度紹介してゆくが、まず「唵」である。

この「唵」は、禅門で毎日読誦される「大悲円満無礙神呪《だいひえんもんぶかいじんしゅ》」や「消災妙吉祥神呪《しょうさいみょうきじょうじんしゅ》」「仏頂尊勝陀羅尼《ぶちんそんしんどろに》」などの経典や「八句陀羅尼《はっくだらに》」「随求陀羅尼《ずいぐだらに》」「光明真言《こうみょうしんごん》」などに出てくるが、我々はこういう教典や真言は意味を問うことなく「たゞ無心で読め」「たゞ必死で唱えよ」と言われている。

これについては、個人的には語義を知ることに意味があると思っているが、論議は別として安岡先生の説明を記す。

「こういう心が浄化され静まると、これはいろいろ名称がありますが、例えば一番よく使われよく知られておるサマパッティ〈Samapatti〉。これは散乱、昏沈した心が静まって、心が結定《けつじょう》していかなることがあっても安定を失わない。平衡を保った状態を、ヨーガではサマパッティといっております。これは三昧《ざんまい》というのと同じ状態であります。そのために坐禅ばかりでなく、いろいろやっているのでありますが、もっともよく知られているのは、「オンアボキャ……」という、あのオン〈唵〉（唵＝サンスクリット語 om の音写。ヴェーダなどで呪文のはじめに用いられた祈禱語。これを唱えることは、我《が》〈アートマン〉に梵〈ブラフマン〉を得しめよとの意であるとする〈岩波佛教辞典〉。密教ではこの一語を誦すれば無上の功徳が得られるという）というもの、これはヨーガではもっとやかましいものであります。これは梵、ラーマ〈Rāma〉、つまり梵神の象徴です。言霊《ことだま》です。これを念ずるということは、つまり梵の神、絶対神というものを常に念ずることです。」（同書〈23～24〉）

禅の世界の人でもこのような説明の出来る人はそれほど多くはないであろう。こういう「唵」の意味を知ると、「八句陀羅尼」や「随求陀羅尼」「光明真言」の念じ方も違ってくる。

4　師資相承

「師資相承」は、禅の世界では生命とも云える重要な言葉なので、柴山全慶老師の講話から引用してみる。

言うまでもなく、禅の宗教的生命は、各人が身をもって得た宗教体験の事実にあり、古来、聖典または儀式による秘法の伝授などということは徹底的に否定されてきた。禅の伝燈はあくまでも個々の体験的事実にあるが、同時に、その体験的内容は師資相契合するものでなければならない。ここに、禅が個の体験を絶対として主張しながら、しかも同時に、師資相伝《ししそうでん》の一事を尊重し、これを真剣に取り上げる理由がある。もしこの点を軽視するならば、禅の真の生きた伝燈は直ちに消滅してしまうであろう。すなわち、禅の「師資相伝」が「以心伝心」と言われ、特異な意義と伝承を持つようになった経緯である。（『無門関講話』〈98〉柴山全慶　創元社）

ここでの「師資相伝」は「師資相承」のことである。柴山全慶禅師はここで「弟子による悟りの体験的内容は師匠の体験的内容と完全に一致するものでなければならない」

と説かれている。禅の長い伝燈はこの師資相承によって継承されてきている、謂わば禅の命綱である。禅の世界においては、師弟関係はそれほど重要なのである。安岡先生は、ここを次のように適切に指摘されている。

「そういうサマパッティ、心の落ち着いた平衡を得た状態に入っていろいろの修行をやる、その立場からいいますと、人間の小智慧・小才というものはかえって邪魔になる。そこでヨーガでは軽薄な知識や議論を解脱《げだつ》することを力説します。小智慧、小才、小理屈にかかり合っていてはいけない。唵《おん》にならない。それは一人ではできない。そこで師から教えを受ける『師資相承《ししそうしょう》』ということを重んずる。一人天狗ではいけない。良い師について、正法を受けなければいけない。独善を排して敬虔謙虚である。これはヨーガの特徴であります。ところが、こういうことをやる人はじきに一派を開きたがる。自分が師になりたがる。良くないことであります。まず敬虔な弟子になって正しい教えを受け取らなければならない。その心持ちはまさに嬰児でなければならない。」（『禅と陽明学　上』〈24〉プレジデント社）

この中で先生は、

「人間の小智慧・小才というものはかえって邪魔になる。」

「小智慧、小才、小理屈にかかり合っていてはいけない。唵にならない。」

と言われている。これは禅修行の基本姿勢である。「唵」は禅そのものと云って良い。

さらに次の箇所にも注目して欲しい。

「まず敬虔な弟子になって正しい教えを受け取らなければならない。その心持ちはまさに嬰児でなければならない。」

「嬰児になれ」「赤子のようになれ」とは、これまた禅修行者が師匠から口を酸っぱくして諭される言葉である。嬰児、赤子は素直である。純真である。小智慧、小才、小理屈がない。禅修行者の模範である。

安岡先生の着眼点は素晴らしいと思う。

5　玄牝

安岡先生はさらに続けて「師資相承」「嬰児」ということはどこの教えも同じである、とされて老荘家に言及されている。まさに東洋思想家としての面目である。

「『老子』の中にもしきりに嬰児の徳を説いている。」

「嬰児の徳は純真であり、無我である。女性がやはりそうです。これに玄をつけて『玄牝《げんぴん》』と『老子』に書かれております。やはり女性というものは一番造化《ぞうか》に近い。」（同書〈25〜26〉）

これを受けて先生は、ヨーガ・禅宗に話を展開させておられる。

「そういうわけで、ヨーガでは母の徳、嬰児・童児の徳を重んじて、我々は嬰児のような、童児のような、純真無我な心を持たなければならないということを力説しております。これがずっと師資相承で伝わって、禅では特にこれを発展させた。禅宗では師資相承、つまりどの師について法を受けたかということを大切にする。したがって師の恩、道の恩ということを尊重する。親に対しても、国土に対しても、朋友に対しても、恩義ということを非常に重んずる。」（同書〈27〉）

禅宗においては、師の恩、道の恩、父母の恩、国土の恩、朋友の恩など「恩」が極めて重んじられているが、その源はヨーガまで遡ることが出来る、とのことである。

安岡先生はヨーガと禅について次のように結ばれている。

「これまでに見てきたように、アーリヤアーリア民族が紀元前千五、六百年も前にインドに入って、インドの偉大な自然に感動し、その大自然とその神秘な神業に限りない驚異をもってヴェーダを生み、ウパニシャッドを生み、次第に独特の哲学や社会をつくっていった。そうしてそこに生まれたものがヨーガである。佛教というものは釈迦によって突然できたものではなくて、インドの歴史伝統から自然に生まれたものである。そのヨーガが禅の先駆である。」

我々は仏教はお釈迦さまによって生まれたと思っている。しかし安岡先生は「佛教というものは釈迦によって突然できたものではない」と書かれている。それが先生の言われる禅の先駆「ヨーガ」の真意である。

第三節　釈迦が徹見したダルマ〈法〉

1　お釈迦さまの悟り

お釈迦さまは、ヒマラヤ山麓マガダ国の王族の長子として生まれたが、二十九歳で出家、アーラーラ・カーラーマ、ウッダカ・ラーマプッタなど諸国の大家を訪ねてまわったり、六年間の厳しい苦行に励んだがどうしても悟りが開けない。ついに身心ともに消耗し尽くしてしまった。そこでお釈迦さまは六年間続けたヨーガの身体的苦行を捨てて菩提樹の下で深い禅定に入られた。その結果、老死という苦しみは「無明」にあること、無明から覚めれば老死という苦しみもなくなるというお悟りを得ることができた。

当時バラモン教では、先のウパニシャッドに基づいて、輪廻転生の苦しみから解脱して死後には天に生まれ変わることを願ってヨーガを行じていた。お釈迦さまはその現実から逃避した苦行を否定されて「仏陀」（ブッダ）を自覚されたのである。

そのお悟りはお釈迦様の体験的事実として誰れも想像することの出来ない性格のものである。渡辺照宏氏は『仏教』（岩波新書）に次のように記している。

「菩提樹下の体験の内容を憶測することは不可能であるといわなければならない。ただ、われわれが歴史的事実と認め得ることは次のとおりである。ボサツは、生まれつき聡明で王子としての教育を受けたが、瞑想的な性格で、人間の苦悩の問題を痛烈に感じとり、出家修行した。何人かのシュラマナやバラモンについて講義も聴き、ヨーガの実習もしたが問題の解決にはならなかった。決死の苦行も役に立たなかった。そこでただひとり瞑想をした結果、仏陀たる自覚に到達した。それ以来、その身にそなわってきた異常な人格の力、説得力と感化力、こうした特別な能力は誰の眼にも明らかであった。わずかのあいだに千人以上の弟子が集まり、それに数倍する信者を得た。そして後世への影響までを考えれば、菩提樹下の体験の重大な意義は明らかである。

教典の作者たちは仏陀の体験の内容をしばしば象徴的なイメージを用いて描写している。大乗教典の中でも代表的なものの一つ『華厳経』は菩提樹の場面を絢爛豪華に描出している。いずれにせよ、そののち四十五年間にわたる仏陀の宗教活動において説かれた法（ダルマ）は菩提樹の下の体験の発

露と見るべきであろう。」（『仏教』〈87～88〉渡辺照宏　岩波新書）
ここに示されているように「法」（ダルマ）とは、お釈迦さまの悟りの体験的事実なのである。
安岡先生はこの「法」について一章を割いてズバリ次のように指摘されている。

「しからばこの釈迦の光明、偉大なる光の拠《よ》り所は何であるかといえば、それはダルマ〈法、dharma〉である。ダルマ〈法〉にはいろいろの意味がある。存在あるいは実在あるいは現象といってもよい。これは複雑微妙な十二因縁からできている。法華経に、如是相、如是体、如是力、如是因、如是縁という、是の如きのいろいろの因縁から存在している。存在はすべて縁起だ。因縁より始まるその現象の世界、これをそのままに観じて『法』という。その法に徹すると、そこに厳粛なるルール、いわゆる法則がある。これは複雑微妙限りなき原因と結末の錯綜したもので、そこに厳然たる因果のルール、規則がある。因果、これが法則である。これを釈迦が徹見しました。

と同時に、そこには西洋哲学でいうなら価値、例えば真と偽、あるいは善と悪、美と醜といったような価値というものがある。こういうものはすべて法である。こういうものを徹見して、人間いかにあるべきかという、我々の往くべき道（これが法の大事な意味です）、釈迦はこれを明らかにした。これから入っていくと佛教学になる。これはたいへんなことで、何十年、何百年説いても窮まりない問題であるが、とにかくこれが一番根本である。」（『禅と陽明学　上』〈55～56〉）

お釈迦さまについては、それこそ数えきれないほど多数の本が著わされている。それに伴ってお釈迦さまの悟りや仏教思想についてもさまざまな入門書や解説書、専門書が刊行されている。その内容は実に複雑多岐、多種多様である。安岡先生は何十年、何百年かかる仏教学を説かずに、お釈迦さまの悟りの体験的事実と仏教思想の根本をこのような表現で簡潔に示されているのである。

先生は、数々の著作の中で「十二因縁」を始めとして仏教の原理・原則に言及されている。お釈迦さまは菩提樹下で「十二因縁」の順観・逆観を繰り返されてお悟りを開かれたわけであるから、安岡先生は「法」（ダルマ）を極めて適切に説明されていることになる。

2　お釈迦さまによる階級否定

紀元前一五〇〇年〜五〇〇〇年のインドは、バラモン教中心主義の時代で、バラモンを頂点とし、クシャトーリヤ、ヴァイシャ、スードラ、最下層のセンダラと厳格な階級社会が形成されていた。所謂カースト制度である。

時代が下がり紀元前五〇〇年頃になると、バラモン教の権威も揺らぎ精神的にも社会的にも行き詰まりの傾向が顕著に出てきた。国王や大都市の商工業者など世俗的勢力が台頭してきた。

これに伴って自由溌剌な新思想家が活躍する。三枝充悳氏の『仏教入門』によれば、「新思想の数を、仏教は六十二、ジャイナ教は三百六十三」（『仏教入門』〈5〉岩波新書）

としている。そして有力な六人を六師外道と名づけ、

「プーラナの道徳否定論、アジタの唯物論にもとづく快楽主義、パクダの七要素還元論（一種の唯物論）、ゴーサーラの唯物論を伴う宿命論、サンジャヤの懐疑論、マハーヴィーラのジャイナ教」（同書〈5〉）

を挙げている。

お釈迦さまは、マハーヴィーラとともに自由思想家に属し、お互いに競い合っていた。そういう自由思想家の中からお釈迦さまは、バラモン社会の行き詰まりを打破する救世主として現れた。安岡先生は。次のように記されている。

「インドに征服民族が入ってきて、次第に原住民を征服し、その征服者と被征服者との間に牢乎たる、しかも厳酷な階級制度、いわゆるカーストというものを生んだ。即ちその第一が、もっぱら祭祀を司る梵＝ブラフマンに奉仕するものを司ったバラモン〈婆羅門〉階級であり、これを奉じた王族、武士階級、これがクシャトーリヤ〈刹帝利〉。お釈迦さまはその出身です。その下に商工階級ともいうべきヴァイシャ〈毘舎〉というのがあって、その次に農工、労働に従事したのがスードラ〈首陀羅〉、クリット・スードラ、またその下に、許されざる階級の掟を破って賎民と雑婚してできた子供の

ことをセンダラ〈旃陀羅〉という。この階級制度を打破して、つまり一切の人間を解放した人、その代表者がお釈迦さまであります。」（『禅と陽明学　上』〈19〉）

「その一番偉大な事蹟は、階級制度のやかましいインドにあって、四河海に入ってまた本名なく—河は海に入れば元の隅田川だの何々川といった本名がない如く、皆一つの大海である如くに、バラモンもクシャトーリヤも、ヴァイシャもスードラも、あらゆる階級の者が我が門に入れば一釈子と称す、何も差別はないという。つまり階級的差別の鎖から全民衆を解放した。これが釈迦の偉いところです。」（同書〈51〉）

安岡先生の精神は、自律・自由である。この尊い精神に立脚して先生は道元禅師の人格の中に「崇厳なる自由」を見出され、『日本精神の研究』において禅師の禅風を賞揚された。

その精神がお釈迦さまによる階級否定の評価にも見られる。

更に付言すれば先生は、『日本精神の研究』で「日本精神より観たる無抵抗主義的境地—ガンディズム墨家及武士道に就いて—」、と題する一章を設けておられる。そこで安岡先生は「インド人なるが故に人間としての権利を享有することが出來ないで居る」ことに対するガンジーの断固たるイギリスへの抵抗運動を挙揚されている。安岡先生ならではの崇高な精神と云える。

先生には、青年時代から自由に対する強烈な憧れがあった。その真情がお釈迦さまへの評価にもつながっているように思われる。

3　釈迦仏教の大眼目

安岡先生は「釈迦が徹見したダルマ」〈法〉を次のように締めくくっておられる。

「これが人間の業《ごう》となる。つまり遺伝的な作用、営みになる。これが無限に廻る。始めなく終りなし。循環する、輪廻。この汚れたる愚かなる宿業の輪廻のために人間は解脱できず、因果の法則に徒《いたず》らに支配されて永劫に迷える衆生となる。これを徹見しこれを解脱するのが聖者の道、救世の道である。そうして自ら覚り人を覚らせる、自覚覚他して世界を、人類を救おうというのが釈迦の徹底的な修行となり、大精神、大理想となり、その後の大覚悟、捨て身の働きになった。そして無明の人類社会に偉大なる光明と偉大なる拠りどころとを与えた。それが釈迦の佛教の大眼目であります。」（同書〈62〉）

これは単純に、安易に読み流すべき文章ではない。

「聖者の道」「救世の道」「自覚覚他」「徹底的な修行」「大精神」「大理想」「大覚悟」「捨て身の働き」「偉大なる光明」「偉大なる拠り所」。

これらの言葉は安岡先生のことであるから自然に湧き出てくるものかもしれないが、私にはいずれも先生の心奥から絞り出された渾身の言葉、渾身の文章のように思える。

そしてこの仏教の真生命が、お釈迦さまの弟子である摩訶迦葉尊者と阿難尊者に引き継がれ、大乗仏教・禅に展開してゆくのである。今この精神で世界の宗教者・指導者が団結すれば世界を大きく変えることが出来るのではないだろうか。

第四節　大乗と小乗

1　拈華微笑

仏教の宗派にはそれぞれ各州の宗旨（宗派の教義の趣旨）がある。禅宗の一宗派である臨済宗は仏心宗と呼ばれ、仏の心を師匠から弟子へ「以心伝心、教外別伝」で伝えていくことを根本としている。

その起源は、お釈迦さまが霊鷲山で説法をしている時、大衆に華を拈んじて仏法を示された。その時誰れもその意を解することが出来ずポカンとしていたが、摩訶迦葉尊者だけがニコッと微笑んだ。そこでお釈迦さまは

一　我れに正法眼藏涅槃妙心実相無相微妙の法門あり。不立文字、教外別伝なり。摩訶迦葉に附属す。

と言われて、摩訶迦葉尊者を後継に指名した。

この歴史的真偽は別として、少なくとも伝統的見解ではこれは、禅宗の宗旨の元となる大切な出来事である。安岡先生はこの「拈華微笑」について「大乗と小乗」の冒頭で次のように記されている。

「釈尊が亡くなられるとすぐにマハーカーシャバ〈摩訶迦葉《まかかしょう》尊者〉が中心となって『三蔵の結集《けつじゅう》』が始まった。禅家は迦葉尊者をもって禅の誇りとするのです。それは釈尊が大雄弁を振るわれた後、悟道、真理の極意の段階に達して、言葉で表すことができない。そこで大梵天王の捧げた蓮華を受け取って、これを拈《ねん》じながら言葉に苦しんでおられた。これをじっと見ていた迦葉が思わず顔をほころばせて、にやっと笑った。―これを『拈華微笑《ねんげみしょう》』という。それを目ざとくみつけた釈迦が、『そうだ、自分に教外別伝《きょうげべつでん》・不立文字《ふりゅうもんじ》〈言葉では伝えられない、文字を立てず、文字にならない真理〉、直指人心《じきしにんしん》、見性成佛《けんしょうじょうぶつ》〈直ちにその心を察して自己を徹見し、そのまま佛になる〉の微妙な法門がある。即ち筆だの口だのを超えた、そういうものに托すことのできない真理がある。これをお前に伝授する』と言われた。禅はそこから始まるというのが禅の坊さんのご自慢でありますが、これは少し手前味噌と言っては悪いが、まことによくできた話であります。」（同書〈64～65〉）

これは、禅の修行者にとっては宗門の根本義に疑問を投げかけられたショッキングな発言であるが、最近は禅門の研究・刊行物においてもこの伝統的見解を否定する意見が出されている。実は安岡先生の著作には自らの学問と思索に基づいて通説、あるいは一般常識を覆す見解が多数記されている。これからも紹介してゆくが、「拈華微笑」は、その代表的事例である。

2　大乗と小乗の比較

大乗と小乗はどの仏教書にも出てくる類型化された言葉である。乗とは乗物、衆生を悟りの道、救いの道に運ぶ手段・方法を大きい乗物と小さい乗物に分けた。大きい乗物が大乗、小さい乗物が小乗。衆生の機根に応じて導く方法によって大乗と小乗に分けた。理解しやすいように、安岡先生の説明を表にして示すこととする。

小　乗	大　乗
釈尊を尊崇し、釈尊を信仰し、釈尊の言葉、行ないすべてを釈尊に学ぶ、ことごとく釈尊の模倣をする	釈尊の教えは深遠なる徹底した自覚とともに、限りなく広いところの覚他、即ち自ら覚るとともに他を覚らせる「自覚覚他」である。言い換えると「上求菩提《じょうぐぼだい》」（上に向かっては菩提を求める、覚りの道、救いの道）とともに、「下化衆生《げけしゅじょう》」（下に向かっては衆生を教化する）である。これが釈尊の精神である。

形式主義	自由な考え方
釈迦に従って出家道に徹する	出家・在家両方に自由に応用する
常に釈迦を師とし釈迦にならって出家の道に徹していくうちに、釈迦を超越的存在にもっていってしまった。	自覚覚他の大精神により仏を自ら心の中に、体の中に体得していった。釈迦を自分の胸の中に内在せしめる。釈迦を自分の心の中に生かしていった。
ことごとく釈尊を目標にして、釈尊の直接の教え、直々《じきじき》の行を一歩も違えないようにする。何が釈尊の本当の教えであるかということの研究が専門的、各論的になっていった。	釈尊の真精神、釈尊の真理を総論的、全体的、精神的に研究する方向に向かっていった。
涅槃については「いかに死するか」ということで、煩悩を一切排除し、無心・無我になって現身を寂滅させる。	現身のまま、生身のまま、現在のわれわれの心理・精神をそのまま何物にもとらわれない自由自在の境地におく。大自在三昧に磨き上げる。現実に即して心の自在三昧を得る。これを涅槃とする。

安岡先生は、小乗と大乗について、このような類型化をされた上で、次のように指摘されている。

「そういうコントラストを言いますと、いかにも両方が違うようだけれども、しかしもう一歩入って行ったならば、敬虔《けいけん》に小乗を理解し、小乗を学ばずして大乗に至れるわけはない。

形式と生命・自由というものでもそうです。形式というものを無視して本当の生命とか自由とかいうものは有りはしない。生命というものは必ず何かの形を生むものである。形式を通じて生命があるのです。また自由というものは何らかの形に即して自由がある。」（同書〈74〉）

「大乗と小乗は違うけれども、しかしよく小乗を解しなければ、大乗に生きることはできない。また小乗を正しく行なえば必らず大乗に通ずる。」（同書〈75〉）

何事につけてもこれが学問に対する安岡先生の姿勢である。

一般的に云えば小乗の立場に立つ人は、大乗を釈尊の道から外れていると批判する。大乗の立場に立つ人は、小乗を教条的である、融通がきかないと批判する。しかしながら真理は中道にある。

形式と自由の関係も、安岡先生にとっては極めて重要な問題である。先生が道元禅師の自由な禅風と『永平箴規』等の規則を詳細に論じられているのはそのためである。規則は個人の自由、人格を制限する。しかしながら道元禅師は、厳格な規則の下で自由な禅風を確立された。先生の『日本精神の研究』の「崇嚴なる自由―道元禅師の生涯と其の戒法」ではこの両面が禅師の人格に於て統一されている。

3　『大学』と『小学』

大学と小学は儒教の基本的経書で、個人の人格修養から国を治める法までが説かれている。小学では自分を修め家を修める法が説かれ、大学では世を治め、国を治める法が説かれている。

大乗と小乗についての安岡先生の中道の思想は、儒教にも通じている。例えば『大学』と『小学』について次のように記されている。

「これは儒教でも根柢はやはり同じことであります。『大学』と『小学』ということを申します。よく『小学』はだめで『大学』でなければだめだというが、これは同じことである。修身・斉家は『小学』の常に説くところ。『小学』というのは、いかに自ら修め、いかに身を持するかという道を主としたものである。『大学』というものはそれに基づいて、いかに人を治め、いかに世を治めるか、これが『大学』である。しかし自ら修めることをしないで人を治め世を治めるなんてことはできるものではない。『大学』と言う時は『小学』がその中にある。『小学』というときは『大学』がその中にある。」（同書〈75〉）

『小学』はだめで『大学』でなければだめだ、という主張は、小乗はだめで大乗でなければだめだ、という主張に通じるものがある。安岡先生は常々思考の三原則として物事を一面的に見てはいけない、多角的、多面的に見ていかなければいけないと、言われている。

4　即身成仏

安岡先生は、「大乗と小乗」、「大学と小学」を論じられた後、「声聞、縁覚、菩薩」、「諸法空相」、「般若経」、「諸法実相」に言及され、次いで「即身成仏」「小乗の悟力」に話を進められている。ここには、「信ずる」ことの大切さ、「念ずる」ことの大切さについての安岡先生の独特の仏教観が示されているので紹介する。

「即身成仏」とは人間肉身のままで悟りを開き仏になることで、真言宗、天台宗、日蓮宗などで説かれている。

先生がよく引用されるのは湛海和尚である。湛海和尚は江戸中・後期（寛永六〜享保元年、一六二九〜一七一六年）の密教の修験僧で、高野山蓮華三昧院の頼仙について伝法灌頂を受け修験道の修行をした。役小角の籠った生駒山で断食修行し、のち宝山寺を開いた。不動明王、歓喜天を深く信仰し、不動八万枚護摩供一回、十万枚護摩供二七回、八千枚護摩供六七回、歓喜天華水供二万三千余座、歓喜天油供を二千余日修したと云われている。この数だけでも圧倒されるが、安岡先生は次のように記されている。

「この人は不動明王を念じ、不動明王を体観して、不動明王を自分に内在せしめ、生身を不動明王と一致させる。つまり、即身不動明王なる秘密を修めた人です。この湛海という和尚は、本当に不動明王のようになってしまった。紅蓮の猛火の中に立つ不動明王経というお経がある。明け暮れ不動経を読誦《どくじゅ》して、不動経を体得し、これを行《ぎょう》ずることに徹底していった。そして生き不動になった人です。」

「観世音なら観世音菩薩、不動明王なら不動明王というものをひたむきに信じなければいけない。」

（同書〈80〉）

先生はここで、

「行ずることに徹せよ」

「ひたむきに信ぜよ」

と言っておられる。先生の人物論にはこういう見方が強く反映されている。「灰身滅智」「焼身自殺」というような言葉にも折に触れ言及されている。懐疑主義者や実存主義者は嫌いである。

私はここに至って初めて、安岡先生が『百朝集』や『光明蔵』などで法然上人や親鸞上人、日蓮上人の言葉を引用されている理由が心底から納得できた気がしている。

5　小乗の悟力

ここに『百朝集』から三上人の言葉を引用してみる。

「往生を期《ご》せん人は決定の信をとりて、しかもあひはげむべきなり。」（法然上人）

「親鸞《しんらん》におきては、たゞ念仏《ねんぶつ》して弥陀にたすけられまゐらすべしと、よきひとのおほせをかうぶりて信ずるほかに、別の仔細《しさい》なきなり。念仏は、まことに浄土に生まるゝたねにてやはんべるらん。また地獄《ぢごく》に落つる業《ごふ》にてやはんべるらん。総《そう》じてもて存知《ぞんぢ》せざるなり。たとひ法然上人《ほふねんしやうにん》にすかされまゐらせて、念仏《ねんぶつ》して地獄《ぢごく》に落ちたりとも、さらに後悔《こうくわい》すべからずさふろう。」（親鸞上人）

「飢へて食《じき》を願ひ、渇して水をしたふが如く、戀しき人を見たきが如く、みめかたち良き人・紅《べに》白粉をつくるが如く、法華經には信心を致させ給へ。さなくしては後悔あるべし。」（日蓮上人）

キーワードは、「決定の信」「念仏」「信心」である。先の湛海和尚は、ひたむきに観世音菩薩、不動明王を信じた。

安岡先生はこの延長線上において、次のように述べられている。

「人間は信が大事です。これを失った人間は困ったものです。……信唵《しんおん》＜信なるかな＞。そして努力する。人間は本当に信から入るのであって、信ずることができないということは人間の悲劇である。」

先生は、「信」からさらに「念」に筆を進められている。

「そして念ずるのだ。これは言い換えれば、四六時中、心に置いて忘れない。『あっ忘れた』などというのはだめだ。徹底的に忘れない。生まれ変わり死に変わり、この恨み晴らさで置くべきか、などというのは念である。これを念ずる、念力。あそこへいかなければならない。そしてそこへどっかり腰を据えれば、これが定だ。そして初めて本当の智慧というものが出てくる。これが小乗の悟力である。」

「心に置いて忘れない」「徹底的に忘れない」とは禅の修行である。そして最後が重要である。「そこへどっかり腰を据えれば、これが定だ」とは坐禅である。

「そして初めて本当の智慧というものが出てくる。これが小乗の悟力である」とは、禅定力である。

（『禅と陽明学　上』〈81〜82〉）

このように安岡先生は、小乗の究極から禅の世界に到達している。

6　湛海和尚—即身成佛—小乗の悟力—禅

このテーマは、安岡先生の仏教観において極めて重要な存在である。

一般に湛海和尚は、生駒山宝山寺の開祖として加持祈禱の世俗的ご利益で庶民の信仰を集めている。

即身成佛も生身のままで仏になったということで、特に密教では弘法大師が生身のままで仏になられたと厚い信仰を得ている。

小乗については、仏教界では大乗との対比で論じられていて、「小乗の悟力＝禅定力」という見方は安岡先生の外にはいないのではないだろうか。繰り返しになるが、

信唵《しんおん》〈信なるかな〉。そして努力する
そして念ずる、念力
四六時中、心に置いて忘れない
徹底的に忘れない
そこへどっかり腰を据える。これが定だ
そして初めて本当の智慧というものが出てくる。これが小乗の悟力である。

安岡先生の禅、禅定力である。

7　一乗妙法

安岡先生の「大乗と小乗」は、ここから更に他の仏教学者や禅学者には見られない独自の結論に向かっていくのである。長くなるが、読者の理解を深めるため引用する。

「儒教でもそうです。『大学』と『小学』があるが、『大学』は書生でも、かれこれ議論しますが、本当に『小学』をやって初めて『大学』をやる資格があるので、『小学』を立派に修めた人は、それだけで見事です。やはり『小学』をやらなければいけない。

そういうのがだんだん大乗・小乗を通じて初めて、いわゆる一乗妙法になる。一乗というのはどれか一つということです。こういう戒律を根本に徹底して、深い統一に達した救いの道、覚りの道を一乗という。そういうのが最上乗である。一上乗だとか、最上乗だとか、いい名前をつけるが、さっぱり最乗でも一乗でもない輩が多い。

こういうふうにして、釈迦の教えが佛教となって発展していったのです。そこで大乗だとか小乗だとか、バラモンだとかいうけれども、本当に入ってみると、歴史的に大生命が続いてきておって、これが大乗、これが小乗、これが佛教、これがバラモンとなかなか分けられない。渾然としたものです。だからこういうものを浅薄に取り扱うくらいいけないことはない。」(同書〈83～84〉)

仏教界では大乗とか小乗、あるいは一乗、二乗、最上乗を盛んに論じているが、それぞれの宗派からする我田引水的な議論が多いように思われる。安岡先生はこれを戒めておられる。

先生の『禅と陽明学』は、東洋思想を「大きな精神の流れ、道脈、心脈」の中から統一的に把握しようとする試みである。大乗・小乗についての見解にもこの姿勢が反映されている。

第五節　禅と老荘

1　治乱興亡と思想・宗教

安岡先生は『禅と陽明学』の第四章から第十一章にかけて「佛教と老荘思想」「梁の武帝の狂信」「達磨の正覚―二入四行論」「禅と老荘」「木雞と木猫―禅の要諦」「東洋文化の本源―『天』の思想」「末法の世の民衆佛教―三階級と地蔵信仰」「儒教の真精神―隋の文中子」を論じておられる。

各章立てを見るといくつかのテーマが網羅されていて一貫性がないように思われる。しかしながら全体を貫く姿勢は、東洋思想を

「大きな精神の流れ、道脈、心脈から統一的に把握する」

というものである。

もう一つ、先生は思想をそれ自体独立したものとは考えておられない。中国の治乱興亡の歴史、民衆の生活の中から思想・宗教を見ておられる。治乱興亡の歴史は先生の最も得意とされるところであるからその分析は非常にリアルで現実味がある。各章を順次追っていくのは紙数に制限があるので、禅に関係ある部分を抜粋して紹介することとする。

2　仏教の伝来と道教の台頭

仏教伝来の時期については、中国でもはっきりしていないようであるが、安岡先生は次のように記しておられる。

「歴史の伝えるところでは、後漢の明帝の永平十年（西暦六七年）に初めて僧が洛陽に来て、明帝が白馬寺を建ててこれに居らしめたようなことがあるのですけれども、その後の地理的・考古学的研究によると、もっと古く漢の初め頃、したがって西洋紀元前に佛教は西北シナから中央アジアにかけて広がっていたようです。しかし、まだ佛教として独自の活動を開始するには至らなかった。ただこういうものがあるということが伝わってきている程度で、はっきり佛教として大乗・小乗ともに入ってきたのは後漢末で、桓帝《かんてい》・霊帝《れいてい》の頃（一五〇〜一九〇）、紀元二世紀頃であります。」（同書〈94〉）

これについて先生は次のような見方をされている。

「この後漢末の桓帝・霊帝の時代から三国時代、五胡十六国時代へかけて、乱世がやがて収まって隋《ずい》となり、唐《とう》、殊に唐の太宗《たいそう》が出てきて偉大な統一をやる。ちょうど家康のような仕事をするんですが、それにかけての中国に最も劇的な時代を展開した。そこに入ってきたのが佛教であり、その佛教と非常に早く共鳴というか反応を起こして、ぐんぐん台頭してきたのが老荘系の道教であります。だからこの乱世がインド佛教を迎え、孔孟および老荘で精神的な基盤をつくってきていたシナにおいて、そのうち特に老荘系がまず非常な反応を呈して、ここにシナ佛教とシナ道教とができた。」（同書〈102〉）

そして佛教ばかりでなく、道教、孔孟儒教や老荘系統、道家の思想もこの時活発になった。この桓帝・霊帝から献帝を経て漢の統一政権が亡び、中国は「三国志」「五胡十六国」の時代に入る。さらに隋、唐に続く。中国の歴史が最も躍動した時代、人間精神が最も昂揚した時代である。安岡先生の見方も面白い。

3　禅と老荘

安岡先生は「諸法帰一」、即ち

「すべての教えは一つに帰する」

と言われている。この大前提に立って先生は

「老荘は禅に通じる」

と主張されている。

安岡先生は、これを一つには「陰陽相対の原理」（陽は分化発展の働き、陰は統一して内に含蓄する働き）から説明されているが、まず分かり易い「玄牝」「女性」「母」「嬰児」という老荘の価値観から説明することとする。先生の説明を見てみる。

「そもそも老荘は常に全一、含蓄を尊ぶ。全一であるから派生するものを含蓄する。そういう意味においては、いわゆる含生《がんせい》（生命を抱き保つ）である。二入四行論のところにあった『深く含生同一真性を信ず。』全一、含生、あるいは含徳。これが老荘の考え方の根本的な創造的概念というか、彼らの教えの一つの根本を成すものである。」（同書〈159〉）

老荘の「全一」「含蓄」「含徳」。これは、達磨『二入四行論』の「含生」「同一」と同じである。さらに禅的表現に近い文章を引用してみよう。

「孔孟が明徳を重んずるのに対して、老荘は常に『玄徳』を重んずる。言葉も、いろいろ概念や論理、文章によって発展させるよりは、それをなるべく少ない言葉、あるいは一語、あるいは無言、この中に表現しようとする。即ち無を取る。そういうものは表現の世界からいうならば虚であり、空で

ある。こういう表現はそのまま禅家《ぜんけ》の思想概念と一致する。」（同書〈160〉）

「無」「虚」「空」はまさに禅そのものである。

安岡先生は又、老荘は男性よりも女性を重んじているとして「玄牝」の教えを説かれている。その心情は「いつまでも母と一緒に居りたい。」というものである。

最後に「嬰児」の徳、「未孩《みがい》」である。

「と同時に嬰児の徳を力説して、人間は常に嬰児でなければならない。我々の肉体はどこまで成長しても嬰児のような生命の純真さ、柔軟さを持たなければならない。嬰児の未だ孩《わら》わざるが如しという意の『未孩《みがい》』という言葉がある。赤ん坊が『にこっ』と笑う。無限の生命を含んで少しも外に発動しないときの全《まつた》き姿、純一の姿、限りなき内容を含んだ虚、空、これを表現して『嬰児の未だ孩《わら》わざるが如し。』したがって剛ではなくて柔を尊ぶ。」（同書〈161〉）

これも禅そのものと云える。

最後に附言すれば安岡先生は『禅と陽明学』上巻の第八章「木雞と木猫―禅の要諦」で禅の「用」について下記の具体的事例をもって禅の無心の働きを説明されている。

木雞
男谷精一郎
木猫
種樹郭槖駝伝
庖丁

これらはいずれも安岡先生が好んで引用されているテーマであり、安岡教学を学ぶ人にとっては周知のことであるので説明は省略するが、いずれも禅の道に通じるものである。

第六節　東洋文化の本源、「天」の思想

1　天人合一、万法帰一

『禅と陽明学』上巻の第九章は
「東洋文化の本源―天の思想」
である。正にこのタイトルこそが安岡思想の根源的な内容を表していると云える。

先生は「天の思想」としてこう記されている。

「そこで漢文化の本源を尋ねていくと、文化・道というものの根源は天であります。東洋文化というものは、一切天より出ると申してよろしい。」〈同書〈214〉〉

さらにその天の「造化」、「生」についての記述が続く。

「その無限なる天が変化そのものである。……それから天というものが万物を創造する、万物を生む。つまり無限、変化、創造、そこにいわゆる造化《ぞうか》というような言葉が出てくるのであります。そして特に森羅万象を生ずる、天というものは無限であり、変化であり、創造であり、偉大なる生である。」〈同書〈215〉〉

ここに安岡先生の自然観、宇宙観、人間観が集約されていると考えて良いであろう。

安岡先生によると、西洋近代文明は科学技術の発達に伴って自然と人間、天然と人間を分離するようになった、人類の進歩は自然を征服することであると考えるようになった、西洋文明の特徴は「主知主義」である、と云われている。

これに対して東洋では、人は自然と一つになる、自然と合一する、そして自然との合一による「直観」

を重んじる、と云われている。「天人合一」「万法帰一」の考えである。そこから「人の心は天の心」という東洋的な考え方が生まれてくる。安岡教学の核心である。

2　佛教・老荘・儒教の合流

安岡先生によれば、東洋の文化・道徳哲学・政治哲学の根本は道であり、天にある。そこで常に天地、自然に照らして私心を去り無の境地に入ってゆく。無から有を創り出してゆく。その人間生活の現実に最も良く即したものが孔孟思想・儒教である。

しかしながら人間の生活過程は、生命衰退の原理により必然的に混迷と衰退に向かってゆく。そこで人間は自ら反る、本に反って出直す必要がある。安岡先生によれば

「これが維新である。これは実に難しい。しかし反らない、また出直さないというと必ずだめになる。いかに反るかということがあって初めて健全なる進歩、『日新』ということがある〈日々これ新たなり〉。儒教は日新を説いている。日新を教えている。しかし日新を説きながら、往々にして儒教は因循姑息になる。

そこで常に本に反るといって天を説き道を説くものの代表が老荘である。そこで老荘が待ち受けていてインドの大乗佛教が取り入れられ、老荘と相俟ってシナ佛教というものになった。さらにまたシナ的な禅ができた。それに遅れて儒教が――もうその前に老荘と孔孟派とがすでに漢代において交流融

合を始めていた―それへ入っていって三教が合流した。特に禅（ほかにもあるが最も特色のあるのが禅）がさらに日本の神道、および日本に伝わっていた佛教や老荘と相俟って日本禅というものが開けた。それがお互いに影響して複雑微妙な東洋文化、東洋思想というものを開いていった。それが政治、経済、教育に反映して東洋の歴史というものをつくってきたんです。」（同書〈243〜244〉）

ここで先生は、インドの大乗仏教からシナ佛教、シナ的な禅、日本禅への展開、並びに老荘、孔孟との融合を説かれている。

一般的には安岡先生の思想の基本は陽明学・儒教と考えられているが、陽明学・儒教を超越したところにあることがわかる。

3　諸教帰一

安岡先生は、この「佛教・老荘・儒教の合流」を更に推し進めて、「儒教の真精神」の締めくくりで次のように「諸教帰一」を説かれている。

「儒教だとか道教だとか佛教だとかいうものが違うというけれども、なるほど違うことは違うが、少しく中へ入っていったならば、世間普通の人間が軽々に言うような差異ではない。

儒教はどこまでも現実的というけれども、そこに命だ、時だ、運だという問題になってゆきますと、これは非常に深遠な問題、深遠な思索であり、それにまた命に従う、あるいは運を啓くというような問題になったら、これは浄土門の佛や、弥陀の慈悲にすがるというのと同工異曲、同じことでもある。だからそういうふうな現れるところ、あるいは調子、形というものは違っても、少し奥へ入っていけば真理は一つ。諸教は帰するところみな同じである。儒から入っても、佛から入っても、あるいは老荘から入っても、深くさらに行くというと融通無碍である。容易に同異を論ずるようなことはできないものがある。そういう境地がわかって初めて異を論ずることもできる。この辺の同異というものは非常に微妙なものであります。」（同書〈306～307〉）

「諸教帰一」。すべての教えは一つに帰する。

安岡先生は、ここで『禅と陽明学』の結論をこのように打ち出されているのである。このような「諸法帰一」の思想は本書の随所に記されている。

第七節　達磨正伝の禅風〈Ⅰ〉

1　中国の三大帝王

『禅と陽明学』も「達磨正伝の禅風」からいよいよ佳境に入ってくる。

安岡先生はまず秦の始皇帝後の歴史を見て、三人の偉大なる革命建設の帝王を挙げられている。

その一は、後漢の建国者光武帝（建平元年～建武中元二年、紀元前六～後七年）である。姓名は劉秀、兄とともに地方豪族軍を組織して南陽に挙兵し、王莽軍を昆陽に破った。前二五年、建武と改元、都を洛陽に定めて漢王朝を復興した。儒学を尊重し、礼教主義の政治を確立した。光武帝の臣に鄧禹がいる。

その二は、唐の第二代皇帝、太宗（開皇十七～貞観二十三年、五九九～六九四年）である。姓名は李世民。初代皇帝、高祖の次子で隋末の混乱期に父李淵に勧めて山西に峰起し、天下平定に力があった。父を継いで即位後は房玄齢（太建十～貞観二十二年、五七八～六四八年）、杜如晦（至徳三～貞観四年、五八五～六三〇年）の補佐を得て、いわゆる「貞観の治」（房杜の治）をもたらした。

その三は、清の第四代皇帝康熙帝（順治十一年～康熙六十一年、一六五四～一七二二年）である。仁皇帝、廟号は聖祖。清王朝は満州族による征服王朝であるが、康熙帝だけは中国人が被征服者であることを忘れてしまうほどの道徳政治を行った。

安岡先生は三人について次のように記されている。


「この三人が有名なシナ二十四史の中で最も輝ける存在といってよいでありましょう。後世の宰相たる者は少なくともこの三人の政治、それから頼朝だの家康だのの政治ぐらいは研究すべきものだと思う。こういうことを真剣に御研究になったのは明治天皇であります。さすがに偉大なお方だったと思う。明治天皇がお亡くなりになって以来、こういう学問は廃《すた》れました。惜しいことだ

と思う。」（同書〈311～312〉）

2　仏教界に人材輩出

安岡先生によれば、光武帝、太宗によって開かれた新しい時代には、仏教界でも人材が輩出した。

第一に玄奘三蔵《げんじょうさんぞう》（仁寿二～麟徳元年、六〇二～六六四年）。玄奘は唐代の学僧で、仏典を求めて陸路、中央アジアを経てインドに入り、ナーランダ寺でシーラバドラについて仏教を学んだ。仏跡を巡礼し、帰国後は弟子達とともに仏典の漢訳事業を行った。鳩摩羅什、真諦、義浄とともに、四大訳経家の一人に数えられている。インド旅行を記録した『大唐西域記』は、当時のインド、中央アジアの事情を知る貴重な資料的価値がある。

第二に道綽《どうしゃく》と善導。道綽（天嘉三～貞観十九年、五六二～六四五年）は唐代の浄土宗の僧。玄中寺を中心として念仏の布教に努めた。善導（大業九～永隆二年、六一三～六八一年）は、中国、隋代の僧で浄土教の大成者である。道綽の死後、長安で布教を行った。日本の法然上人、親鸞上人は二人の影響を受けている。

第三は灌頂《かんじょう》、杜順、智儼《ちがん》。灌頂（天嘉二～貞観六年、五六一～六三二年）は天台宗の僧、杜順（永定元～貞観十四年、五五七～六四〇年）は隋の僧で華厳宗の始祖。隋の文帝や唐の太宗の尊崇を受けた。智儼（仁寿二年～総章元年、六〇二～六六八年）も同じく華厳宗の僧である。

仏教と同時に道教も発達した。安岡先生によると、

「唐の王室は李姓であり、老子がやはり李姓であったという伝説がある。そこで同姓だというので老子を尊重し、ひいては道教を尊重したので道教もなかなか発達しました。」（同書〈313〉）

3　禅門の人材―弘忍と慧能

この最中、禅門に弘忍（仁寿二～上元二年、六〇一～六七四年）、慧能（貞観十二～先天二年、六三八～七一三年）という二人の高僧が出現する。

「こういう最中に現れた禅門で代表的な人は、第五祖といわれる弘忍《こうにん》という人です。それから慧能《えのう》、これを六祖という。この人がほとんど近代禅の祖師のようになっております。この辺から禅は歴史的にちょっと変わる。これまではいわゆる初期禅というものです。達磨《だるま》の教学をそのまま伝えるのが弘忍までの前期であります。それまで、つまり南朝の末期、梁から隋・唐にかけて、達磨から弘忍に至る禅師たちが活躍するわけです。」（同書〈313〉）

興味深い現象であるが、英雄的人物、優れた人材は同じ時代に輩出する。隋・唐代がまさにこの時代に当たる。弘忍・慧能という禅門の二人の人物も、太宗や玄奘三蔵、さらに浄土宗、天台宗、華厳宗の高僧

と時代を同じくして歴史に名を留めている。

弘忍と慧能は一般にはまず名前を知られていないが、達磨の法を継いだ禅宗史上では欠くべからざる重要な祖師方である。

しかも安岡先生は、『禅と陽明学』の中でこの二人にしばしば言及されている。特に慧能については「上巻」の表紙裏の書き出しに

「六祖慧能」

として登場する。文字通り『禅と陽明学』は「六祖慧能」から始まるのである。

更に安岡先生は『禅と陽明学』上巻の第十五章に

「六祖慧能の禅」

という一章を設けておられる。先生にとっても慧能は禅宗史上で重要な存在なのである。

そこで、達磨、弘忍、慧能の禅門での位置づけを一般の方にも分かり易いように臨済宗の系譜に基づいて説明することとする。

4　臨済宗の系譜

臨済宗黄檗宗の『宗学概論』には

「禅には『人』と『人の系譜』しかない」（同書〈131〉）

と記されている。つまり禅の世界においては

「誰れが誰れに法を伝えたか」
「誰れが誰れから法を受け継いだか」

ということが決定的に重要となる。それは「師弟関係」の大切さを物語るものでもある。これについては「師資相承」のところで説明した通りである。

臨済宗においては、この伝法の系譜を『逓代伝法仏祖名号《ていだいでんぽうぶっそのみょうごう》』といって、連綿として続いている仏祖のお名前を毎日朝課の際に唱えることになっている。

お釈迦さま（釈迦牟尼仏）は七代目である。

お釈迦さまから二十八代目が達磨さん（達磨大師）である。達磨は禅宗の初祖と呼ばれている。初祖菩提達磨大師である。

達磨から数えて五代目が弘忍大満、六代目が慧能大鑑である。

これで先の「五祖弘忍」「六祖慧能」の禅宗上の存在が一般の方にも理解できると思う。

六祖慧能から臨済系と曹洞系が分かれてくる。

六祖慧能から六代目が、臨済宗の宗祖臨済義玄である。

本書においては、この他二祖慧可、三祖僧璨、四祖道信、南嶽懐譲、馬祖道一、百丈懐海、黄檗希運の諸禅師が取り上げられている。

毘婆尸《びばし》仏
尸棄《しき》仏
毘舎浮《びしゃふ》仏
拘留孫《くるそん》仏
拘那含牟尼《くなごんむに》仏
迦葉《かしょう》仏
釈迦牟尼《しゃかむに》仏
摩訶迦葉尊者《まかかしょうそんじゃ》
阿難《あなん》尊者
商那和修《しょうなわしゅ》尊者
優波毱多《うばきくた》尊者
提多迦《だいたか》尊者
弥遮迦《みしゃか》尊者
婆須蜜《ばすうみつ》尊者
仏陀難提《ぶつだなんだい》尊者
伏駄蜜多《ふくだみった》尊者
脇《きょう》尊者
富那夜奢《ふなやしゃ》尊者
馬鳴《めみょう》尊者
迦毘摩羅《かぴもら》尊者
龍樹《りゅうじゅ》尊者
迦那提婆《かなだいば》尊者
羅睺羅多《らごらた》尊者
僧伽難提《そうぎゃなんだい》尊者
伽耶舎多《かやしゃた》尊者
鳩摩羅多《くもらた》尊者
闍夜多《しゃやた》尊者
婆修盤頭《ばしゅばんず》尊者
摩拏羅《まぬら》尊者
鶴勒那《かくろくな》尊者
師子《しし》尊者

婆舎斯多《ばしゃした》尊者	不如蜜多《ふにょみった》尊者	般若多羅《はんにゃたら》尊者
菩提達磨大師《ぼだいだるまだいし》（初祖）	慧可大祖禅師《えかだいそぜんじ》（二祖）	僧璨鑑智《そうさんかんち》禅師（三祖）
道信大医《どうしんだいい》禅師（四祖）	弘忍大満《ぐにんだいまん》禅師（五祖）	慧能大鑑《えのうだいかん》禅師（六祖）
南嶽懐譲《なんがくえじょう》禅師	馬祖道一《ばそどういつ》禅師	百丈懐海《ひゃくじょうえかい》禅師
黄檗希運《おうばくきうん》禅師	臨済義玄《りんざいぎげん》禅師	興化存奨《こうけそんしょう》禅師
南院慧顒《なんいんえぎょう》禅師	風穴延沼《ふけつえんしょう》禅師	首山省念《しゅざんしょうねん》禅師
汾陽善昭《ふんにょうぜんしょう》禅師	石霜楚円《せきそうそえん》禅師	楊岐方会《ようぎほうえ》禅師
白雲守端《はくうんしゅたん》禅師	五祖法演《ごそほうえん》禅師	円悟克勤《えんごこくごん》禅師
虎丘紹隆《こきゅうじょうりゅう》禅師	応庵曇華《おうあんどんげ》禅師	密庵咸傑《みったんかんけつ》禅師
松源崇岳《しょうげんそうがく》禅師	運庵普巌《うんなんふがん》禅師	虚堂智愚《きどうちぐ》禅師
南浦紹明《なんぼじょうみょう》禅師	宗峰妙超《しゅうほうみょうちょう》禅師	関山慧玄《かんざんえげん》禅師

既に記した様に禅宗の伝統的見解では、禅宗の源は、釈迦牟尼仏に求められている。そして釈尊の霊鷲

山での「拈華微笑」の故事によって「教外列伝・不立文字」の法が摩訶迦葉尊者に付与され、それが『遁代傳伝佛祖の名号』に示されているように、師から弟子へ代々伝えられてきている。（この図の場合、妙心寺派）

この達磨大師までの歴史については、近代の禅宗史研究によって歴史的事実と異なることが明らかになっているが、だからと云って伝法の価値が失われたわけではない。

これについて『宗学概論』は、

「元来、この説話が語ろうとしたのは、歴史ではなく思想だからである」〈同書〈35〉〉

と説明している。

これには説得力がある。即ち釈尊が拈華されたのを見て摩訶迦葉尊者が「きれいだなあ」と微笑まれた。その事実に悟りが示されているからである。

安岡先生が『禅と陽明学』の中で説かれていることも、これが分らないと理解出来ない。『禅と陽明学』には禅的理解が重要である。

5　達磨から慧能まで

安岡先生は、この禅宗における法系の重要性を的確に理解されていた。「達磨正伝の禅風〈Ｉ〉」の中で、初祖から六祖までの系譜を『續高僧伝』に基づいて示されている。禅宗の史書としては、『楞伽師資記』『宝林伝』『祖堂集』『景徳伝灯録』『五灯会元』など多数ある。どれを選択するかは目的・立場によって異なるが、先生は『續高僧伝』を使われている。

一　達磨　洛陽嵩山《すうざん》を根據とす。生涯遊化六十年。二入四行を教へ、楞伽經《りょうが》を重んず。

達磨は、南北朝、梁の武帝の時代にインドから海路、中国の広州に到着（陸路という説もある）、金陵で仏教に深く帰依していた武帝と問答を交わしたものの機縁契わず、長江を渡って北魏の洛陽に到り、嵩山《すうざん》の少林寺でたゞ一人壁に向かって座禅していた。「洛陽嵩《すう》山を根據とす」とはそういうことである。

ここでも安岡先生は次に記すように通説とは異なった事実を紹介されている。

「達磨というと象徴の達磨（人形）を皆すぐ念頭に浮かべて、坐禅ばかりして何もなかった人のように思うのですけれども、そうではない。坐禅は彼の信仰、彼の教学、彼の修行の一つの在り方であって、実は『生涯遊化六十年』。これは彼の伝記の中にある言葉です。六十年の間、ずいぶん信者を教化することに努力した人で、専《もっぱ》ら洛陽の近所にある嵩山《すうざん》（ここに拳法で有名な少林寺という寺がある）を根拠にして教化活動、いわゆる布教のために熱心に努力した。」（同書〈314〉）

達磨は理から入っていく「理入」と実践から入っていく「行入」、いわゆる「二入四行」を教えた。その語録『二入四行論』では静かに坐っている坐禅を次のように批判している。

若《も》し勤めて心の相を看じ、法の相を見、勤めて心処《しんじょ》を看じて、是《こ》れ寂滅《じゃくめつ》の処なり、是れ無生《むしょう》の処、解脱《げだつ》の処なりとし、是れ空の処なり、菩提の処なりとし、心処の無処処《むしょじょ》なるが、是れ法界《ほっかい》の処なり、道場の処なり、法門の処なりとし、知恵の処なり、禅定無碍《ぜんじょうむげ》の処なりとせば、若し此《かく》の如き解《げ》を作《な》す者は、是れ坑《こう》に堕ち壍《ざん》に落つる人なるのみ。（『宗学概論』〈4〉臨済宗黄檗宗連合各派会議所）

教典の中では『楞伽経』を重んじた。

〔續高僧傳九等〕　慧可《えか》　楞伽《りょうが》經を熟讀す。萬法一如、身佛無差別を説き、即身成佛の義を立つ。僧粲《さん》〈璨〉を得。同じく門下に慧布あり。慧可亦之を敬重す。布曰く、浄土は乃ち吾願に非ざる也。如今《にょこん》願ふ所、衆生を化度せん。如何ぞや蓮華中に在って十劫《じゅうごう》受樂せむは未だ三途處苦《さんずしょく》救濟に若《し》かざる也。

慧可も楞伽経を熟読し、達磨の禅を立てて二祖となった。

その禅について安岡先生は次のように解説されている。

「禅というと、何か現実から離れて、ひとり身を清く、あるいは超然として自ら高く止まって衆生を眼下に、眼中に没却するというように考える人が多い。そんなものは決して禅ではない。禅というものはどこまでも、達磨以来みな楞伽経を熟読して、『万法一如、身佛無差別』を説き、『即身成佛の義を立てた』人で、どこまでも衆生済度に徹底しようとした。普通に考えているのとはだいぶ違うのが本当の禅であります。」（『禅と陽明学　上』〈329〜330〉）

慧可が弟子の慧布を敬重していたのは衆生済度の願い故である。浄土は自分の願いではないというのは尊い精神である。

後継に僧璨を得た。

僧粲《そうさん》　姓氏郷貫《ごうかん》不明。磊落不羈《らいらくふき》、世事を意に介せず（房琯碑文）。亂離《らんり》の世に出て文獻亡び考據《きょ》し難し。専ら舒州皖公《かんこう》山に隠棲、後周武帝の排佛に遇ひ、太湖の司空山に去來し、踪跡《そうせき》不明。道信《どうしん》を度《ど》し、廣東羅浮《らふ》山に遊び、皖公山に返り、巖藪《がんそう》の間に一生を終ふ。大業二年寂《じゃく》。信心銘の作あり。達磨理入の深理を説きたるもの。至道無難《しどうぶなん》。惟嫌揀擇《ゆいけんけんじゃく》。

僧璨は慧可の法を継いで三祖となった。六朝末期から隋にかけて動乱の時代の人であるため、文献記録はあまり残っていない。後周武帝の排仏に遭遇した。専ら隠棲の生活を送り、諸山を辿って足跡不明の時期もあった。「巖藪《がんそう》の間に一生を終えた」とある。林野で一生を過ごした。

僧璨には『三祖信心銘《さんぞしんじんのめい》』の作がある。達磨の理入の深理を説いたもので、日本では『永嘉証道歌《ようかしょうどうか》』『十牛図』『坐禅儀』とともに禅宗の『四部録』とされている。
『信心銘』の最初にあるのが、

「至道無難。惟嫌揀擇《けんじゃく》」

である。安岡先生は『信心銘』について

「たいへん傑作であります。要するに達磨の理入の理法を韻文的に説いたものであります」（同書〈331〉）

私も『信心銘』は名文であると思う。韻文的であるから流れるように読み易い。スラスラ、できれば暗記できる位まで繰り返し読むと良いであろう。

道信《どうしん》、僧璨《そうさん》の法を嗣ぐ。願はくは、和尚慈悲を乞ふ。解脱の法門を與へよ。璨曰く、誰か汝を縛《ばく》す。曰く、人縛する無し。璨曰く、何ぞ更に解脱を求めん乎《や》（続高二六）。大業中江西九江に至り、廬山《ろざん》大林に留まること十年、湖北黄梅の雙峯の泉石を愛し住山三十年。唐の高宗永徽《えいき》二年寂。壽七十二。諸州學道の者從遊す。會下《えか》五百餘に上る。

道信は、僧璨の法を継いで四祖となった。

この時代になると祖師方の生き方も変わってきた。僧璨までは「巖藪の間に一生を終えた」が、道信になると、居所が定まってきた。遊行生活から一か所に定住するようになった。「湖北黄梅の雙峯の泉石を愛し住山三十年」とある。湖北省（長江中流域）の双方山である。ここに道信を慕って多数の修行者が集まるようになり、会下は五百人余りに上った。

弘忍　黄梅の人、周氏。七歳道信に従ひ、雙峯に於て左右に侍す。道信寂《じゃく》後、東の馮茂《ふうも》山に移る。二十餘年、五百或いは一千の學徒を領す。大衆殆ど耕樵して自給自足の生活をなす。生活即修道。道信を西山、弘忍を東山と稱す。高宗咸亨《かんきょう》五年寂、七十四。

弘忍は、道信の法を継いで五祖となった。

弘忍は、道信示寂の後東の憑茂山に移り二十余年住山した。修行者は五百から千人に上った。この時代禅の世界は大きく変容してくる。修行者の集団は、木を伐採し田畑を耕して自給自足の生活をするようになった。「生活即修道」である。

安岡先生は、これを次のように解説されている。

「この時までは専ら学問修道が中心で、ほとんどいわゆる教団としての体制はなかったわけであります。道を慕う者、その人の徳を慕う者が東西南北から自ずから集まって共同生活をする。みな自炊をしながら専ら道を修業しておった。組織だの体制だのというものはできていなかった。ところが五百、一千と集ってくると、どうしても集団生活になりますから、そこでだんだん弘忍の後から禅者、つまり禅を修める求道者たちが特殊の組織・体制を取るようになっていって、百丈和尚の時に初めて禅の体制が確立する。その端緒を開いた者が道信、弘忍であります。それまでは実に純一無雑であった。」(『禅と陽明学　上』〈333〉)

四祖道信と五祖弘忍が湖北省の双峰山・憑茂山に樹ち立てた教団とその教えを「東山法門」と称する。

慧能《えのう》　廣東の出。姓は盧《ろ》。三歳父を喪《うしな》ひ、貧苦の中に育つ。一日薪を負うて市に至り、人の金剛般若を誦するを聞き、悚然《しょうぜん》として感發す。弘忍の會下《えか》に詣《いた》り、修行八月、印可を受けて曹渓《そうけい》に返る。神秀《じんしゅう》と所解《しょげ》の傳あり。

慧能は、弘忍の法を継いで六祖となった。

達磨から六代目、禅宗史上、重要な位置を占める人物である。慧能の会下からは人材が輩出し、臨済系と曹洞系はここから分かれていく。

ここに記されている様に慧能は三才の時に父を失い、貧苦の中で育った。ある日生活の糧を得るため薪を背負って街を歩いている時、偶然耳にした『金剛般若経』の「応無所住而生其心」(応に住するところ無くして其の心を生ず)の語によって得るところがあった。黄梅山に弘忍あるを聞いて直ちに会下に至り、八カ月間行者として碓坊(米搗き)の修行をした。

この時禅宗史上特筆すべき出来事が発生する。それが

「神秀と所解の傳《でん》あり」

という部分である。

弘忍はある時、門下の修行僧に、

「何か覚るところがあったなら偈《げ》に表してみせよ」

と言った。偈とは悟りの心境を生き生きと直感的な詩の形にしたものである。

弘忍の求めに応じて、修行僧の中で最も修行が進んでいると自他ともに認める神秀が、廊下の壁に偈を張り出した。

身是菩提樹　　身は是れ菩提樹
心如明鏡台　　心は明鏡台の如し
時時勤払拭　　時どきに勤めて払拭《ふっしょく》せよ
莫遣惹塵埃　　塵埃を惹かしむること莫れ

これを見た慧能は「これはいいけれども未だ了せず」と言って次の偈を呈した。

菩提本非樹　　菩提本樹に非ず

明鏡亦非台　　明鏡亦台に非ず
本来無一物　　本来無一物
何処有塵埃　　何れの処にか塵埃有らん

弘忍は慧能の偈を是とし、その晩、秘かに慧能を呼んで達磨伝来の衣（袈裟）を授け、「お前に我が法を伝える」と言った。こうして慧能は第六祖となったのである。しかし弘忍は、他の修行者から慧能に危害が加えられることを恐れて、夜秘かに慧能を南方に逃した。以後慧能は南方の韶州《じょうしゅう》（広東省）を拠点に布教活動を行うことになる。

因みに二つの偈について安岡先生は次のように評されている。

「『本来無一物』、一身、如来蔵というのは一物無し。何も物ではない、限定された身体ではない、無相である。したがって『何処有塵埃』、何れの処にか塵埃有らん。塵埃なんていうものは禅からいうならばない。いわゆる『無生法忍三昧』をここに表した。」（『禅と陽明学　上』〈337〉）

「確かにこの方が深いですね。この方が達磨以来の禅の真諦《しんたい》（真実の悟り）を得ている。先のはそういう如来、真実、道に至る道程、修行の段階、あるいは修行の条件を言ったに過ぎない。これはまことにいいけれども、しかしこれでは未了であるといってこれを作った。」（同書〈337〉）

安岡先生は、神秀の喝は修行の姿勢としては立派であるけれども、慧能の喝の方が、悟りの境地が深く禅の上からは塵埃などというものはない、とされている。弘忍はまさにそれ故に慧能を六祖に選んだのである。

第八節　達磨正伝の禅風〈Ⅱ〉

1　教外別伝・不立文字の真意

『禅と陽明学』上巻の第十三章では、前章に続き達磨大師の正伝の禅風が示されている。

お釈迦さまは「教外列伝・不立文字」の法を摩訶迦葉尊者に授けられ、それは禅宗の宗旨として今に至るまで引き継がれている禅宗の生命である。つまり禅の教えは文字で表わすことは出来ない、言葉で語ることも出来ない、以心伝心で師匠から弟子に引き継がれていくものである、というのである。

又、「直指人心・見性成仏」と云って、自己を徹見して仏に成ることが求められている。

これについても安岡先生はズバリ次のように切り込まれている。

「この際にもう一度達磨の禅風というものを念を押しておく必要があるのですが、達磨には後世になるといろいろの誤解が多い。その第一は、達磨という人は教外別伝《きょうげべつでん》・不立文字《ふりゅうもんじ》で、文字を読む、お経を読む、そういう意味の学問を排除して、もっぱら坐禅と頓悟、即ちある機縁によるところの直覚による悟道、頓悟というものを重んじた人である、と思われていることである。いわゆる教外別伝・不立文字、直指人心《じきしにんしん》・見性成仏《けんしょうじょうぶつ》ということが禅の建前になっているのですが、こういう考えを浅薄に受けとって、禅というものは理論を立てないものである、経を読まないものである、そういうものを超越して、人間を鋭敏な直覚に導くものである、というふうに考えて、その果ては、だんだん教えというもの、理論というものを排斥し、軽蔑する。そういうものに携わらない方がむしろ禅であるという考え方、これは外道《げどう》です。」(『禅と陽明学　上』〈345〉)

これは特に臨済禅にとっては厳しい指摘であるが、一面真実を突いているとも評価出来る。いずれにしても定説にとらわれない安岡精神の表われと云って良いであろう。

ここで、「教外別伝・不立文字」「直指人心・見性成仏」がどのように師資相承されているかを示す好事例として『興禅大燈国師遺誡』を紹介しておきたい。

汝等諸人《なんじらしょにん》、此《こ》の山中《さんちゅう》に来《きた》って、道《どう》のために頭《こうべ》を聚《あつ》む、衣食《えじき》のためにすること莫《なか》れ。肩《かた》あって著《き》ずということ無《な》く、口《くち》あって食《くら》わずということなし。只須《ただすべから》く十二時中《じゅうにじちゅう》、無理会《むりえ》の処《ところ》に向《むか》って、究《きわ》め来《きた》り究《きわ》め去《さ》るべし。光陰箭《こういんや》の如《ごと》し、謹《つつし》んで雑用心《ぞうようしん》すること莫《なか》れ。看取《かんしゅ》せよ。看取《かんしゅ》せよ。
老僧行脚《ろうそうあんぎゃ》の後《のち》、あるいは寺門繁興《じもんはんこう》、仏閣経巻《ぶっかくきょうかん》、金銀《きんぎん》を鏤《ちりば》め、多衆閙熱《たしゅにょうねつ》、或《あるい》は誦経諷呪《じゅきょうふうじゅ》、長坐不臥《ちょうざふが》、

一食卯斎《いちじきぼうさい》、六時行道《ろくじぎょうどう》、直饒恁麼《たとえいんも》にし去《さ》ると雖《いえど》も、仏祖不伝《ぶつそふでん》の妙道《みょうどう》を以《もっ》て、胸間《きょうかん》に掛在《かざい》せずんば、忽《たちま》ち因果《いんが》を撥無《はつむ》し、真風地《しんぷうち》に墜《お》つ、みなこれ邪魔《じゃま》の種族《しゅぞく》なり。老僧世《ろうそうよ》を去《さ》ること久しくとも児孫《じそん》と称《しょう》することを許《ゆる》さじ。或《あるい》は一人《いちにん》あり。野外《やがい》に綿蕝《めんぜつ》し、一把茅底折脚鐺内《いっぽぼうていせっきゃくしょうない》に野菜根《やさいこん》を煮《に》て喫《きつ》して日《ひ》を過《すご》すとも、専一《せんいつ》に己事《こじ》を究明《きゅうめい》する底《てい》は、老僧《ろうそう》と日日相見報恩底《にちにちしょうけんほうおんてい》の人《ひと》なり。誰《たれ》か敢《あえ》て軽忽《きょうこつ》せんや。勉旃勉旃《べんせんべんせん》。

「仏祖不伝の妙道」とは「己事を究明すること」、即ち真実の自己を究明することである。それによって、お釈迦様、達磨大師、大燈国師に相見することが出来るのである。「専一に己事を究明せよ」と修行者に促している。

2　楞伽経《りょうがきょう》

安岡先生は、達磨が『楞伽経』を重んじていたことを強調されている。この点についても師家レベルの方はともかく、今は禅の修行者もあまり知っていないことなので引用しておくこととする。

「そこへ達磨大師がやってきて本当の宗教、本当の信仰というものは、そういう御利益信仰でもなければ、空理・空論でもない。自分というものの本性を徹見することである。また直ちにそれをそのまま人に悟らせる。本性を直視して人間そのものがそのままに佛となることを教える、これが本当の宗教である。それは単なる理論佛教ではない。そういう意味で教外別伝《きょうげべつでん》・不立文字《ふりゅうもんじ》といったので、経そのもの、理そのものを排斥したのではありません。経理というもの、経典というものと、佛教の生命、真髄と混同することを戒めたのである。それをさらに混同してしまった。それで達磨自身は、例えば経の方面でいうと、楞伽経《りょうがきょう》というものを重んじたということをこの間も話しておきました。決して経を読まなかったとか、経を説かなかったという人ではない。例えば楞伽経というものを非常に重んじ、慧可でも、僧粲でも、道信でも、みなこの楞伽経を達磨から受け継いで非常によく研究しております。」（『禅と陽明学　上』〈347〜348〉）

こういう事実は我々禅修行をしている者にとって大変参考になる。

続いて安岡先生は「達磨正伝の禅風」として

無相の智慧
実存即菩提（煩悩即菩提）
身佛衆生無差別

を挙げられているが、次の慧能の章と重複するので省略する。

第九節　六祖慧能の禅

1　『六祖壇経』

「六祖慧能」と云っても、一般には殆んど名を知られていない存在である。ところが、安岡先生は『禅と陽明学』の冒頭で、

「禅の六祖慧能が懇々と教えている大事な要点は、佛というものは決して人間を超越した存在ではない、ということである」

と記されている。

最初この文章に触れた時、私は「何故まず最初に慧能か」という深い問題意識を持ったのであるが、『禅と陽明学』を読み進むにつれてその疑問も解けてきた。

ポイントは二つある。

一つは、安岡先生が禅の流れにおいて

「菩提達磨大師（初祖）―慧可（二祖）―僧璨（三祖）―道信（四祖）―弘忍（五祖）―慧能（六祖）」

の法系を重視されていることである。

二つは、佛についての慧能の考え方である。

慧能は、佛は人間を離れた存在ではないと教えている。

「佛というものは、自身、吾、心、衆生を離れた存在ではない」

「佛とは自分自身である。」

これは達磨大師以来の伝統的考え方である。禅の中興の祖と呼ばれている白隠禅師も

「衆生本来仏なり」

と言われている。

安岡先生はこれを禅の教えの中心に据えておられる。

それ故に『禅と陽明学』の中で「達磨正伝の禅風〈Ⅰ〉」と「達磨正伝の禅風〈Ⅱ〉」に続いて「六祖慧能の禅」という章を設けられたのである。

達磨正伝の禅風〈Ⅰ〉

達磨正伝の禅風〈Ⅱ〉

六祖慧能の禅

これは『禅と陽明学』における六祖慧能の位置付けの重要さを物語るものである。

慧能の宗風を知る好箇の資料として『六祖壇経《ろくそだんきょう》』がある。これは、六祖慧能（六三八〜七一三年）が南方韶州の大梵寺において説いた自身の半生と禅の根本義を弟子の法海が記したものである。安岡先生は『壇経』を自らの考証に基づきしっかり点検されていたようである。そこから慧能を無学とする禅界の通説を厳しく批判しておられる。

「ところが決してそうではない。壇経などを読んでいると無学どころではない。慧能は金剛経、楞伽《りょうが》経、維摩、法華、涅槃《ねはん》、いろいろの経典を自在に引用しているところを見ると、これはやはり相当経学・経論の方も修めた人であることがはっきりわかる。後世の禅僧になると、己の無学を飾るために、慧能を無学だとし、無学でないと悟れないようなことを言うとんでもない禅坊さんが少なくないのは笑止千万といわなければならない。」（『禅と陽明学　上』〈390〉）

率直に云って私もかねてより、『六祖壇経』に引用されている経典や教義の内容を見ると、慧能が無学とはとんでもない、学問もしっかり修めた高僧ではないか、との印象を持っている。

参考の為『六祖壇経』の構成を示しておく。

一　縁起説法門
二　悟法伝衣門

三　為時衆説定慧門
四　教授坐禅門
五　説伝香懺悔発願門
六　説一体三身仏相門
七　説摩訶般若波羅蜜門
八　問答功徳及西方相状門
九　諸宗難問門
十　南北二宗見性門
十一　教示十僧伝法門

2　佛は人間を超越した存在ではない

慧能のもとへは、その高名を慕って多くの弟子、信者が集まってきた。彼らは「佛とは何ぞや」と問い、また「如何にして佛になるか」と必死に修行した。これに対して慧能は「佛というものは、決して人間を超越したものではない」と説いた。安岡先生は次のように記しておられる。

「佛というものは、自身、吾というもの、心というもの、衆生というものを離れては決して存在しない。もし佛を求むれば、まず吾、心、現実、衆生というものに徹しなければならない。これを離れて決して佛というものはない。しかしながら、吾、心、衆生というものが、そのままに佛であるのでは、もちろんない。吾、心、衆生というものは、そのままにその中に佛を持っている。吾は、心は、衆生は即ち如来であり佛である。心は尊い如来蔵である。衆生の中に如来は存在している。」（『禅と陽明学上』〈391〉）

これは頭では分かっても、体得することは非常に難かしい。それを実参・実究してゆくのが慧能禅の修行である。

3　無相と無住

引き続き安岡先生は次に引用する二つの文章の中で、『六祖壇経』の核心的教えに言及されている。それを抽出してみる。

心佛及衆生、是三無差別
煩悩即菩薩
即身即仏
無相
無住

「この身、この佛、衆生〈身・佛・衆生〉是れ無差別である。この三者は差別がない（心佛及衆生《しんぶつぎゅうしゅうじょう》、是三無差別《ぜさんむしゃべち》　華厳経夜摩天宮菩薩偈品で如来林菩薩が説いた唯心偈の一節）。この衆生の中に、わが身の中に、この心の中に、その煩悩の中に如来がある。これをよく体現すれば煩悩即菩提であり、即身即佛である。佛を求めようと思ったら吾に徹せよ、心に徹せよ、衆生に徹せよ、煩悩に徹せよ。これを離れて佛を求めてはならない。これを離れて知識や理論に走ってはならない。この世界は本来無相である。すべて一時の化現、あるいは仮病有《けみょうう》、仮のものである。森羅万象、この本というものは無限の創造であり変化である。少しも住《とど》まるということがない。その意味において無住である。」

（『禅と陽明学　上』〈392〉）

4　無念と一行三昧

それでは禅宗とはどういう宗派であるのか。安岡先生は『壇経』に繰り返し説かれている慧能の教えから次のように定義されている。

「だから禅はいかなる宗かといえば、無念宗であり、無相宗であり、無住宗である」（『禅と陽明学　上』〈393〉）

その無念、無相、無住に徹する行が「一行三昧」である。

「よく無相、無住、無念を得る。無念は言い換えれば、それが真如である。如はありのまま、惟神《かんながら》である。その真如がそのままに人間の心になり、これを直心《じきしん》という。煩悩が直心になればいい、真如になればいい。それは無念であり、無相であり、無住である。こういう信念、思想に徹してそのままに行《ぎょう》ずる。これを『一行三昧《いちぎょうざんまい》』という。雑行《ぞうぎょう》ではなく一行三昧である。」（『禅と陽明学　上』〈393〉）

禅はここまで行かなければ本物ではない。禅の究極である。

安岡先生は「六祖慧能の禅」の章を次のように締めくくられている。

「この達磨以来、神秀《じんしゅう》や慧能《えのう》に至る達磨直伝《じきでん》、達磨正伝の禅法を見てくると、世間の禅とまるで違う。なるほどとわかる」

流石、先生ならではの評価である。

5　神秀―禅界の通説に対する安岡先生の批判

一方の神秀（?～神龍二年、?～七〇六年）については、安岡先生は『續高僧傳』から次の記述を引用されている。

神秀　道秀　南頓北漸

慧能との對立は傳説にして則天武后の朝に敬重せられ、慧能を尊重して之を推薦す

これまで達磨禅の後継者を達磨─慧可─僧璨─道信─弘忍─慧能の系列で見てきたが、実は神秀も五祖弘忍の法を継いでいる。慧能が南方地域で布教活動をしたのに対し、神秀は長安、洛陽の北方地域に勢力をもっていた。そのため慧能が南宗の祖、神秀が北宗の祖とされている。さらに南宗は頓に悟ることを重んずることから南頓派、北宗は次第に順を履んで悟ることから北漸派と呼ばれ、ここから禅が二派に分かれた。

このような経緯から南宗派は自らを正当化するため、慧能を神聖化したり、神秀の悟りは慧能より劣っているとするような動きが出てきたが、安岡先生は両派の対立は「とんでもない嘘」と、次のように主張されている。

「神秀という人はそういう浅はかな人ではない。神秀はやはり慧能に敬服し尊重して、則天武后に熱心に広東の慧能を推薦した。さもあろうと思う。慧能を敵視して排斥するようなら、これは宗教家でも禅師でもない。しかしそういうことは一切お構いなしに、面白おかしく、仲が悪くて喧嘩したもの

のように伝わっている。それをそのまま信じている人がずいぶん多い。禅僧の中にも多いが、真実は決してそうではない。神秀は熱心に慧能を推薦している。」（『禅と陽明学　上』〈341〜342〉）

さらに『禅と陽明学』下巻でも次のように指摘されている。

「この神秀とか、その仲間に慧安という人がある。これも朝廷から非常な礼遇を受けた、学問、業績、人物兼ね備わった偉い人で、どういうものか神秀は百歳の長寿を保ち、慧安も百二十八歳という長寿の人である。これらの人びとは時の朝廷に慧能を推薦して、慧能に招聘《しょうへい》の勅命が下りている。それがちゃんと歴史に残っております。なんら南北の対立というようなものはない。ないどころではない、お互いによく理解し合い尊重し合った間柄であるというような話をしました。」（『禅と陽明学　下』〈14〉プレジデント社）

安岡先生は、自らの考証に基づき通説に対する批判をされている。次の批判はさらに手厳しい。

「この六祖、それからその門下から始まった南北二学の分派、南頓北漸《なんとんほくぜん》の争いは誤りであるということがはっきりしました。この間も鎌倉で有名な禅師が（名前は遠慮しますが）集まっている中で得々として、慧能、神秀《じんしゅう》、つまり南頓北漸の由来を講話して、こっぴどく神秀をけなしつけて慧能の礼讃をして、我々は六祖大師の嫡々真伝とか言ってござる。こういうのはやはり無学です。現在のこれは有名な禅僧の大部分といってよいと思うが、よほどの篤学の人でないと、これから以前、つまり本当の禅の祖師たちの真の禅風に関しては逆にご承知でないことが多い。」

神秀、慧安は南宗禅にとっては謂わば大敵であるが、重要なことは事実の検証である。安岡先生は自らこの検証をやっておられる。一方的な議論や受け売りは今後の禅界の発展のためにもよくないのではないかと思われる。

6　安岡先生による棒・喝批判

さらに安岡先生は慧能までを「自然の時代」「如来の時代」とされ、慧能を境目に禅が変わってきた、と次のようなドキッとさせられる見解を示されている。

「それからもう一つ、慧能くらいまでは今日の禅宗によくある棒とか喝《かつ》とかいうものはない。払子《ほっす》なんていうものもない。これは臨済とか徳山とかいろんな者から始まる。たった一つ例外として、慧能が一度、怒鳴ったことがありますが、ほとんどない。まことに自然であり、まことに綿密であり、慇懃《いんざん》丁重懇切であります。決して人を『馬鹿っ』と大喝したり、警策で引っぱたいたりなんてことはしなかった。

だから弘忍までが禅の自然の時代、いわゆる如来の時代です。その境目が慧能で、それから禅がいろいろの意味で変わってくる。」（『禅と陽明学　上』〈343〉）

安岡先生は自ら諸文献や事実に当たられ、そこから一般の仏教書や禅書にとらわれない考えを打ち出されている。棒・喝はある意味で臨済禅の命だ。今の禅の世界の常識に浸っている私にとっては肯えないところもある。

第十節　禅の真髄―百丈懐海

1　馬祖道一〈即身即仏〉

六祖慧能の法を継いだ高弟に青原行思と南岳懐譲（儀鳳二～天宝三年、六七七～七四四年）がいる。この二人が七代である。青原門下に石頭希遷（八代）が出、その法系から雲門、曹洞、法眼の三宗が生まれた。

南岳の門下に馬祖道一（景龍三～貞元四年、七〇九～七八八年）が出て、その法系から臨済宗、潙仰宗の二宗が生まれた。

青原、南岳の七代、そして石頭、馬祖の八代から後の禅門の流派がすべて出てきたことになる。

安岡先生は、この頃までの禅の宗風を次のように記されている。

「だいたい青原行思、南岳懐譲くらいまでは自然、素直で作為がない。全く即身即佛というところがあり、『心佛衆生、是三無差別』というところがある。無相、無住、無念というのがそのままに生きている。それから後になると、どこかに作為があるというか、形跡がある。どこかにいわゆる臭みが出てくる。」(『禅と陽明学　上』〈402〉)

禅界にとっても味わうべき言葉である。

安岡先生は達磨禅の真髄は

「心佛及衆生　是三無差別」

にあると見ておられる。この教えは慧能の弟子の南岳懐譲、孫弟子の馬祖道一までは残っていたというのである。

先生は次のように記されている。

「達磨禅の真髄は、この身体、この心、日常の生活、そこにある。特別のものと考えてはいけない。こういうことが本当の達磨禅です。後世の特殊禅、あるいは歪められた禅とは違う。それを悟った馬祖はそれがよほど骨身にこたえたと見えまして、その懐譲により教えられ、大悟させられた。それを

常に活かして弟子を教化している。」（『禅と陽明学　上』〈405〉）

馬祖は四川省漢州什方県の出身、俗姓は馬氏、俗姓にちなんで馬祖と呼ばれている。諸山で修行の後、南岳懐譲に参じて南宗禅を継承した。

禅風は「馬祖禅」と云われるがその特徴は

「即身即仏」（心がそのまま仏である）

「平常心是道」（普段の心がそのまま道である）

が代表的なものである。その語録や行録は、『無門関』や『碧巌録』の公案書に出てくる。『無門関』には「即身即仏」「非心非仏」、『碧巌録』には「馬大師不安」「馬大師野鴨子」「馬大師四句百非」の公案がある。

宗風大いに振るい、百丈懐海—黄檗希運—臨済義玄と法系がつながっている。この他南泉普願、西堂智蔵、大梅法常など多くの逸材が育っている。門下の弟子は八十四人とも百三十九人とも云われる。南宗禅史上、特筆すべき禅者である。

2　独坐大雄峯

馬祖の法を継いだ第一人者が百丈懐海（天宝八〜元和九年、七四九〜八一四年）である。安岡先生はこの百丈について、

「禅の真髄—百丈懐海」

と題する章を設けておられる。達磨、慧能と並んで百丈懐海についてこのような扱いをしている禅の解説書は外に見当たらない。

では何故に百丈の禅が「禅の真髄」であるのか。

百丈懐海は、中国唐代の禅僧で、福建省の出身。馬祖道一に学び、百丈山に住して僧団の規則（清規）を定めた『百丈清規』を著わしたことで知られている。安岡先生は次のように記されている。

「この百丈懐海という人が非常に偉い人で、それまで禅宗という特別に一つの組織形態を作らずに、自然で自由な状態にあった禅の修行者に、禅寺という、つまり禅そのものの寺を建てて組織体制を与えた人です。禅というものを自然・自由なる状態から一つの集団・教団としての組織体制を建てたものが百丈懐海である。」（『禅と陽明学　下』〈15〉）

安岡先生は『日本精神の研究』の道元禅師の章でこの『百丈清規』を評価しておられる。

この百丈に「独坐大雄峯」という公案がある。

ある僧が百丈のところに来て

「如何なるか是奇特《これきどく》の事」（何か変わったことはありませんか）

と問うた。これに対して百丈は

「独坐大雄峯」（独り大雄峯に坐す）。

と答えた。

これが「独坐大雄峯」の公案である。

安岡先生はこれについて次のような答えを出されている。

「『わしがここで坐っている。これくらい変わったことはないだろう。』こういうことです。それでこそ平常心の道である。これは無限の味わいがありますね。どんな変わったことといったって、自分が今ここにこうしているということくらい変わったことはない。これはたいへんなことだ。それがしみじみとわかれば、これは道である。何によらずそうだ」（『禅と陽明学　上』〈407〉）

達磨から慧能、馬祖、百丈に至る禅は、いずれも日常生活の中にある。「平常心是道」である。

先生は禅の高僧の心の流れ、禅の精神の流れをこのように一貫してとらえておられる。

「独坐大雄峯」については『禅と陽明学』下巻でも言及する。

3　一日作《はたら》かなければ一日食わず

一日働かざれば一日食わず。この有名な格言も百丈の禅からきている。

「独坐大雄峯。だからこの人は非常に時を惜しんだ人です。『一日作《はたら》かなければ一日食わぬ〈一日不作、一日不食〉』ということは百丈和尚の言葉。これをよくする百丈和尚というのはさすが偉い。一日働かなかったら一日食わないと。これは勤労主義、勤労尊重の大先輩であるなんて、そんなあっさりしたものではない。この生、この一時を本当に生きた人で、そこから滲み出た言葉です。そういう勤労の標語なんていうあっさりしたものではない。形式的、手段的なものではない。もっともっと汲めども尽きない瑞々《みずみず》しいというか、生命の言葉です。これが禅である。」（『禅と陽明学　上』〈409〉）

味わわなければならないのは、「そんなあっさりしたものではない」という言葉である。我々は、格言や箴言をいとも簡単に受け止めて、感心したり、人生の教訓としたりしている。しかしながら大切なことは、その格言・箴言の背後にある当事者の血の滲むような努力の過程、生死を省りみぬ真剣な求道・修行の過程である。そこから湧き出た生命を汲み取らなければならない。「一日作かなければ一日食わず」についても同じことが云える。それが禅というものである。

第七章　『禅と陽明学』下巻

第一節　「致良知」は禅に通じる

1　人間学を追求

安岡正篤先生は、『禅と陽明学』上巻の冒頭において、禅の六祖慧能の教えをもって、

「佛というものは決して人間を超越した存在ではない」

と佛の本質を示されている。

又、儒教については、

「どこまでも人間と現実に徹して、情熱をもってこれを改めてゆこうとするもので、必ずしもその成功を求めない。良心、真理、道を旨とし、実践に徹してゆこうというのがその真面目である。」

とされている。

いずれも関心と対象は人間である。人間学の追求である。上巻と同様、下巻の冒頭にも先生の人間学が示されている。その全文を引用してみる。

人間学講話　禅と陽明学　下

人間の意識の深層（無意識層）は永遠につながっている。これは自分および父母・先祖代々の体験と真理の倉庫であり、秘密の蔵である。このことを近代の医学・心理学がようやく究明するようになってきた。

王陽明のいわゆる「良知」というのは、このことをいうのであって、我われが主観を徹底してゆくと（徹底的に思索すると）、良知に到達する。これは言い換えれば大いなる客観（いわば真理）である。だから、我われは主観を徹底すれば客観に到達する。客観を徹底すれば大いなる主観に到達する。これを王陽明は龍場という僻地に流謫された時に初めて把握した。

そこで、真剣に学問求道をやれば、誰でもこの主観を通じて大いなる客観に到達する、つまり主客が合一してくる。―これが「致良知〈良知を究める〉」というもので、禅とも通ずる、陽明学の一眼目である。

ここには、『禅と陽明学』下巻において先生が最も訴えたいところが要約されているように思われる。

一つは、人間の意識は秘密の蔵
二つは、良知、致良知
三つは、主客合一
四つは、致良知は禅に通じる

『禅と陽明学』下巻への導入として、まずこの四点について先生の記されているところを引用してみる。

2　人間の意識は秘密の蔵

安岡先生は、『禅と陽明学』下巻の第九章「王陽明の生涯と教学」の中で、人間の意識について次のように述べておられる

「人間の意識というのは面白いもので、我われの意識の深層、―普通、意識と思っているのはそのほとんどが大脳皮質という頭の天辺のごく薄い層のことで、脳幹部というところから意識の深層がある―この層は永遠につながっている。自分および自分の父母・先祖代々の体験と真理の、これは無限の倉庫であり、秘密の蔵である。この大脳の働きからいうと、これが無意識層を形成している。その意

味において、確かに我われは永遠につながっているのです。」（『禅と陽明学　下』〈273～274〉プレジデント社）

人間の深層意識は永遠につながっている。つまり自分だけでなく父母、祖父母、さらにそれ以前の先代々の体験や真理が収蔵されている秘密の蔵なのである。

安岡先生は、近代の医学・心理学がようやくこれを究明するようになったとして、テイヤール・ド・シャルダン（一八八一～一九五五年）の言葉を引用されている。シャルダンは、古生物学、考古学、人類学の研究者から哲学や信仰の道に入った人である。

「人間は自然界の特別異なった存在、他の無生物、生物と切り離した別個の存在としてではなく、やはり進化という現象全体の部分をなすものとして現れた。知性や精神というものも、他の現象とつながりのない特別なものでもない。超自然的なものから人間に与えられたものでもない。ごく高い重要さをもった自然の現象である。つまり、萬物進化の過程で生命というものが生じ、これが自分自身を再生産できるようになり、人間に至って遂に『考える心』が開け、その心が自分自身をさらに創造するようになった」〈同書〈318〉〉

安岡先生はさらに続けて次のように言われている。

「自然が、造化が長い歴史を経て、ようやく人というものについて心を開いた。だから人間の精神というものは、つまり自然の精神、宇宙の精神なのだ、ということをシャルダンは科学者の立場から明確に主張した」(同書〈321〉)

安岡先生は東洋思想の碩学であるとか、陽明学の大家として世に知られている。従って読者は、先生が科学者の見解をもって人間の精神と心を論証されていることに奇異の感を持たれるかもしれない。ところが先生は、しばしば生物学や化学、物理学等の学問に基づいて人間の精神を論じておられる。シャルダンはその好事例と云える。もう一人、先生が好んで引用される科学者としてアインシュタインがいることを付記しておきたい。

3 良知

このように安岡先生は、シャルダンという科学者の立場を通じて、

「人間の精神は自然の精神、宇宙の精神なのだ」

という洞察を確かなものとされている。

先生の真骨頂は、ここから張横渠の「四言教」に展開していることである。

為天地立心　天地の為に心を立つ
為生民立命　生民の為に命《めい》を立つ
為往聖継絶学　往聖の為に絶学を継ぐ
為萬世開太平　萬世の為に太平を開く

張横渠（天禧四〜元豊元年、一〇二〇〜一〇七八年）、名は張載。陝西省の出身で宋の時代の学者、儒・仏・道を学び程顥・程頤の学に傾倒していた。安岡先生によれば張横渠は

「実に意気壮烈で、気概、気節というものに富んだ堂々たる思想、信念、風格の人」（同書〈70〉）である。

そのような人物の言葉であるから、人を惹きつけてやまないものがある。私が二〇〇一年三月、埼玉県比企郡嵐山町にある社団法人郷学研修所・安岡記念館（現在は公益財団法人）の入り口に立ったとき、まず目に入ってきたのがこの言葉である。これを見た瞬間私はハッと啓示のようなものに打たれて、「ああ、これはまさに安岡先生の熱き想いであり、理念だな」と直感し、これを反芻すると共に頭に焼きつけた。

安岡先生によれば「四言教」の第一句は「人の心は天地の心」ということである。

「（宇宙の初めから）長い過程を経て大自然・造化が人間というものを生んで、ここに初めて自然は自ら創造した人間を通じて心というものを開いた。だから人の心というものは、これは造化の心であ

る。自然の心である。つまり天地の心で、このことを非常な名言で言っているのが張横渠の『四言教』であります」〈同書〈319〉〉

この「四言教」において、人間と天地・宇宙、自然は一体化している。

「『それ人は天地の心にして、天地萬物は本吾《もとわ》が一体の者なり。』だから突き詰めれば真理も生の理も皆同じということになる。それを会得するのが、すなわち人間の『良知《りょうち》』というものである。その良知を把握したというか、体で会得したのが『致良知《ちりょうち》』という陽明のあの有名な体験である。」〈同書〈322〉〉

有名な体験とは、流謫された僻地での実体験・坐禅体験である。「良知」「致良知」は禅につながっている、というより禅そのものと云える。

王陽明は二十八歳で官僚となったが、孝宗の死後、宦官の劉瑾に反対したため三十七歳の時貴州の未開の蛮地に流謫されることになった。王陽明はそこで槨《うわひづき》を作り、暇を見つけてはその中に端座して、死ぬ覚悟で悪戦苦闘の思索を続けた。そして

「一夜『天の霊に頼って』、彼は始めて全実在活動の消息を把握し、覚えず躍り上つて歓呼した」『王

陽明研究』〈72〉安岡正篤）

かくして王陽明は「人は天地の心」「天地萬物は本吾が一体の者なり」という「良知」を得たのである。

「遂に三界唯心の所造、陸象山の所謂『宇宙は吾分内の事』より、進んでその吾を明らかにし、宇宙は最究竟者（無極・太極）の創造であり、絶対自慊の活動であること。ただ特にその活動的統一方面についてこれを（就其主宰処説）心といひ、その静止的分現が（指其充塞処言）物たるに外ならぬ。すなはち物心は一如、すべて一者の発展、天地万物ここに成立する。そしてこの一者の活動的統一作用が孟子の所謂良知である。所謂格物致知とはこの良知を発揮する意味であって、これによって始めて人は無限の生を得る。」（同書〈72〉）

難しいので分かり易く抜き書きしてみる。

三界唯心の所造
宇宙は吾分内の事
宇宙は最究竟者（無極・太極）の創造
物心一如

天地万物
良知

これらすべては、言葉、表現が異なっていても「諸法帰一」、即ち一つに帰するのである。

4　主客合一

「主客合一」（主客一如）について安岡先生は次のように述べておられる。

「東洋哲学、就中《なかんずく》儒教、禅というものは現実に徹するという特徴を持っております。東洋思想の特質は……主観と客観を分けない。どこまでも統一的である。……主観というものを決して主観に終らせないで、主観を通じて客観にまで徹底させる。主観を通じて深遠な主観に到達する。これが東洋のゆき方であります。」（『禅と陽明学　下』〈113〉）

その禅についての実例として、先生は趙州和尚の有名な公案を挙げておられる。

「ある雲水（修行僧）が例の趙州《じょうしゅう》和尚に『道とは何ぞや』と質問したとき、それに対して論理的、知識的な説明をしてもらえると思ったら、和尚は意外な返事をした。

『牆外底』〈垣の外にあるじゃないか〉
そうしたらその雲水が怒って、『そんなものを聞いているのではありません』。馬鹿々々しい。垣の外に道が通っているのは当たり前だ。そんな道じゃない。
『何の道を尋ねておるのか』
『大道を尋ねているんです』
『大道長安に通ず』〈この国道が都に通じておる、あれじゃ〉
こう答えられて、わかったのかわからないのか、とにかくこれが禅の公案になっております。そういう法話はざらにありますね。」〈同書〈114〜115〉〉

これを見ても安岡先生は、「主観を通じて客観にまで徹底させる」「客観を通じて偉大なる主観に到達する」という主客合一（主客一如）を禅の公案を通じて考究されている。ここでも先生は、儒教も禅も老荘も一つ、という諸教帰一を徹底されている。

私が安岡先生と禅について深く関心を寄せている所以である。

5　致良知は禅に通じる〈一摑一掌血〉

「致良知」は、陽明学が目指す究極の境地である。この「致良知」について安岡先生は次のように記されている。

「真剣に学問求道をやれば、誰でもこの主観を通じて大いなる客観に到達する。つまり主客が合一してくる—これが『致良知』というものだ。致という字は普通『致す』というが、これは『究める』という意味です。これは何でも真剣にやったら誰でも経験することができる微妙な働きです。」（同書〈274〉）

我々凡人は、「誰れでも真剣にやったら誰でも経験することができる」と云うと、「そうか、それでは自分でもできるのか」と思い勝ちである。ところが、それはとんでもない思い違いである。安岡先生もそのような安易なことを言っておられるのではない。ここで先生が

「一摑一掌《いっかくいちしょう》血、一棒一条痕」

として記すところを見てみよう。

「先生曰く、諸公ここに在っては、務めて箇の必ず聖人とならんとするの心を立つべし（要）。時々刻々、須《すべから》くこれ一棒一条痕、一摑一掌血《いっかくいちしょうけつ》なるべく、方《まさ》に能《よ》く吾が説話を聴いて、句句《くく》力を得ん。もし茫茫蕩蕩《ぼうぼうとうとう》として日を度《わた》らば、譬《たと》えば一塊の死肉のごとく、打つも也《また》痛癢《つうよう》を知（得）らず。恐らくは終《つい》に事を済《な》さじ。家に回《かえ》るもただ旧時の伎倆を尋（得）ねんのみ。あに惜しからずやと。」（同書〈294～295〉）

びしーっと強く一棒打てば、皮膚に一すじの痕がつき、ぐーっと強く手を摑めば手に血形がつく。実にすさまじい表現である。王陽明は貴州西北の蛮地における命懸けの坐禅・思索工夫から「致良知」を得た。「致良知」はこのようにして始めて手に入る。真の致良知は陽明学の本を何度読んでも手に入るものではない。

禅の修行においても、坐禅をしていて居眠りをしていたり、怠けていると、びしーっ、びしーっと警策がとぶ。死に物狂い、命懸けの修行である。禅の悟りはこれによって手に入る。禅の世界に「臨済の喝、徳山の三十棒」という言葉があるが、王陽明の言葉も軌を一にする。真理を手に入れる道は禅も陽明学も同じである。

安岡先生が「致良知は禅に通じる」と言っておられるのはこういうことである。

6　致良知は禅に通じる〈蘇軾と王陽明と禅〉

以上の説明をもってしても「諸法帰一」を感覚的に解することはなかなか難しい。そこで蘇軾の人生と詩を通して蘇軾と王陽明と禅について説明することとする。

蘇軾（景祐三～建中靖国元年、一〇三七～一一〇一年）は字は子瞻、号は東坡。中国、北宋の文人で唐宋八大家の一人。父の蘇洵、弟の蘇轍と併せて三蘇と称されている。

優秀な成績で殿試に合格、官僚の道を歩んだが、当時新法と旧法をめぐる激しい政治抗争の中で新法に反対したため地方官に落とされ、その直言と激しい新法批判によって捕縛され御史台の牢獄に投じられた。死罪は免れないと思われたが、四十五歳の時黄州に流され、五十歳で名誉を回復したものの六十歳にして南方の恵州に流謫、さらに六十三歳で海を隔てた海南島に流謫された。

安岡先生と蘇軾との縁は、一高に入った年（大正八年、一九一九年）、本郷通りの古本屋で『蘇東坡全集』を手にした時に遡る。先生によれば、

「それからぐんぐんとその詩に魅せられ……彼の人物に共鳴……意を決して向陵生活を記念せんがために、蘇東坡の生涯と、その人格を書き始めた」（『帝國文學』蘇東坡との縁）。

ここから『蘇東坡の生涯と人格』など、先生の精力的な蘇東坡研究がスタートする。

次の表は『流離の間における天才蘇東坡』に基づいて蘇東坡の投獄・流謫の人生を素描したものである。

年	年令	投獄・流謫	
元豊二年（一〇七九）	四四歳	御史台の牢獄に投ぜられる	・取りとめのない妄想を截断して兀然として坐定し瞑想した ・『獄中の詩』が有名

元豊三年（一〇八〇）	四五歳	黄州（湖北の東南）に流謫	・定恵寺に仮寓 ・蘇軾は「某、一僧舎に寓し、僧に随って蔬食甚だ自ら幸とす」と記している ・自然の天地に遊ぶ ・『東坡八首』開墾の労を詠う ・東坡居士を号する ・『赤壁賦』を詠む ・臨皐亭に移る ・安国寺で始終坐禅を行じる
元豊八年（一〇八五）	五〇歳	名誉回復	

紹聖元年（一〇九四）	六〇歳	嶺南の恵州に流謫	・嘉祐寺の松風亭に寓す ・檀香を焚いては静坐し調息し瞑想した ・南方特有の不衛生な風土に苦しむ ・一切刺激物を絶つて、淡白な精進物ばかり摂取し、いろいろな物欲を押えて清僧的生活を送った
紹聖四年（一〇九七）	六三歳	海南島の儋耳に流謫	・住民は皆木の皮を纏つて洞穴に巣くうてゐる蛮民 ・気候は丁度梅雨の頃のように湿つぽくてしかも堪らなく蒸し暑く、物の腐り易いこと甚しかつた ・蘇軾の学徳を慕つて師事する弟子十数人 ・島人の偶像のように尊敬される ・『和陶詩』を詠む

元符三年（一一〇〇）	六五歳	自由の身となる	
建中靖国元年（一一〇一）	六六歳	死去	

〈蘇軾の投獄・流謫の人生〉

これを一瞥すると、蘇軾が如何に過酷な人生を過ごしたかが心の奥底から理解出来、胸の熱くなるのを覚える。刮目すべきは、蘇軾がこのような流謫の極めて劣悪な環境の下でも強靭な意志を持続して人生を生き抜き、しかもむしろ楽しみながら或いは獄中で、或いは寺にて

・兀然として坐定し瞑想し
・僧に随って蔬食甚だ幸とし
・自然の天地に遊び
・始終坐禅を行じ
・檀香を焚いては静坐し調息し瞑想し
・物欲を押えて清僧的生活を送った

という尊い求道の精神である。

そこから蘇軾の崇高な禅的境地が育まれた。

禅を志す者にとって必携の書に『禅林句集』がある。そこには禅語や禅の境地を表現する多数の句が、禅の祖師方の語録や公案集、歌頌などから引用・掲載されている。私の所持している『禅林句集』は四一七頁に及ぶ。その中に蘇東坡の詩からの引用が幾つかある。

・月白く風清し
・柳は緑、花は紅
・愁人夜の長きを知る
・花に清香有り月に陰有り
・君看よ此の花枝、中に風露の香しき有り
・薫風南より來り殿閣微涼を生ず
・風花紫翠を亂し、雲外煙林有り
・渓聲便ち廣長舌、山色豈清浄身に非ざらんや
・生前の富貴草頭の露、身後の風流陌上の花
・清風發せんと欲して鴉樹に翻り闕月初めて昇って犬雲に吠ゆ
・到り得帰り來れば別事無し、廬山は烟雨浙江は潮
・廬山眞の面目を識らざるは、只身が此の山中に在るに縁ってなり

ここでは説明上「渓聲是れ廣長舌、山色豈清浄身に非ざらんや」を取り上げてみる。

蘇軾は黄州に流謫されている間、同じく左遷されて不遇の身にあった弟の蘇轍に会いに行く途中立ち寄った廬山東州の照覚和尚から

無情説法の話

という公案を授けられた。無情、即ち山も川も、草も木も、岩や石ころも法を説いている、というのである。

お釈迦様はお悟りを開かれた時、

「奇なる哉、奇なる哉、山川草木悉皆成仏」

と叫ばれた。

又『華厳経』には
「一切の衆生、皆如来の智慧徳相を具有す」

と記されている。

蘇軾は数日間、不眠不休で「無情説法の話」に取り組んだがどうにも解決出来なかった。そこで廬山を去り弟のもとに向かったがその途中、渓谷を流れる川のせせらぎの音が聞こえてきた。その瞬間蘇軾は全

身で「無情説法の話」を聞き取った。蘇軾は眼《まなこ》を開いたのである。
これが禅の世界で云う
「豁然として大悟す」
というもので、蘇軾の懐いてきた大いなる疑念が解けた。その境涯を表現したのが

渓聲便ち是れ廣長舌
山色豈に清浄身に非ざらんや
夜來八万四千の偈
他日如何が人に挙似せん

というものであった。お釈迦様のお悟り、『華厳経』の説くところと全く同じである。

渓谷を流れる川のせせらぎの音は絶えることなく仏様の教えを説いている、緑一色の山の色は仏様の姿そのもの、「無情説法の話」とはこれだ、と蘇軾は悟ったのである。これが深い禅的境地を表現しているために『禅林句集』に収録されている。話を王陽明に戻すと、王陽明が悟った「良知」は、蘇軾の禅的悟りと同一である。

宇宙の一切、天地万物の一切をあるがままに見る、あるがままに聞く、良知も禅も一に帰する、「諸法帰一」である。

そして王陽明の良知は流謫された蛮地での坐禅によって得られた。蘇軾の禅的悟りも三度にわたり流謫された蛮地での坐禅によって得られた。私はここに歴史の重みを感じることが出来るのである。

7　五家七宗から抜本塞源論まで

『禅と陽明学』下巻も上巻と同じく四〇九ページから成る大作である。

下巻には、時代で見ると、唐の五家七宗から王陽明まで、西暦にすると七世紀から十六世紀まで約九〇〇年間の歴史が示されている。

内容で見ると、仏教、禅から宋学、易学、陽明学に及んでいる。更に『碧巌録』や『華厳経』などの禅書・経典、唐から宋にかけての歴史も論じられている。漢民族と日本民族との比較も安岡先生ならではの卓見である。

本書では、仏教、特に禅と関連ある部分を取り上げることとする。

安岡先生が『禅と陽明学』で説かれようとしている「諸法帰一」は中でも圧巻である。

第二節　五家七宗

1　五家七宗とは

禅宗はお釈迦さまの正しい教え（正法）を受け継いでいくことを宗旨としている。そのお釈迦さまから二十八代目が禅宗の初祖と呼ばれる達磨大師、そこから六代目が慧能、ここから「五家」と呼ばれる五つの流派に分れていった。「五家」とは次の五宗である。

潙仰宗
臨済宗
曹洞宗
雲門宗
法眼宗

臨済宗の宗祖、臨済義玄から八伝して次の二派が分れた。

黄龍派
楊岐派

この五宗と二派を合わせて「五家七宗」と総称している。
五家のうち栄西が臨済宗、道元が曹洞宗を日本に伝えた。五家の内、日本に伝わったのはこの二宗だけである。

五家七宗の略系図を次に記す。

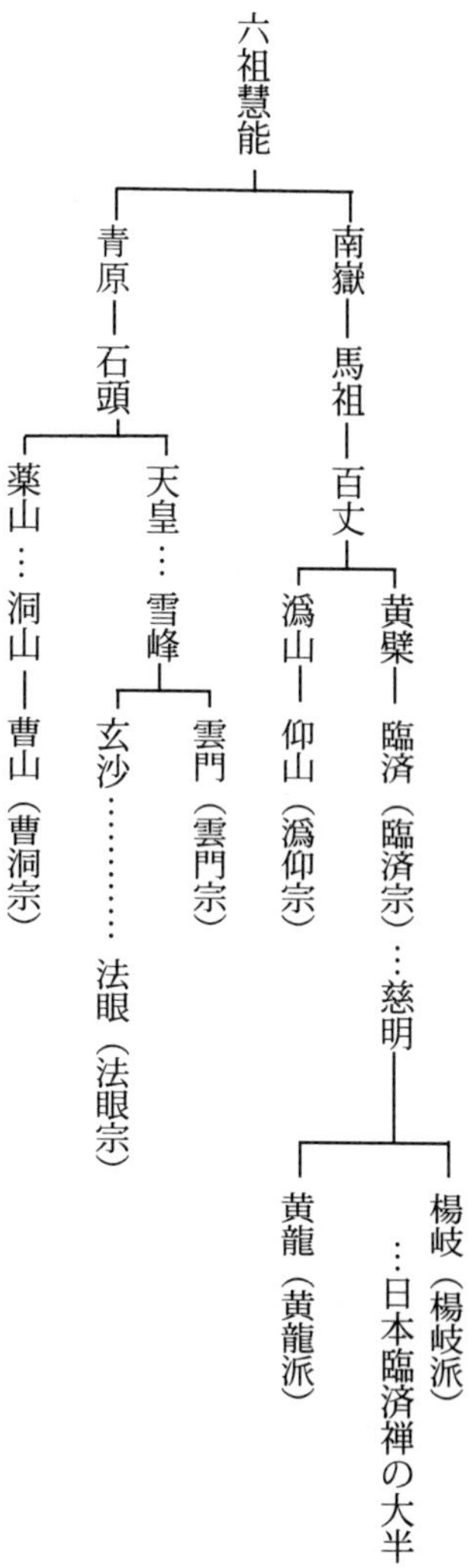

2　禅の公案と安岡先生（その1）

（1）但惜身命、不惜身命

「五家七宗」と言うと、一般の仏教書や禅書では、各宗派の宗旨や祖師方の解説が縷々行われているが、『禅と陽明学』においては、百丈懐海（天宝八〜元和九年、七四九〜八一四年）、潙山霊祐（大暦六〜大中七年、七七一〜八五三年）、仰山慧寂（元和二〜中和三年、八〇七〜八八三年）、黄檗希運（?〜大中四年、？〜八五〇年）、臨済義玄（？〜咸通八年、？〜八六七年）、薬山惟儼（天宝九〜大和八年、七五〇〜八三四年）、洞山良介（元和二〜咸通十年、八〇七〜八六九年）、曹山本寂（開成五〜天復元年、八四〇〜九〇一年）などの禅者の禅風が短く要約して取り上げられている。興味深いのは、各派の宗旨よりはむしろ公案が中心となっていることである。その選択の仕方を見ると、禅の公案と向き合う先生の姿勢がわかってくる。

私は本書の「まえがき」において、安岡先生と禅についての個人的関心を次のように記した。

・先生は何才の頃から座禅の体験をされたのであろうか
・先生の禅的境涯とはどのようなものであったのか
・先生は参禅の体験はあったのだろうか
・先生が座禅をされている姿を見たことのある人はいるのだろうか

この内、前二者については解決済みで第一章で説明してある。問題は後の二つでいまだ未解決であるが、先生にたとえ参禅の体験がなくても、参禅の要である「公案透過」の工夫をされていたことが、「五家七宗」の記述から分かってくる。

「公案」とは、禅宗で参禅者に対して与える課題で、昔の祖師方の言行や悟りなどに関する難問を与え、それに徹底取り組ませることによって参禅者を悟りに導くことを目的とするものである。参禅者（弟子）

は、師匠から「良し」とされるまで一つの公案に取り組まなければならない。大変な苦行・難行である。

　安岡先生は『禅と陽明学　下』の中で次のように語っておられる。


　「この悠久なる時間とこの茫漠たる中にあって、たまたま時と所を一にしてこうしているという、こんな不思議なことはないということがわかれば、この現実、この刹那、この寸陰（わずかの時間）、この場、この身というものが何よりも大事なのである。」（『禅と陽明学　下』〈18〉）

　禅の生き方は「今、ここ、この私」に尽きる。先生はズバリここを突いておられる。それ故に引き続いて

　「但惜身命」

　「不惜身命」


を説かれている。

　「それを把握するためには、とりとめのない日常の身命などは値打ちがない。これは『不惜身命《ふしゃくしんみょう》』〈身命を惜しまぬ〉である。真に道を得るためには、それこそ不惜身命《ふしゃくしんみょう》でなければならない。何が故に

身命を惜しまぬかと言えば、「但惜身命《たんじゃくしんみょう》」本当の身命というものを限りなく愛著するからである。真の自己・真の存在というものを限りなく愛著するが故に、この取りとめない、はかない迷える身命など問題ではない。命がけで命を惜しむ、但惜身命なるが故に不惜身命。不惜身命にして但惜身命になる。

禅のみならず、すべて悟道というものはこの一語に尽きるといってよろしい。これは東洋のあらゆる書物に載っている一つの悟りというもの、覚悟というものです。」

「すべて悟道というものはこの一語に尽きる」。安岡先生はいかなる禅者にも劣らぬ迫力をもって悟道の覚悟を説かれている。

ところが安岡先生は、禅道場の雲水（修行僧）が苦しみ抜いている公案をスラスラと解いておられるのである。これは長い間の思索あるいは坐禅の結果によるもの、と思われる。以下、あまり解説せずに紹介してゆくこととする。なお「禅の公案と安岡先生」その2については後述する。

（2）百丈懐海―独座大雄峯

百丈懐海については、既に第六章で解説しているが、安岡先生の評価は高い。

「この百丈懐海という人が非常に偉い人で、それまで禅宗という特別に一つの組織形態を作らずに、自然で自由な状態にあった禅の修行者に、禅寺という、つまり禅そのものの寺を建てて組織体制を与えた人です。禅というものを自然・自由なる状態から一つの集団・教団としての組織体制を建てたものが百丈懐海である。」

その百丈和尚に対して一人の僧が、

「如何《いか》なるか是れ奇特《きどく》の事」

と尋ねた。これは禅書の『碧巖録』にも入って公案になっている。これについて安岡先生は次のように記されている。

「そして百丈という人は素朴な生活をしながら、それらの大衆を率いて思索教導した人です。そこで有名な、『一日不作、一日不食』〈一日働らかざれば一日食わず〉と言った人です。

彼は百丈山、後に名前を大雄峰、あるいは大雄山という山にいた。一人の僧が

『如何《いか》なるか是れ奇特《きどく》の事』〈何か珍しいことはありませんか〉

と聞くと百丈は

『独座大雄峰』〈独り大雄峰に坐す〉

わしがここにこうして坐っているということぐらい変わったこと〈奇特の事〉はないと返辞をしている。」

「独座大雄峰」〈独り大雄峰に坐す〉。これが修行僧にとっては難問題である。

安岡先生はこの公案に対して、

「わしがここにこうして坐っているということぐらい変わったこと〈奇特の事〉はない。」

と答えを出されている。

安岡先生は、この日常生活の平凡な事実にこそ禅本来の価値を認めておられる。「変わったこと」と云うと我々は一般に、何か変わったことはないかと頭をひねる。又「大雄峯」というと、エベレストとか富士山とか雄大な高い山を連想する。

安岡先生にとっての大雄峯とは、「わしがここにこうして坐っていること」である。何も変わったことではない。今の自分、平凡な事実である。

（3）安岡先生による公案・見性批判

ここから話は、禅界における公案・見性批判に発展する。

「公案などというものはこの頃にはなかった。みなが人格と人格、人間と人間、魂と魂の火花を散らすような接触である。公案などという、問題を出してそれを批判するということは、ずっと後世になって起こったのであります。その頃はまだそういうことはない。そんな間の抜けた、とぼけたものではない。人間と人間、個性と個性の接戦、打てば響くというやつであります。その問答でもわかるのであります。

人間というものは、佛教の第一義であるとか、見性《けんしょう》悟道とか、なにか偉いものがあるように思い、何か奇特な話、珍しい話、変わった事を求める。この頃何か新学説はないかとか、新しい問題はないかというのと同じように、これは人間の持つ一つの通俗な考えであります。」（『禅と陽明学　下』〈17〉）

禅の世界にあっては、先生の公案・見性批判について「もっとも」と思う人もいれば、腹を立てる人もいる。腹を立てる人が多数派である。それは当然である。しかしながら、「お互いがこうして生きている。ここにこうしているということぐらい不思議なことはない」というのが、安岡先生の基本的な考え方である。「独座大雄峰」（わしがここに坐っている）ということぐらい変わったことはない）も同じである。先生の考えは地についている、と云えないだろうか。

（4）臨済の「四料揀」

臨済義玄は曹州南華の出身、出家して華厳・律・唯識を学び、黄檗希運に師事、法を継いで臨済宗の開祖となった。今年（二〇一七年）が没後一一五〇年に当たることからさまざまな遠忌事業が盛大に行われている。

臨済の語録・行録を記したものが『臨済録』である。「四喝」「四料揀」「四賓主」「四照用」「三句」「三玄三要」「無位の真人」など独自の宗風が記されている。

「四料揀」とは、臨済が晩の説法で修行僧に次のような話をされた。

有る時は奪人不奪境《だつにんふだつきょう》・有る時は奪境不奪人《だつきょうふだつにん》。有る時は人境倶奪《にんきょうぐだつ》。有る時は人境倶不奪

これでは一般の人には何が何だかさっぱり分からない。意訳すると、

「ある時は人を奪って境を奪わない。ある時は境を奪って人を奪わない。ある時は人も境も共に奪う。ある時は人も境も奪わない。」

これでも一般の人にはまだ見当がつかない。

安岡先生は次のように記されている。


「人を説得するには、これが自由自在にできなければならない。

これは何にでも当てはまる。例えば、青年を薫陶するのに、『人を奪って境を奪わず。』青年がああしたい、こうしたいと思うのに、『そんな事はだめじゃ』と制止する。しかし家の中には置いといてやる。家庭なり学問なりはそのままにして置いてやる。その人間が考えていることはだめじゃと言う。

ある時は『境を奪って人を奪わず』。思うようにやれ、しかし家庭なんかにしがみついていたのではだめだ。そんなことは一本立ちして勝手にやれ。

ある時は『人境倶に奪う』。もう人も境地も何もみなおっぽり出す。

ある時はそのまま両方そっとしておいてやる。これが『人境倶に奪わず』。

これを自由自在に、ちゃんとその人間に生きるように、当てはまるようにやる。これを『料捒』という、それがうまくいけば、その人間の機根に応じて自由自在に薫陶ができる。しかし、これは言われてみればなるほどと思うけれども、実際にこれをやることは難しい。」（『禅と陽明学　下』〈30〉）

四料捒は、家庭、企業経営、商売、戦さ、スポーツなどさまざまな人間生活、社会生活に応用できる、人間生活、社会生活そのものと云える。

安岡先生はこの公案を自由自在に使いこなされている。我々の生活に当てはまるように応用されている。先生自身が自由自在に生きるだけでなく、応病与薬（病いに応じて薬を与える）で、人々の教育・薫陶に良く生かしておられる。先生は「活学」を大切にされていたが、その禅は正に「活禅」と云えるのではないだろうか。

（5）臨済の「六通」

臨済には「臨済の六通」と云われるものがある。『臨済録』には次の記述がある。

色界に入って色惑を被らず、声界に入って声惑を被らず、香界に入って香惑を被らず、味界に入って味惑を被らず、触界に入って触惑を被らず、法界に入って法惑を被らず

これについて安岡先生は次のように記されている。

「色、声、香、味、触、法、この六の世界に入って惑わされない。つまり我われのいかなる現実の境地に入っても少しも惑わされない。自由自在を得ることを『六通』という。

臨済は今日の言葉でいうと主体性というものを確立して、何物にも束縛されない真の自由を獲得するということを徹底して体得し実践し、創造した人です。」(『禅と陽明学　下』〈29〉)

我々は目で物を見、耳で声を聞き、鼻で臭いを嗅ぎ、舌で味わい、体で物に触れている法に惑わされない自由自在である。

『臨済録』には又

―　無位の真人

という有名な言葉がある。

これは臨済の教化手段としては最も知られたもので、臨済宗黄檗宗の『宗学概論』には次のように記されている。

「武宗による『会昌の破仏』（八四二〜八四五）に遭って河北に行き、大中八（八五四）年、鎮州の滹沱河に臨む地に臨済院を建て、修行僧を指導した。常に僧衆に向かって、『この肉体には名付けようのない真人がいて、つねに君たちの顔面から出入りしている。しっかりと看て取れ』、『他ならぬ君たちが、その名付けようのない真人なのだ』と説き示した。」

「無位の真人」とは、安岡先生の云われる「自由自在を得た人」、「真の自由を獲得した人」のことである。

安岡先生の公案に対する姿勢を見れば、先生ご自身が自由自在を得た人、無位の真人と云えるのではないかと思われる。

（6）洞山の「三滲漏」

臨済に続いて安岡先生は、曹洞宗の開祖洞山良价に言及され次のように述べられている。

「この人も百丈の風を継いだ超越徹底した人で、栃の実や栗の実を食って猿と一緒に暮らしながら思索したような人です。それでも人が慕い寄っていった。」

「この人は黄檗や臨済のように機鋒の峻烈な棒喝《ぼうかつ》をやるような人間とは全然違う。非常に綿密で着実で、どちらかというと、愚の如く魯の如し。しかも学識、見性、実に徹底して寸分の隙もないといったような道風、宗風であります。」（『禅と陽明学　下』〈33〉）

推測するに安岡先生は、臨済禅より曹洞禅好みのようである。先生が道元禅師に傾倒されていたのも理由があることとである。この洞山に「三滲漏《さんしんろ》」がある。

見滲漏
情滲漏
語滲漏

安岡先生は洞山の「三滲漏」について次のように説かれている。

「洞山の『三滲漏《さんしんろ》』というのがある。弟子を指導するのに、見滲漏《けんしんろ》（見は考え）、情滲漏、語滲漏（語は言葉）の三滲漏に意を用いた。

人間の考え、思索、意見、これには本当に理論が徹底していると思ってもどこかに漏れがある。思索、理論に滲み漏れるところがある。人間の情もそうだ。殊に情というものは公平冷静のように考えていても、どこかに滲み漏れがある。言葉もその通り。

我われの健康もそうだ。例えば胃潰瘍、十二指腸潰瘍。最初はわからないが、潰瘍になると潜血というものが始まる。血がわからない程度に漏れる。それがひどくなると腸出血になる。初めのうちは、潜んで流れているから、わからない。人間の学問求道というのは頭からいっても胸からいっても、況《いわん》や心からいっても潜血があるわけです。」

「三滲漏」とは三つの煩悩のこと。「見滲漏」は考えの漏れ、我見の煩悩、「情滲漏」は情の漏れ、分別の煩悩、「語滲漏」は言葉の漏れ、言葉の煩悩のことである。洞山は行持綿密であったから、考え・思索、情、言葉いちいちの行ないについていささかの漏れもないように点検怠りなかったわけである。安岡先生の関心は常に人間に徹しておられる。先生の人生も万事に漏れのない人生であったと云える。

(7) 洞山の「三路」

洞山が門弟たちに説いた「人に手をさし延べて学べ、鳥の道を歩いて学べ。玄妙の道に分け入って学べ」、これが洞山の「三路」である。

展手

鳥道

玄路

自分だけでなく、他の人にも手をさし延べて学ぶのが「展手」、鳥が飛ぶ時何の縦跡も残さないように無心で学ぶのが「鳥道」、玄妙の道、即ち難しい環境に分け入って学ぶのが「玄路」。洞山はその「三路」の実践を通して仏道を学ぶように修行僧に勧めたのである。

安岡先生は「三路」について次のように記されている。

「そして人に接するのに『三路』ということを語っております。ある者に対しては手を展《ひろ》げて暖かく抱擁して迎えてやる。これが『展手《てんしゅ》』。人間が相当出来ている者に対しては、困難にして深遠な「玄路」、深山幽谷へ連れて入る。これで直ちに足を痛めたり、べそをかいたりするような奴はだめだ。適当な者でなければいけない。さらに出来るというと「鳥道」。これはレールがない。軌道がない。自由であり虚空であり無である。ある時は展手し、ある時は玄路に、ある時は鳥道に導く、これを『洞山の三路』という。臨済や黄檗になるとなかなか展手してくれぬ。蹴とばしたり大喝したり、ひどい目に遭う。」

安岡先生は人の教育・薫陶に大変な関心をもたれていた。金雞学院・日本農士学校の創立も、著作・講演活動も、師友会の運営等も、すべてが教育・人材育成の一点に集約されていると云っても過言ではない。

私は、先生が洞山の「三路」をその教育の手だてとして考えておられたことに限りない敬愛の念を覚える。

（8）洞山の「五位」

最後は洞山の「五位」である。「五位」とは

一　正中偏―平等の中の差別。宇宙の真理は平等でありながら、個々の事象のうちに現れている。
二　偏中正―差別の中の平等。現実の事象の中に真理は含まれている。
三　正中来―平等の絶対性。真理は絶対である。
四　偏中至―差別の絶対性。個々の事象は絶対である。
五　兼中到―右の四つが皆融合している至極の妙用。

の五つである。これ又、一般の人にとっては歯が立たないと思うが、安岡先生は次のように解されている。

「例えば正中偏、これは総理大臣について言うと、総理大臣で池田勇人という個人はある。しかしその総理大臣をしている以上は池田勇人という者の中にちゃんと総理大臣というものが存在する。そうすると、ある時は総理大臣として言動する。それが正中来。今日は私人の池田個人と言う時は偏中至。池田だの総理だの何だのということよりも、総理もない、池田もない、無である。これが別々ではない。兼中到。すべてが循環しているから回互という。互い違い、交互である。それが自由自在に

ならなければいけない。」（『禅と陽明学　下』〈35〉）

洞山の「五位」についても、安岡先生の解釈は観念論・抽象論に陥っていない。人間生活、あるいは社会の現実に即した解釈をしておられる。

このように見てくると、私にとって、安岡先生が参禅をされた経験があるか否かということは意味を持たなくなってくる。

（9）曹山本寂

先生は洞山の「五位」の後、洞山の法を継いだ曹山本寂に言及されている。曹山は泉州甫田の出身、洞山とともに「五位」を創唱し、曹洞宗の派祖とされている。因みに曹洞宗の名称は、洞山と曹山に由来している。その宗風を先生は次のように記されている。

「どちらにしても洞山、曹山という人はいかにも瀉瓶、一瓶の水を一瓶に移したような人です。曹洞宗らしい。この人がまた非常に世に衒《てら》わない人です。山に入って行ない澄ました人です。

したがって臨済宗に対して曹洞宗というのは非常に綿密で、臨済のように棒だの喝をやって相手を煙に巻いたり、相手を翻弄したりするようなところがない。臨済と曹洞の宗風が非常にはっきりしたコントラストをなしているところが面白い。」（『禅と陽明学　下』〈36〉）

私は臨済禅に参じているが、実に含蓄のある指摘である。

（10）その他

安岡先生は、この他にも下記の禅師に言及しておられるが説明は省略する。

潙山霊祐　潙仰宗の祖
黄檗希運　馬祖道一の弟子
薬山惟儼　石頭希遷の弟子
石頭希遷　青原行思の弟子

第三節　宋学の勃興

1　宗教と道徳

『禅と陽明学』下巻の第二章「宋学の勃興」は、全体を通しても秀逸の章である。唐滅亡から宋初期の時代背景とそこに輩出した儒仏の知識階級に関する記述、それぞれの学問において儒・佛・老荘の教養が体現・融合されているという事実の指摘は、極めて簡潔ではあるが的確である。
私がまず感動を覚えたのは、最初の「宗教と道徳」についての記述である。

「国家が道徳によって滅びるということは絶対にない。しかし宗教によってしばしば滅びている。それは宗教と道徳というものを区別することが、そもそもよくない。だいたい宗教と道徳を区別するのは西洋近代学の観念であって、東洋においては宗教と道徳とは一つである。つまり『道』というもので、それがだんだん後になって西洋の宗教と道徳に該当するような分れ方、したがって考え方が生じてきた。

その実情に即して言うならば、宗教というときには、道徳はその中に入っているのである。道徳というときには、その中に宗教が含まれる。宗教を離れて道徳はない。道徳を離れて宗教はない。もし離れたならば、それは誤れる宗教であり、誤れる道徳である。宗教と道徳とが固く結ばれているほど立派な宗教であり立派な道徳である、ということがまず一番大事な問題として解説しております。」(『禅と陽明学　下』〈49〉)

安岡先生は宗教と道徳を一つ、一体ととらえておられる。卓見である。
釈迦、キリスト、ガンジーなどいずれも宗教と道徳を兼ね備えた偉大な宗教家である。逆に道徳なき宗教家、宗教なき道徳家は存在し得ない。

さらに先生は宗教と道徳を易の「陰陽相対の理法」から見ておられる。

「そして要するに、宗教というときには人間の精神に内在しているところの二つの相対的傾向、即ち一つは、より大いなるもの、尊いもの、美しいもの、そういう人間の理想に向かって心が傾いてゆく。あるいはそれを仰慕あるいは鑽仰《さんぎょう》する。とにかく高きに向かって仰ぐ。それがあると必ず人間は陰陽相対の理法で省みる、即ち反省という働きがある。」（『禅と陽明学　下』〈49〜50〉）

仰慕、鑽仰という働きと反省という働き。これは儒教の働きと老荘の働きであり、それを統合するものが易の「陰陽相対の理法」である。

安岡先生ならではの宗教観・道徳観である。

2　宗教の本質

この前提に立って先生は、宗教の本質を次のように規定されている。

「宗教というものは、要するに、ささやかな自我が大我に向かって参じてゆき、仰慕し、それに参入するものである。そこには礼賛、鑽仰がある。理想像を仰ぎ慕いそれに自己を没入してゆく。自己をこれにすべて投げ込んでゆく。これが宗教の本質である。」（『禅と陽明学　下』〈51〉）

ここから安岡先生は

「宗教の最も宗教的なものは他力信仰である。即ち浄土門である。」〈同書〈51〉〉

と断定されている。なぜなら浄土門では、阿弥陀仏にすべてを捧げて自分の一切を投じるからだ。

『善人なおもて往生す。況《いわ》んや悪人をや』という『歎異抄《たんにしょう》』の中の名言があるが、これが本当の宗教の面目であります。」〈同書〈51〉〉

これが宗教についての安岡先生の固い信念である。先生が、機会をとらえて法然上人、親鸞上人、日蓮上人に言及されるのはそのためである。

3　儒佛の交流

これまで繰り返し述べてきたように、安岡先生が『禅と陽明学』の中で最も強調しておられることは「諸教帰一」、即ち東洋思想のすべての教えは一つに帰するということである。儒・佛・老のうち仏教が中国に入ってきてまず反応したのが老荘思想であるが、安岡先生は唐の時代になって儒仏が交流し、さらに宋代になるとそれが一段と発展したとされている。

「それからまた唐の時代に、その他の文化と一緒に宗教の社会にも人材が輩出して交流した。その中にあって特に佛教を取り上げたのは知識階級であり、支配階級でありますが、その知識階級、支配階級の主勢力は『修身・斉家・治国・平天下』の儒教である。

そこで儒教で育った指導者、政治家、役人、学者というような人びとと佛教家との交流がだんだん広まり深まっていった。一例を言えば、前での裴休《はいきゅう》などという宰相、地方長官として有名であった裴休が、百丈、黄檗希運《おうばくきうん》だの大円（潙山霊祐《いざんれいゆう》。潙仰宗《いぎょうしゅう》の祖）だのという人と非常に親交を訂している。あるいは例の佛教嫌いであった韓退之《かんたいし》の弟子であった李翺《りこう》が地方長官の時に、湖南の澧《れい》州にいて非常な教義を行なっていた薬山惟儼《やくさんいげん》と親交を訂している。白楽天などもやはり禅僧と交わっている。」

（『禅と陽明学　下』〈58～59〉）

ここに出てくる政治家、禅僧、文化人の他、安岡先生は儒仏交流の事例として下記の人物を挙げておられる。

明教大師

雪竇重顕

圜悟克勤
呂新吾
周茂叔
邵康節
程明道と程伊川
張横渠
司馬光
劉元城
范仲淹
欧陽脩

各人について説明する紙数はないが、先生の短い解説を読むだけで、我々にとっては大変勉強になる。安岡先生は最後に「真の教養とは」として次のように記されている。

「蘇東坡の親友に佛印了元（一〇三二～一〇九八年）というのがいる。その佛印に誰かが、『佛というのはどういう人間だったろうか』と聞いたら、佛印は言下に、『佛というのは一个有血性男子《いっこゆうけっせい》〈血の気の多い男〉』と言ったという。名答であります。みんな、佛といえば何だか人間を超越した存在のように思うが、そうではない。『釈迦というのは熱血男児だよ』という。

全くその哲学、教えというものが人間になり、行動になり、言語になっている。そうでないと教養とはいわない。人柄になり、その考えになり、その人間の言葉になってこなければ真のカルチャーとはいわない。これらの佛教、儒教、老荘、道教というのは、その頃の人物に本当にそれがインカーネイト（血肉化）されている。エンボディー（体現）されている。そこに尊い価値がある。」（『禅と陽明学　下』〈74〜75〉）

誠に味わい深い指摘である。それにしても「釈迦というのは熱血男児だよ」とは実に痛快な言葉。ここに眼をつけられた先生の眼力は鋭い。いかなる禅僧も及ばない眼力である。

第四節　易の哲学──周茂叔と太極図説

1　周茂叔

安岡正篤先生は東洋思想の碩学としてその名を知られている。

儒学・老荘の大家である。

陽明学者である。

神道・日本思想にも通暁しておられる。

仏教・禅に通じておられる。

更に忘れてならないのは易の大家であることである。

安岡先生は『禅と陽明学』下巻に
「易の哲学―周茂叔と太極図説」

という章を設けておられる。東洋思想の教えは一つに帰する、という考えに基づく当然の流れであると言えよう。

周茂叔（天禧元～熙寧六年、一〇一七～七三年）と云っても一般には殆どその名を知られていないが、先生によれば、新しい宋学（宋の儒学）を開いた一代の先達である。

唐末から五代、宋にかけて儒・佛・道の三教が総合され、三教を身につけた優れた人物が現れたが、その思想の中では「易学」が大きな存在となってきた。その先頭に立ったのが周茂叔である。安岡先生は次のように記されている。


「この周茂叔の人物とその思想学問をつくり上げるのに非常に役にたったのが易学《えきがく》であります。それまで古典として、経書《けいしょ》として伝わり、また一部の特殊研究家の手にあった易学というものが、この周茂叔によって新しく人生哲学、人間の形而上学として生かされている。これは画期的なことでありま す。この易の研究、易に対する彼の造詣《ぞうけい》が彼の人物、彼の学問を非常に特色のあるものにした。それによって周茂叔は単に学問としてではなく人品、人間そのものまで易化した、つまり大自然化した。こせこせした人間臭さを超越して、悠々として大自然の如き人格にした。」（『禅と陽明学　下』〈65〉）

そこから、従来は特殊な人々の手に握られていた易学が知識階級、指導階級の学問として普及してきた。

2　『太極図説』

この周茂叔によって明らかにされたのが、『太極図説』である。『太極図説』は長い伝統をもつ書であるが、周茂叔によって簡潔にまとめられた。それは、易の理法を示したもので、安岡先生は次のように記されている。


「円をもって太極を表す。……太極が動いて陽になる。すると反対は陰になる。こうして陰が極まると反対に陽を生ずる。こういうふうに陰陽を生ずる。

この陰陽から今度は五行《ごぎょう》というものが現れて水・火・木・金・土となる。これも結局、太極である。

結局どこまでいっても太極に帰し、これが世界になるという極めて簡単な図、これを太極図という。」

（『禅と陽明学　下』〈85〉）


続いて先生は二百四十九文字から成る『太極圖説』を掲げ

「『無極而太極』（無極にして太極）という最初の五字が宋学ではたいへんな問題である。」（同書〈87〉）とされている。

「あらゆる存在を、その根源にまで推し進めていけば太極になるわけです。だから太極というのは、今日の哲学や科学の言葉で説明すれば『創造的概念』といえばいいだろう。つまりここからあらゆるもの、あらゆる概念が生まれてくる。実在に即するところの概念。実在は創造の世界であるから、それに伴う概念、万物生成化育の根源、根拠、そこから一切が生まれてくる極点という意味で、創造的概念としてここに太極というものを立てているのです。」

「無極にして太極」ということは、創造されたすべてのもの、客観世界のあらゆる存在は「無」ということになる。従って「太極即ち無極」である。

この太極から陰陽が生ずるのである。

3　易の思想―陰陽相対の原理

易の思想、即ち陰陽相対の原理は、安岡先生の宇宙観・世界観の土台となっている。それは先生の道徳観にもつながっている。

宇宙万物は太極の発展であり、自己の実現・創造である。それは宇宙万物の造化そのものである。

これを易学から見ると、太極は陰と陽という相対的なものを含んでいる。先生はこれを常々「陰陽相対の理法」として説明されているが、理解し易いように表にしてまとめると次のようになる。

陽	陰
一つの物（宇宙万物）が二つ、四つ、八つと自己を分化、造化してだんだんに発展していく	分化したものを統一して内に包含する
分化発展の働き、活動があり、発動がある	統一して内に含蓄する働き

陽は「分化発展」の働き、陰は「統一・含蓄」の働きである。

例を樹木にたとえると、根から幹が育って、枝を張り葉が茂ってくる。大きく成長してゆく。伸びてゆく。これが樹木の「分化発展」である。「陽の原理」である。

しかし樹木を茂るままにしていると、枝葉が生い茂って木の体力が弱ってしまう。花を咲かせ過ぎたり、実をならせ過ぎても、木の体力を弱めることになる。花の美しさ、実の味も落ちてくる。そこで木の寿命を保つためには、枝や葉を剪定したり、花や実を果決する必要が出てくる。これが「統一して内に含蓄する働き」である。「陰の原理」である。

このように陰陽相俟って樹木の全き生が維持されるのである。

4　儒教は「陽」が建前、老荘は「陰」が建前

陰陽相対の原理は、人間の現実の生活にも当てはまる。「陽」を建前とするのが儒教・孔孟系、「陰」を建前とするのが老荘系である。これについても安岡先生の常々の説明に従って表にまとめてみる。

儒教	我々の現実の心理においては、進歩、向上を求める心、一般的には理想というものになって情熱をわかして進んでゆく。そこで単なる肉体的・物欲的生活と精神的・人格的・求道的生活との二つの方向が現れてくる しかしながら造化の理法に従って次第に分化発展してゆくと、分化発展が分散、混乱、破滅に陥る可能性があるから我々の現実の生活、現実の存在、現実の人間、人格というものをどう整えるか、これにどう手を入れ、どう反省し本来の欲望であるところの己に克って修めていくか、これが孔孟系統の主眼、建前である
老荘	人間の現実の活動、分化、顕現、繁栄をどう統一、含蓄の方向にもってゆくか、欲望をどう反省し、本に返るか、行くことではなく、反であり還を考える。何を欲するかよりも、何を省みるか、反省するか、何になるかよりも、何にならざるか、これが老荘系統の考え方である

儒教的生活について安岡先生は、『論語』の「吾れ十有五にして学に志す。三十にして立つ。四十にして惑わず。五十にして天命を知る」を引用され、次のように説明されている。

「すべてこれは我々の現実の生活、現実の存在、現実の人間、人格というものをどう整えるか、これにどう手を入れ、どう反省し、どう剪定、果決、即ち本来の欲望であるところの己に克《か》って修めていくか、これが孔孟系統の主眼、建前である。」（『禅と陽明学　下』〈157〉プレジデント社）

「これがいわゆる現実主義、実践主義の哲学になる。儒教が即ちそれである。孔孟の学問がそれである。」（同書〈157〉）

陽は活動的である。進歩、向上を求め理想に向かって邁進する。しかしそれだけに疲労し易く、混乱し、場合によっては破滅に陥る。

そうならないためには「本に返る」働き、陰の働きが大切になってくる。安岡先生によれば、

「大事なことは、これを大枝に結びつけ、幹に根を結びつける働き—即ち陰の働きである。」（同書〈158〉）

「幹に根に返ってくることで、本当の力、全体的な力、永遠的な力が湧いてくるから、こっちの方に行こうというのが黄老、老荘系統の考え方です。」（同書〈158〉）

この「陰陽相対の原理」は実に奥深い。味わい深い。良く学び、よく実践すれば、人生にも、教育にも、企業経営にも政治の道にも役立てることが出来る。

5　禅に通じる

このように見てくると老荘系の考え方は禅に通じていることがわかる。安岡先生は次のように指摘されている。

「知識とか欲望というものに走らないで、もっと物を無限に永続させ、全体を維持してゆく真理に返る。そして現実からいうならば限りなく奥深いところの道に、超意識的、無意識的に合一する。つまり道と、あるいは理と冥府する、この行き方は老荘の本質的統一である。だから孔孟流の行き方よりは老荘流の行き方の方が禅とぴったりする。」（『禅と陽明学　上』〈158～159〉）

ところで安岡先生は『太極図説』をまとめた周茂叔という人物を次のように描いている。

「無心にして誠、自由自在に自然に従って人生を営んでゆくという、これが周茂叔の易道であり、彼の人生観であり、彼の信仰であり、彼の道徳である。そしてまた、そのとおりの風格を作り得た人である。」

いかにも禅的風貌をうかがわせる人物である。そして彼と親しい人達の中に程明道、程伊川、張横渠など儒・佛（禅）・道を兼ねた当時最高の文化人がいた。

彼らによって「天人合一」の学問が形成されていったのである。

第五節　碧巖録

1　『碧巖録』とは

「禅籍」（禅宗の書物）は、臨済宗では大別して次のように分類されている。

語録	祖師の言行録
公案集	祖師の機縁・問答等
史伝・灯史	禅の歴史・紀伝の書

清規	僧堂の規則
宗論・宗義	宗派の教義やその解釈
頌・銘	禅の真髄や禅者の境涯を韻文体で表現したもの

この分類に当てはめると、『碧巌録』は公案集に属し、『無門関』と並ぶ公案集の双璧とも云うべき存在である。雲門宗の中興の祖雪竇重顕《せっちょうじゅうけん》（太平興国五〜皇祐四年、九八〇〜一〇五二年）が、古来の禅籍の中から百則の公案を選んで頌を付けた『雪竇頌古』をもとに、圜悟克勤がそれぞれに垂示・著語・評唱を付けたものである。臨済宗では「宗門第一の書」と呼ばれる重要な公案集で、参学の徒にとっては必読の書である。

2　説得・教化手段の発展

安岡先生は、この『碧巌録』の成立に至る過程を仏教学者・禅学者とはやや異った観点から解説されている。

先生は、常に達磨禅（祖師禅）から出発する。

「形式的、組織的な一宗一派を開くとか、知識理論を弄《もてあそ》ぶというようなものではなくて、本当に真理というもの、教えというもの、道というものを深く身につける。それを日常の実践にもたらす。これを達磨禅（祖師禅ともいう）という。」（『禅と陽明学　下』〈178〉）

ところが唐代に入ると、禅の発展に伴って師匠の下で求道者の集団生活が行われるようになった。

「今までは自慊《じけん》、あるいは絶対自己に徹していた。自分自身を絶対化し、自分自身を満足させることが主眼であったが、生活が集団化してくると、教化、教授、教導―つまりぶつかってくる人間を相撲取りが稽古をつけるように、受けてこなしてやらなければいけない。これが唐代に入って禅が発展し普及してくるにつれて起こった一つの変化です。」（『禅と陽明学　下』〈178～179〉）

百丈懐海の時代になると伽藍が出来、僧堂の規則も制定されて、一つの組織体制が出来上がった。

「そこで説得手段、教化手段が発達して、ここに問答というものを生ずるようになった。これも百丈頃までは非常に真剣で自然でありましたが、唐末から宋の初めにかけて禅宗独特の教化法が開けてきた。つまり『禅宗』と称する独自な特殊なものが出来上がってきた。」（同書〈179〉）

次いで安岡先生は禅宗の生命とも云うべき『師資相承』に言及されている。

「しかしその本筋を見て参りますと、師匠の後を弟子が相承《あいう》ける『師資相承《ししそうじょう》』というものがずっと発展してきました。いわゆる五家《ごけ》七宗—臨済、曹洞、雲門、法眼、潙仰《いぎょう》、その臨済からまた黄龍、楊岐といった流派が分かれる—の師資相承のあとを辿ると、実に心打たれ、頭の下るものがある。そして人間の精神生活、人間の内面の神秘、人間の人格というものを打成する上に偉大な業績を無数に残すようになった。」（同書〈180〉）

安岡先生の高尚な精神・人格の表現である。先生の教育観、人材育成から出てくる真情の吐露である。既に触れたが、先生が正受老人と白隠慧鶴、潙山霊祐と香厳智閑、耶律楚材と澄和尚と萬松老師の師資相承に大きな感動を覚えられたのはここにある。

3　儒教の影響

宋代に入ってからの見方は安岡先生の独壇場である。儒学の大家としての視点が反映されている。

「それが宋代に入って儒学的教養の人と交流するようになり、教化法の点でもその影響を受けるようになった。即ち儒教というものは五倫五常《ごりんごじょう》〈五倫は、君臣の義、父子の親、夫婦の別、長幼の序、朋友の信。五常は仁、義、礼、智、信〉といって教育、教化を非常に重んずる、即ち人間関係を重んずるものである。単なる思索、単なる理論を潔《いさぎよ》しとせずというのが特徴であります。」（同書〈180〉）

儒教の影響は『碧巖録』の成立にも及んでいる。

五倫五常は儒学的教養を体する倫理である。

「宋代に入って禅がその影響を受け、教育、教化、教導の点で非常に躍進した。そういう時期に名高い『碧巖録《へきがんろく》』ができたわけです。」（同書〈180〉）

雪竇重顕と圜悟克勤についてもそれぞれ次のように記している。

「この碧巖録というのは宋の初めに浙江省の明州にある雪竇《せっちょう》山という所にいた雪竇重顕《せっちょうじゅうけん》（宋の禅僧。雲門宗四世。明覚大師。九八〇～一〇五二年）から始まります。この人は非常に博学で、詩文の才があり、禅僧の間で非常に尊敬された人であります。

この雪竇重顕が遠い過去から今日の自分に至る、禅宗の説得、実践、教化のあとを尋ねて、その中の非常に面白いと思う事、逸話などを百選んで、それにポエティカル（詩的）な評というか感想を加えた。これを『雪竇頌古《せっちょうじゅこ》』という。百選んだからこの編纂物を『百則頌古《ひゃくそくじゅこ》』という。これが禅関係者に非常に尊重され、珍重された。」（同書〈181〉）

「その後進に圜悟克勤《えんごこくごん》（宋の禅僧。臨済宗十一世。碧巖録を完成。一〇六三～一一三五年）という僧がいた。字《あざな》は無着《むちゃく》（佛果禅師、真覚禅師）、四川省の人であります。これがまた非常に立派な人で、かつ学問の出来る、弁舌に長じた人であります。この克勤和尚が説法すると、聴衆がしばしば涕泣したというから、よほど感動させられる弁説であったと見える。」（同書〈182〉）

「この克勤禅師は安徽《あんき》省の夾山にある霊泉院というお寺に住していた。その彼の部屋に碧巖という額が掲げられてあった。そこで克勤のその部屋を碧巖室という。

その碧巖室において雪竇重顕の『百則頌古』を愛読して、その一つ一つに『垂示』を入れた。これは前置き、あるいは緒言といったようなものです。それから『雪竇頌古』（これを「本則」という）に今度は克勤独特の感想を、ちょいちょいと合いの手のように入れて、これを『着語《じゃくご》』という。最後に、それに対する『評唱』―今日の言葉でいうならば評釈―を雪竇に擬して加えた。」（同書〈182～183〉）

これらの説明は禅学者や禅書の堅苦しい説明よりずっと分かり易い。『碧巖録』を知らない人にもその成立の過程、各則の構成（頌古、垂示、著語、評唱）、雪竇重顕と圜悟克勤二人の人物の概要等が摑めると思う。

4　碧巖録の歪曲

『碧巖録』は実に難解な禅書である。ところが安岡先生はいともあっさり次のように述べられている。

「碧巖録というと、難しくてとても普通の人間にはわからない、よほど座禅して工夫しなければ意味がつかめない、たいへんミステリーな本のように思っている人が多いのだが、そういうものではない。雪竇が元来選んだ百則というのは、禅門の極めて簡単な行事だとか、雪竇《せっちょう》の先輩の禅師たちの極めて簡単な逸話だとか、いろいろの興味のある故事などを集めてある。そういうものだから禅本来の素直な心で見ればいい。」（同書〈188～189〉）

安岡先生は、正にこの禅本来の素直な心で公案に対処しておられる。『碧巖録』の公案を難しいと思われないのはそのためだ。

「ところが徳山《とくさん》なり臨済以来、少し持って廻るような癖がついているものだから、努めて屁理屈をつけたり、勿体《もったい》をつけて難解なものにしてしまう。またそれを喜ぶというふうになって、碧巖録をわざわざ歪曲ないしはでっち上げるようになった。そういう風が特に日本においてひどい。これはシナにおいても元来そうです。」（同書〈189〉）

安岡先生の徳山批判、臨済批判は『禅と陽明学』の随所に登場する。

「碧巖録をそういうふうに解釈しようとする風がある。ところが碧巖録はそんなものではない。非常にまじめで洒落なものであり、何でもない日常の問題である。だから碧巖録を日頃、熟読玩味していると幾種類にも分けられる。極めて自然の説法、極めて自然なそういう誤解、錯覚、そういうものを是正するための公案が幾つもある。」（同書〈192～193〉）

既に紹介したように安岡先生は、青年時代から『碧巖録』に親しまれ、雪峯盡大地の「英霊漢」に感動しておられる。

先生には漢文・漢詩の素養がある。

厖大な仏典・禅書、さらに仏教・禅の歴史書を渉猟されておられる。

そこから先生は、

「祖師禅においては、時々刻々、常住座臥、みな公案である」

とし、その観点から公案を選ばれている。そういう素直な心、自然体で接すれば『碧巖録』は難しくない、と云うのである。

5　禅の公案と安岡先生（その2）

（1）達磨廓然無聖

これは『碧巖録』の第一則「達磨廓然無聖」としてつとに有名な公案である。

挙《こ》す。梁《りょう》の武帝《ぶてい》、達磨大師《だるまたいし》に問《と》う、如何《いか》なるか是《こ》れ聖諦第一義《しょうたいだいいちぎ》。磨云《まいわ》く、廓然無聖《かくねんむしょう》。帝曰《ていいわ》く、朕《ちん》に対《たい》する者《もの》は誰《た》ぞ。磨云《まいわ》く、不識《ふしき》。帝契《ていかなわ》ず。達磨遂《だるまつい》に江《こう》を渡《わた》って魏《ぎ》に至《いた》る。帝後《ていのち》に挙《こ》して志公《しこう》に問《と》う。志公云《しこういわ》く、陛下還《へいかかえ》って此《こ》の人《ひと》を識《し》るや否《いな》や。帝曰《ていいわ》く、不識《ふしき》。志公云《しこういわ》く、此《こ》れは是《こ》れ観音大士《かんのんだいし》、仏心印《ぶっしんいん》を伝《つた》う。帝悔《ていく》いて、遂《つい》に使《つかい》を遣《つか》わして去《さ》って請《しょう》ぜんとす。志公云《しこういわ》く、道《い》うこと莫《なか》れ、陛下使《へいかつかい》を発《はっ》し去《さ》って取《と》らしめんと。闔国《かっこく》の人去《ひとさ》るとも、佗亦《たま》た回《かえ》らじ。

武帝（天監元～太清三年、四六四～五四九年）とは南朝梁の初代皇帝である。熱烈な仏教信者で都に五百以上の寺を建て、十万を超す僧侶、尼僧を特別に優遇したと云われている。

安岡先生によれば、武帝は当時の群を抜いた進歩人を登用し、治政の前半は目覚ましい実績を上げていた。

「すなわち武帝の前半生を支配したものは、玄儒文史の玄・儒である。特に玄である。しかし玄儒というけれども、もう漢代からは玄と儒は多分に相融合していた。そこにできたものが『易』であり『中庸』である。

この武帝自ら立派な本を書いている。大部分焼けて散逸してしまったが、目録を見ると驚くべき著述だ。その中で特に有名なのが『中庸講疏』。これは『中庸』を講義し注疏したものです。それから『周易』に関するいろいろの講義や著述があります。」（『禅と陽明学　上』〈117〉）

「つまり皇帝自ら著述し、自ら講義した。これは実に盛んなものであります。ほとんど『易』、『中庸』および『老子』です。」（同書〈117〉）

武帝の書いた本の目録などについては禅界でもほとんど知られていないのではないか。『中庸講疏』『周易』『老子』に関する講義など聖徳太子を思い起こさせる。

ところが禅界における武帝の評判はあまり宜しくない。それは、武帝の治世の後半と「達磨廓然無聖」の公案によるものである。

達磨が武帝を訪ねた時こう尋ねた。

「自分はたくさんの寺を建て多くの坊さんを育てたが、何か功徳はあるでしょうか」

大変な功徳がありますよという答えを期待していた武帝に達磨は

「無功徳（功徳はない）」

と答えた。

武帝はがっくりして

「それでは仏法のギリギリ究極のところは何ですか」

と質問を投げかけた。達磨の答えは

「廓然無聖（何もない）」

と、とりつくしまもなかった。

武帝はこれも理解できず

「私と向かいあっているあなたは誰ですか」

と尋ねた。達磨の答えは

「不識（知らん）」と。

達磨は、これではどう仕様もないということで揚子江《ようすこう》を渡り魏《ぎ》の国に行ってしまった。

これが「達磨廓然無聖」の公案の内容である。

達磨の説かれた「廓然無聖」に禅が全て収ってしまう、『碧巖録』百則が全てこの公案に収ってしまう、ということでこれが『碧巖録』の第一則に置かれている。大切な公案である。

武帝は「無功徳」も、「廓然無聖」も、「不識」も理解できなかったということで、武帝に対する禅界の評価が低いのである。私はこれはやむを得ないことと考えるのであるが、禅の真義を説くには絶好の材料と云える。

安岡先生はこれらの経緯を説明した上で、

「そういうことから禅は始まるんです」

と言われている。「達磨禅」の始まりである。

先生は更に続けて「達磨の正覚」として達磨の著『二入四行論』に話を展開されているが、臨済宗黄檗宗の『宗学概論』では、「達磨禅の独自性」として次の箇所を引用している。

若《も》し勤めて心の相を看じ、法の相を見、勤めて心処《しんじょ》を看じて、是《こ》れ寂滅《じゃくめつ》の処なり、是れ無生《むしょう》の処、解脱《げだつ》の処なりとし、是れ空の処なり、菩提の処なりとし、心処の無処処《むしょじょ》なるが、是れ法界《ほっかい》の処なり、道場の処なり、法門の処なりとし、智恵の処なり、禅定無碍《ぜんじょうむげ》の処なりとせば、若し此の如《かく》き解《げ》を作《な》す者は、是れ坑《こう》に堕ち塹《ざん》に落つる人なるのみ。（『宗学概論』〈4〉臨済宗黄檗宗連合各派会議所）

達磨はここでインド古来の静寂主義的禅定を厳しく批判している。それが「達磨禅の独自性」であると云うのである。安岡先生の指摘とも一致している。

（2）独坐大雄峯

挙《こ》す。『僧、百丈に問う、「如何なるか是れ奇特の事。」丈云く、「独《ひと》り大雄峰《だいゆうほう》に坐《ざ》す」

この公案については、百丈懐海のところで取り上げているので省略するが、正に安岡先生が常に説く「日常の問題」「時々刻々」「常住座臥」の公案である。

（3）野狐の公案―百丈野孤

因に学人問う、大修行底の人、還《かえ》って因果に落つるや也《ま》た無や。某甲対《こた》えて云く、不落因果と。遂に問う、大修行底の人還って因果に落つるや也た無や。師云く、不昧因果と。

これは「百丈野孤」という長い公案のごく一部分だけを記したものである。安岡先生はこの公案を次のように説明されている。

「百丈が説法をしていると、いつも末席に一人の老人がいる。百丈はいつもその老人に目をつけていた。ある時説法が終ってもその老人は退かない。そこで百丈が『何か用か』と尋ねると老人は答えた。

『私はお寺の裏山に住んでいる野孤です。ある人から『悟りを開いた人は因果に落ちないか』と尋ねられたので〈不落因果〉因果に落ちないと答えたところ五百生もの長い間野孤にされてしまいました。和尚さん何とか私をこの身から救って下さい。そうすると百丈は〈不昧因果〉因果を昧ますことは出来ないと答えた。その瞬間、野孤は頓悟して救われた」（『禅と陽明学　下』〈198～199〉）

「不落因果」とは因果の法則に支配されない、例えば火に入って焼けない、水に入って溺れないということである。「不昧因果」とは因果の法則は真理であるということである。修行者が大変苦労する公案である。この公案について安岡先生は次のように答えを出されている。

「これは極めて自然のことです。人間の錯覚を是正したんです。つまり道を学ぶ、修行するということは、火に入って焼けず、水に入って溺れずということではない。因果を昧《くら》まさず、ということである。つまり、普通の人間なら川にはまったら溺れるから水に入らない。やむを得ず水に入るときには泳ぐ。欲の皮を突っ張って、重い荷物を持って水には決して入らない。そんなことをしたら沈んでしまうから、みな捨てて裸になって泳ぐ。これが不昧因果だ。どうしても火の中に入らなければならないときには、合羽を被り水を被って焼けないようにして入る。これが不昧因果だ。」（同書〈199〉）

「因果の法則」というのは真理である。その支配を絶対に受けないということになると、生物ではなくなる。自然ではなくなる。先生は、修行というのは、因果を無視することではない、修行というのは因果の理法を明らかにし、ごまかさないことである、それは何でもない、自然のことである、と説かれている。

（4）洞山麻三斤

一　挙す。僧、洞山に問う。

「如何なるか是れ佛」
洞山云く、「麻三斤」

洞山和尚にある僧が「仏とは何ですか」と尋ねた。これに対し洞山は「麻三斤」と答えた。随分訳の分らない公案である。これが参禅者を悩ましていることは事実である。

安岡先生も、「参禅する人はこれを究明しようとして長期間にわたって取り組むが気の毒なことだ」として、次の答えを示されている。

「『胡麻は三斤とれたかね』それだけのことです。それに理屈をつければいくらでも理屈はつく。」
（同書〈205〉）

安岡先生の公案に対する姿勢は理屈をこねない、実に自然体である。それ故に、我々にとって難解な『碧巖録』も先生は楽しんでおられるのである。

6　悟道の詩的表現

『碧巖録』を楽しむと云えば、もう一つ、先生ならではの楽しみ方がある。それが「悟道の詩的表現」

に示されている。

「禅は自然を尊ぶから、教外別伝《きょうげべつでん》・不立文字《ふりゅうもんじ》で、表現、文字、理論というものを好まないから、どうしても自然に徹する、自然を観察する、自然を科学する、即ち非常に詩的ポエティカルになる。だから禅僧は偈《げ》というものを愛し、自分の悟道、心境をポエティカルに表現する。そういう詩的表現、詩的題材、詩的逸話がまた碧巖録にたくさん拾い上げられている。」（同書〈202～203〉）

偈には禅僧の「禅境」が表現されている。

先生が事例として挙げられているのが『碧巖録』の第八十二則「大龍堅固法身」と第三十六則「長沙一日遊山」である。

（1）大龍堅固法身

挙す。僧、大龍《だいりょう》に問う、「色身《しきしん》は敗壊《はいえ》す。如何なるか是れ堅固法身《けんごほっしん》。龍云く、「山花開いて錦に似、澗《かん》水湛《すいたた》えて藍《あい》の如し」

実に美しい自然の佇まいである。先生は次のように記されている。

「詩としては平凡だが、これは何が堅固法身であるかを自然の美しい風物で以て答えている。こういうのは、文芸論でいう象徴的表現である。」（同書〈203〉）

（2）長沙一日遊山

本則は長いので省略して記す。

長沙がある日遊山して帰ってきた。
そこで首座が「どこに行ってこられましたか」と尋ねると、長沙は「始め芳草に随《したが》って去《ゆ》き、また落花を逐《お》って回《かえ》る」と返事をした。それで首座が「大いに春らしいですね」と言うと、長沙は「也《ま》た秋露の芙蕖《ふきょ》（蓮）に滴《したた》るに勝《まさ》れり」と答えた。

先生は「始め芳草に随って去き、また落花を逐って回る」については「美しい表現です」（同書〈204〉）

と記されている。確かに美しい、こんな境涯で山野を逍遥してみたいものである。
「也た秋露の芙蕖に滴るに勝れり」については、次のように記されている。

「秋になって蓮が枯れた光景というのは、晩秋のいかにも寒々とした景色です。だから秋を画く画家がよく蓮の枯葉を画いている。菊の枯れたのと蓮の枯れたのは本当に秋を傷《いた》ましめる。その秋になって、枯れた蓮の葉に露がポトポトと滴っているというのは、いかにも晩秋のさびしい光景である。それよりはいい——と、そういう答をしている。」(同書〈204〉)

菊に限らず、蓮に限らず、晩秋の枯葉に露が滴っている光景にも格別の美しさがある。先生はこういう禅境、詩情を味わう卓越した才能を持たれている。
禅者は悟りの境地を詩で表現している。先生はその境地を味わいながら『碧巖録』を読まれていたようである。

7　儒・佛・道の混融

『禅と陽明学』下巻碧巖録の章の最後は諸教帰一である。ここでは諸教帰一は
「儒・佛・道の混融」
となっている。安岡先生は次のように記されている。

「とにかく碧巖録に関してはいろいろの歴史、伝説、逸話が無数にある。」（同書〈207〉）

先生は世の禅僧とは違った眼力で碧巖録の中の歴史、伝説、逸話を読み解かれておられる。

「こういう僧侶たちが、北宋・南宋を通じて、一般知識階級、指導者階級の精神内容を成すところの儒教と非常に活発に交流をした。そうしてその時期に儒・佛・道という三教の大きな交流、混融した教養の世界が出来上がって、それが明に伝えられている。

その前に南宋になるわけですが、そのとき儒教の中からも陸象山《りくしょうざん》だとか朱晦庵《しゅかいあん》（朱子）というような人が現れた。そして三教が混融して明代の精神界、思想界になり、そこにいろいろの偉い人びとが陸続として出てくる。」（同書〈207〉）

このように北宋・南宋から明に至る精神界、思想界の流れを「三教の混融」という視点から把握する試みは、安岡先生の学問をもってして良くなし得るところであろう。

先生は既に「宋学の勃興」において

一　周茂叔

邵康節
程明道と程伊川
張横渠
司馬光
劉元城
范仲淹
欧陽脩

などの人物を挙げておられるが、ここではさらに次の二人が加わっている。

陸象山
朱晦庵

そして最後の締めくくりが王陽明である。

王陽明

先生は「その中で一番偉大というか霊的な人物が王陽明であります」（同書〈207～208〉）と記されている。「霊的な人物」。王陽明は金雞神社に祭られている神である。安岡先生が如何に王陽明を崇拝されていたかがわかる。王陽明については後述する。

第六節　華厳と円覚―禅の哲学

1　達磨禅の淵源と伝燈

『禅と陽明学』下巻の「華厳と円覚」の章を読んでも、安岡先生の禅に関する学問領域の広さと学問水準の高さを感じさせる。

先生は達磨禅の本質を次の三つに求めておられる。

心・佛及衆生、是三無差別
教外別伝・不立文字
直指人心・見性成佛

『楞伽経』の精神はこれであり、先生はそれ故に達磨禅を重んじた。

同時に『楞伽経』には、こういう真理は単なる知識であって、いくら学んでもそれは知識概念の遊戯に過ぎない、とも説かれている。従って達磨禅では修行が重んじられている。

安岡先生は次のように記されている。

「そこで達磨以外の禅では、世俗に超然として、自己自身を徹見し、自分自身を佛に作り上げるということで純一無雑の修行をした。そういう理論の遊戯もやらない、殿堂を打ち建てることもやらない。初めのうちは景色のいい静かなところを選んで、あるいは岩窟や樹下石上において、あるいは建物の庇《ひさし》を借りて超然としてやっていた。

それに感じて次第に求道者が集まり出して、五祖弘忍《こうにん》の時代には既にそういう求道の士が五百人あまりも集団生活をするようになった。みな集まって田を耕し、山に行って木を切り、生活を共にしながらその間に思索し修行をした。」（同書〈218～219〉）

そしてこれが達磨禅の伝燈となっていったのである。

しかし六祖慧能を経て百丈の頃になると禅は組織的な体制に移行してくる。

安岡先生が指摘するもう一つの変質は、「棒」「喝」という禅家独特の教化様式が生まれてきたことである。

「だから『徳山《とくさん》の棒』『臨済の喝《かつ》』というものが行なわれるようになって、だんだんこれを真似する者が多くなった。これを禅弊という。あるいは野孤《やこ》禅という。宋代になるとこういうものがだいぶ盛んになってきた。」（同書〈222〉）

「禅弊」「野孤禅」とは厳しい指摘である。禅界にある人にとっては、肯んじ得ない指摘であろう。

2　『華厳経』『円覚経』

ここからが安岡先生の学問の高さを示すところになる。

「それと同時に、この禅にも、教外別伝・不立文字と言いながら、達磨大師の時から禅の精神を説いた経典として楞伽《りょうが》経があり、その次に禅の精神に非常に深く入ったのがこの華厳《けごん》経であり、それから今の円覚《えんがく》経である。」（同書〈222〉）

そしてごく短いが下記の禅者についての言及がある。

大慧宗杲――看話禅の代表として
天道正覚（宏智禅師）――黙照禅の代表として

天道如浄―道元禅師の師
萬松行秀―耶律楚材の師

安岡先生は、これらの禅者が宋代を通じての禅の一番大切な面目であり、そこで最も深く行なわれたものが『華厳経』であり、『円覚経』である、とされている。

「楞伽経《りょうが》から始まって、こういう禅という法門を哲学的に、実に深遠に荘厳に究明したものは確かに華厳です。その華厳というのは偉大なる哲学体系である。これを簡約し、極めて簡にして要を得たもの、そして非常に立派に表現したものが円覚経であります。」（同書〈231〉）

禅の学問に対する憧れを凌られる文章である。臨済義玄が『華厳経』に通じていたこともあり、私もこの分野を学び始めているが、前途遼遠である。

続いて先生は、華厳宗の始祖杜順《とじゅん》、第二祖智儼《ちごん》、第三祖法蔵、更に東大寺の大佛、毘盧遮那佛に話を展開されている。

『華厳経』に心酔された聖武天皇が建立された大佛については、次のように記されている。

「あの東大寺の大佛は華厳哲学、華厳信仰の一つの表現です」（同書〈231～233〉）

「三千世界というのは単なる三千ではなくて、千の三乗という意味で、だから十億である。つまり蓮華台というのは、無数の釈迦である小釈迦と大釈迦―つまり人間世界、衆生というのはみな釈迦である―を一身に荘厳《しょうごん》しているのは毘盧遮那佛であるという。つまり心・佛・衆生は一つであるということを表す。この人間世界がそのまま偉大なる蓮華の数であり世界である。つまり『日本という国土をそのままに、群衆も王者も衆生も皆含めて蓮華台上の盧遮那佛にするのだ』というのが聖武天皇の華厳経による本願である。これはつまり禅の精神とぴったりですね。」（同書〈234～235〉）

3　『華厳経』の哲学

ここには、華厳と禅の融合、儒教と禅の融合が極めてコンパクトに、そして誰れにも分かるように解説されている。

「禅は『心佛衆生是三無差別』である」（同書〈236〉）
「直指人心、見性成佛。……自分と佛とを合体させることである。そのことを実に深遠に荘厳に説いているのが華厳経の哲学である。」（同書〈236〉）

そして『華厳経』の第五祖圭峰宗密（七八〇～八四一年）によって華厳と禅の混融が一段と進んだ、とされている。圭峰宗密は荷沢派の禅僧である。

「この宗密という人は華厳に入る前に円覚経を読んだ。円覚経というのは割合に短いお経ですが、名のごとく非常に円覚《えんがく》（まどかな悟り）を説いたものです。この円覚経を読んで宗密は嬉しくて嬉しくて仕様がない。手の舞い足の踏む所をしらずというような感激を覚えて円覚経に心酔した。宗密は法蔵が書いた華厳経の註釈書『探玄記』を渉猟して、そこからだんだん華厳経に入っていったが、生涯円覚経に参じて、円覚経の註疏《ちゅうそ》を書いている。これが禅僧や当時の儒者によく読まれている。だから宋代の儒者や儒教側の人びとにして華厳経や円覚経を読んでおらない人はない。

だから儒〈儒教〉と釈〈佛教〉というものは普通に考えられているような離れたものではなくて、既に戦国から漢の初めに孔孟〈儒教〉と老荘〈道教〉系統の儒・道二流が混融した。だいたい『中庸』にしても、易にしても、儒と道〈道教〉との全く混融したものであるがごとく、宋代になると儒・釈というものは思いのほかに交流したものです。」（同書〈237～238〉）

禅者の中にも、これほどの素養と見識を持っている人はなかなか見当たらないのではないか。仏教学者の著作とは違った味わいがある。

第七節　王陽明の悟り

1　王陽明の五溺

王陽明（一四七二〜一五二八年）は、字は伯安、名は守仁、明中期の学者・政治家である。浙江省余姚県の出身。生まれて五才まで物を言わなかったが、ある日口を利き出すと、祖父の愛読書を朗々と復唱したという伝説が残っている。

また若い頃には「陽明の五溺《ごでき》」と云って、次の五つのことに耽溺したという逸話がある。

第一に「詞章」。詩歌文芸のことである。
第二に「任侠」。任侠道の世界、盛んに天下国家を論じて政治活動をする。
第三に「騎射」。馬に乗ったり、弓を射たりする。
第四に「道教」。老荘・神仏の思想である。
第五に「佛教」。

若い頃、このようないわば文武両道さまざまなことに耽溺して、それから聖賢の学問、儒教に戻ったと云われている。

この精神的遍歴が、後の王陽明の人格形成に深い影響を及ぼした。安岡先生は次のように記されている。

「やはり、こういう精神の遍歴といいますか、求道あるいは人間的な苦労を具《つぶさ》に味わって、そうして儒教に入った。ここに若い陽明の非常な真剣味と妙味がある。これが学校の優等生のように、型のごとく知識的、形式的にきたのでは、ああいうふうにならなかった。陽明は全生命を心のままに投じて泳ぎ出てきた。これが陽明の陽明となった最初の過程であります。若き日の彼の述懐、文章、詩、あるいは後の生活記録などを見ると、そのことがまざまざとわかり、非常に面白い。」（同書〈284〉）

2 科挙及第・官僚の道・投獄

中国には過去「科挙」と呼ばれる官吏登用試験があった。隋の時代に始まり、唐・宋と内容は変わっていったが、王陽明は二度失敗して二十八才の時「進士」に及第し、中央政府に仕官することになった。

王陽明は王越という将軍の工事監督に派遣されたが、労務者に対する指揮命令の仕方が、名将軍が軍隊を指揮するように際立っていたことから名を上げた。

ところが中国では政治家や官僚は、時の権力者とか政局の動向によって大きく左右される。王陽明も例外ではなかった。

当時はびこっていた宦官《かんがん》政治の下で、権力を握っていたのが宦官の劉瑾《きん》。彼は自分を弾劾した役人を厳

罰に処した。王陽明は硬骨漢である。安岡先生によれば、

「これに憤慨した陽明が直ちに反論を行なう。そこで今度は陽明が劉瑾に睨まれて、明の秘密警察である錦衣衛《きんいえい》〈ゲーペーウーのような秘密特務機関〉に捕まってとうとう投獄された。彼の役人生活の振出しに、もう投獄という悪運が待っておりました。その結果、殺されることは免れたが、貴州の龍場《りゅうじょう》というところへ流された。」（同書〈287〜288〉）

その龍場はどういう所かというと、貴州の本当の蛮地であった。そもそも貴州そのものが蛮地であるうえに、龍場はさらにその西北に位置する中国でも未開の土地であった。人種も違う。言葉も違う。生活環境は劣悪。驚くべきことに王陽明は、その地で現地の人々と共に生活を始めたのである。

「龍場というと、貴州の西北の本当の蛮地で、もとより言語などは通じない。大抵が穴居している本当の蛮人部落で、陽明はそこの駅丞《えきじょう》（宿場役人のようなもの）として、野獣と変わらぬ土民と惨憺たる雑居生活を始めた。」（同書〈288〉）

王陽明は王越将軍の墓を造営していた際、落馬して胸を打った。安岡先生は

「そこから陽明一生の病が始まる。常に熱があったり咳が出たというから、おそらく肺結核でありましょう。」（同書〈287〉）

と記されている。とすれば蛮地での生活は王陽明の体に想像を絶する苦痛を与えたに相違ないのである。体力的にも精神的にもまいってしまうのが普通である。ところが、王陽明は快活に振舞い、従者をなぐさめたり介抱したりしたとのことである。

3　命懸けの思索

この龍場流謫が、王陽明の学問上画期的な出来事の幕開けとなる。

「そして、そこで彼は非常な学問修業をした。徹底的な思索というか、命懸けの思索をした。このことが陽明を大成させた第一関門である。」（同書〈288〉）

思索だけでなく坐禅にも取り組んだ。

「その間に彼は非常な工夫をして、石槨の中で座禅をして命懸けの思索工夫をしたと伝えられています。」（同書〈289〉）

「石槨」「工夫」「命懸け」という言葉が大切である。

安岡先生は『禅と陽明学』上巻の中で、五祖弘忍頃までの禅者はほとんどが深山巖藪の間で生活した、と指摘されている。

王陽明は「石槨」の中で坐禅をした。石槨とは、墓室内で棺を納める石造施設である。深山、巖藪より遥かに厳しい環境と云える。肺結核であればまさに命懸けの坐禅となる。

坐禅は漫然と坐っていては悟りは開けない、命懸けの工夫が求められる。王陽明は禅者に勝るとも劣らぬ坐禅を自ら実践した。

4　悟道・開眼

王陽明の「良知」はこのようにして得られた。そして良知に致った（致良知）。安岡先生はこれを次のように記している。

「岩壁の洞穴みたいなところに潜り込んで、そこで座禅瞑想をやったに相違ない。それならよく分る。

そのようにして瞑想を始めて、一日霊感を得て、今の『良知《りょうち》』『致良知《ちりょうち》』を悟った。これは近代的に言うならば、大脳皮質の論理的思索から始めて生命、意識の偉大なる深層に徹したというものだ。

これが陽明先生の悟道の第一番の開眼であります。それに伴って『知行合一』という彼の自覚と提唱が始まる。」（同書〈289〉）

劇的・感動的な場面です。禅者も命懸けの修行から「悟道・開眼」に到達する。王陽明も禅者と同じように、臨場体験から悟りを開いた。眼《まなこ》を開いた。安岡先生によると

「この頃の陽明の記録を読むと、実に気魄と情熱が躍動しています。やはり人間は艱難辛苦の中から打成しなければならない。安逸と享楽の中からは本当のものは生まれないということをしみじみ感じます。」（同書〈290〜291〉）

私がこの記述を読んで感銘を受けたのは、王陽明が、尋常でない艱難辛苦の中にあって、気魄と情熱に溢れていたことである。

たとえ歴代の高僧であっても、このような艱難辛苦に堪え得た人物は数少ないといって良いであろう。

先生はこれに続いて王陽明の知行合一の学問を

「全生命を打ち込む学問」

とされている。

「陽明先生の学問のまた別の特徴は、そういう地位や資格を得るための受験勉強あるいは単なる知識のための知識、あるいは遊戯の文芸といったものではなくて、今のような全身全霊を打ち込むところの『生《せい》の学問』『心身の学問』であるということです。身と心、これは心身一如でありますから『心身の学問』『生《せい》の学問』であり、良知、致良知、知行合一の学問であります。」（同書〈291〉）

その全生命を打ち込むとは、王陽明自身の言葉を借りれば

「一摑一掌血」（ガッと一度摑んだら一生血の手形が付くぐらい摑め）
「一棒一条痕」（びしっと一本打ち込んだら一生消えない、死に傷の残るほどに打ち込め）

である。王陽明の悟道・開眼・良知・致良知には、かくの如き凄味がある。
世で云う、悟り、知識とは全くレベルが違う。

5　一点滴骨血

驚くべきことに、王陽明の学風を示す更に激しい言葉がある。

「わがこの良知の二字は実に千古世世。相伝の一点滴骨血なり」

「滴骨血」。私はこの言葉を『禅と陽明学』の中で初めて知った。

「これが自分の本当の親たちの墓であるかどうかということを調べるのには、その墓に埋まっている骨に自分の血を一滴落とす。これが『滴骨血』。骨に血を滴らせる。すると、それが本当の身内の骨であったら、自分が一滴落とす血液をようく吸収する。ところが他人の骨だったら、それは反発する。そういう俗信、信念、風習がある。これはちょっと凄いですね。」（同書〈297〉）

「滴骨血」。骨に血を滴らせる。ぞっとするような凄まじい言葉です。

王陽明はこれが自分の学問だと言っている。

「陽明は、自分の学問はこれだという。自分の学問は、永遠の昔から、即ち代々世々の聖賢、哲人の心血を骨に染ませてきたものであるという。これは自分の単なる思いつきではなくて、千古世世、聖賢たちがその心血を滴《したた》らせてくれた。これをわが骨が吸収してきているものだ。その俺の血をおまえたちの骨に落としてやるのだ、と陽明は言う。」（同書〈297〉）

王陽明自らの学問に対する自負心は生半可ではない。実に堂々としている。聞く者をして感動させる。

安岡先生はこの王陽明の学風を

「心霊の躍動する学風」（同書〈297〉）

と表現されている。それは命懸けの坐禅、思索工夫から得られたものである。徒らに苟安を貪る者には及びもつかないものである。

第八節　天地萬物一体論

1　気韻溢るる書

「天地萬物一体論」は、王陽明が聶文蔚《じょうぶんい》という人の手紙に対する返書として書かれたもので『伝習録』に収録されている。

王陽明はこの手紙の中で聶文蔚に次のように告げている。

その思・孟・周・程、意なくして千載《せんざい》の下《もと》に相遭《あいあ》わば、その尽《ことごと》く天下に信ぜられんよりは、真に一人に信ぜらるるに若《し》かじ。道は固《もと》より自在、学も亦《ま》た自在。天下これを信ずるも多しと為《な》さず、一人こ一れを信ずるも少しと為《な》さずと謂《い》う。

これは夙に名言として世に知られているが、思とは孔子の孫の子思、孟は孟子、周は周茂叔、程は程明道、程伊川。王陽明はこれらの聖人と同じく、独立不羈の道を歩んでいる。

「天下これを信ずるも多しと為さず」
「一人これを信ずるも少しと為さず」

実に堂々とした気品の高い文章である。安岡先生はこれを

「気韻溢るる書」

と評されている。気韻とは気品が生き生きと感じられること。先生でなければ出てこない表現であろうが、全く感を同じくする。

王陽明のこの気概は「良知」「致良知」と同じく龍場流謫での石槨の中での座禅と命懸けの思索工夫から生まれたものではないだろうか。

「道は固より自在、学も亦た自在」。これは真の自由人の境地、真の禅者の境地である。

2　天地萬物と吾は一体

次の文章も格調高い。

それ人は天地の心にして、天地萬物は本吾《もとわ》が一体の者なり。生民の困苦荼毒《とどく》は、孰《いずれ》か疾痛の吾が身に切なる者にあらざらんや。吾の身の疾痛を知らざるは、是非の心なき者なり。是非の心は、慮《おもんばか》らずして知り、学ばずして能《よ》くす。所謂良知《いわゆるりょうち》なり。良知の人心に在《あ》るは、聖愚を間《へだ》つるなく、天下古今の同じき所なり。世の君子、ただその良知を致すを務むれば、則《すなわ》ち自《みずか》ら能《よ》く是非を公《おおやけ》にし、好悪を同じくし、人を視ることなお己のごとく、国を視ることなお家のごとくにして、天地萬物を以て一体となす。天下の治まることなきを求むるも、得べからざるなり。（同書〈317〉）

「それ人は天地の心にして、天地萬物は元吾《もとわ》が一体の者なり。」

これを会得するのが、人間の良知であるという。とすれば、禅の悟りも良知と同じである。多くの禅者はこう言うであろう。禅は体験である。良知は知識である。だから禅と陽明学とは違うと。

私は禅修行者であるが、これについては敢えて意見を述べておきたい。王陽明の得た良知は体験である。龍場流謫での石槨の中での座禅、命懸けの思索工夫という言語を絶する厳しい環境下での体験である。禅者に勝るとも劣らぬ体験である。王陽明はそこから悟道・開眼した。天地の心も人の心も一体であることを体得した。王陽明の天地萬物一体は禅体験と同じである。それ故に

「生民の困苦荼毒《こんくとどく》は、孰《いずれ》か疾痛の吾が身に切なる者にあらざんや。吾の身の疾痛を知らざるは、是非の心なき者なり。」

と生民の困苦荼毒に想いを寄せることができる。

天地萬物は本吾が一体の者であるから、民衆の苦しみ、悩みは自分の苦しみ、悩みである。

王陽明が蛮地の土民とともに生活出来たのも、行政官として民衆の苦しみ、悩みに心を馳せることが出来たのも、王陽明の開眼・悟道に因るものである。

良知を理解する上で大切なところは次の言葉である。

「是非の心は、慮《おもんばか》らずして知り、学ばずして能くす。所謂良知なり。」

是非の心は、考えなくても分かり、学問をしなくても分かる。元来、人に備わっているものである。これが「良知」だ。

禅においても、「仏心」は考えなくても分かり、学問をしなくても分かる。元来、人に備わっているものである。

一般には良知というと、何か高尚な知識・知恵のように考え、あれこれと思いを巡らす。しかしながら

良知は人に自然に備わっているものであるから詮索する必要はないのである。

さらに「良知の人心に在《あ》るは、聖愚を間《へだ》つるなく、天下古今の同じき所なり」と。

つまり良知が人の心にあるのは、聖人とか愚人の別なく、天下古今に通じているところである。万人に共通している。

そこで世の君子が良知を致せば、つまり良知をもってすれば、「人を視ることなお己のごとく、国を視ることなお家のごとくにして」自然に天下は治まるのである。

修身斉家治国平天下につながる。

次の文章には良知を致して天下が収まった事例が示されている。「良知を致して」「良知の同じきがためなり」というところに着目して欲しい。

古《いにしえ》の人、能《よ》く善を見ては啻《ただ》に己より出《い》づるが若《ごと》きのみならず、悪を見ては啻《ただ》に己に入るが若《ごと》きのみならず、民の飢溺を視ることなお己が飢溺するがごとく、一夫《いっぷ》も獲《え》ざれば、己推して諸《これ》を溝中に納《い》るるが若《ごと》き所以《ゆえん》の者は、故らにこれをなして、以て天下の己を信ぜんことを蘄《もと》むるにあらざるなり。その良知を致して自慊《じけん》を求むるを務むるのみ。堯・舜・三王の聖の、言いて民信ぜざる莫《な》きは、その良知を致してこれを言えばなり。行のうて民説《よろこ》ばざる莫《な》きは、その良知を致してこれを行なえばなり。これを以てその民熙熙皥皥《ききこうこう》として、これを殺すも怨みず、これを利するも庸《いさお》とせず、施《ひ》いて蛮貊《ばんぱく》に及び、凡そ血気ある者、尊親せざる莫《な》きは、その良知の同じきがためなり。ああ、聖人の天下を治むる、

―何ぞそれ簡にしてかつ易なるや。〈同書〈324～325〉〉

堯・舜や夏・殷《いん》・周三代の聖王の言葉に対して信じない人民がいなかったのは、良知を致してこれを行ったからである。

堯・舜・三王の行を楽ばない人民がいなかったのは、良知を致してこれを行ったからである。

又、蛮貊（文明人でない野蛮な人間）、あるいは血気のある者でも尊親しない者がいなかったのは、彼らも良知を同じくするためであり、聖人が良知を致して彼らを治めたからである。

更に王陽明は次のように記している。

―「僕誠《まこと》に天の霊に頼《よ》って、たまたま良知の学に見るあり。以為《おも》えらく、必ずこれによって而る後、天下得て治むべしと。」

王陽明自身は「天の霊」によって良知の学に見《まみ》えたというのである。禅の悟りにも「天の霊」とも云うべきものがある。実に興趣を淩られる言葉である。そして良知の学によって天下を治むべしと勧めている。

3　天地萬物一体の仁

王陽明は孔子の仁を「天地萬物一体の仁」としている。解説抜きで記す。

然而《しか》れども夫子《ふうし》の汲汲遑遑《きゅうきゅうこうこう》として、亡子を道路に求むるが若《ごと》く、席を煖《あたた》むるに暇あらざりしは、寧《いずくん》ぞ以て人の我を知り我を信ぜんことを蘄《もと》むるのみならんや。蓋《けだ》しその天地萬物一体の仁、疾痛迫切にして、これを已《や》めんと欲すと雖《いえど》も、自《おのずか》ら已《や》む容《べ》からざる所あればなり。故にその言に曰く、吾この人の徒《と》と与《とも》にするにあらずして誰と与《とも》にかせん、その身を潔《いさぎよ》くせんと欲して大倫を乱る、果《か》なるかな、これ難《がた》きこと末《な》しと。ああ、これ誠に天地萬物を以て一体となす者にあらずんば、孰《たれ》か能《よ》く以て夫子《ふうし》の心を知らんや。その世を遯《のが》れて悶《もだ》ゆるなく、天を楽しんで命《めい》を知る者の若《ごと》きは、則ち固《もと》より入るとして自得せざるなく、道並び行なわれて相悖《あいもと》らざるなり。（同書〈344～345〉）

4　良知の学を知らしめる

王陽明は良知の学を天下に知らしめ、豪傑同志の士を募ろうとする熱い情熱をもっていた。

僕の不肖なる、何ぞ敢えて夫子《ふうし》の道を以て己が任となさんや。顧《おも》うにその心亦《ま》た已《すで》にやや疾痛の身に在《あ》るを知る。ここを以て彷徨四顧し、将《まさ》にその我を助くるある者を求め、相与《あいとも》に講じてその病を去らんとするのみ。今誠《まこと》に豪傑同志の士を得て、扶持匡翼《ふじきょうよく》し、共に良知の学を天下に明らかにし、天下の人をしてみな自らその良知を致すを知らしめ、以て相《あい》安んじ相《あい》養い、その自私自利の蔽《へい》を去り、讒妒《ざんと》勝忿《しょうふん》の習を一洗し、以て大同を済《な》せば、則ち僕の狂病は固《もと》より将《まさ》に脱然として以て癒《い》え、終《つい》に心を喪《うしな》うの患いを免れんとす。（同書〈349～350〉）

しかしながら王陽明は手紙の最後に心情を

「咳疾暑毒、書札絶《はなは》だ懶《ものう》し」

と記している。彼は肺結核を患っていたから咳が出る。南方の猛暑が体を蝕む。手紙を書くのも億劫になる。

その状況を想像するだけで誰れしも心が痛む。

安岡先生は「天地萬物一体論」を次のように締めくくられている。

「実に立派な手紙です。この長い手紙の何ともいえぬ情熱と見識と、そして情味、変化、まことに生き生きとして、かつ深刻で、血が通っているというか、感激が漲《みなぎ》っているというか、古今の名文である。千載《せんざい》の後になお躍々として我われの身に迫る熱血が漂っている。いつ読んでも体が熱くなる、心が高められる傑作である。」（同書〈358〉）

「陽明の子弟朋友にはこういう精神、こういう感激、道情――道の情味というものが実に躍躍としてあ

る。これらは確かに陽明学、陽明学派の特徴と言ってよい。」（同書〈358〜359〉）

「人間にはこういう感激の心というものがあって、これが人間の本来持っているもの、良知である。賢は賢なりに、愚は愚なりに、鈍は鈍なりに、敏は敏なりに、この感激の心・情熱というものを持っている、感激的精神、その情熱というものがその人間を活かすのであって、これがないと太陽のない草木みたいなもので、ものにならない。」（同書〈359〉）

陽明学とか安岡正篤先生を誤解している人が多くないであろうか。これらの文を読めば誤解も解けるはずである。

第九節　抜本塞源論

1　「顧東橋に答うる書」

安岡先生によれば「抜本塞源論」は、王陽明が五十四歳、晩年の最も円熟した時に書いた作品で、「顧東橋に答うる書」のことである。

顧東橋は蘇州の篤学の士で、王陽明が彼に答えた手紙である。先生はこの中に大変いい言葉があるとされている。

「近時学ぶ者、学者は外を務めて内を忘る。広く知りて要少なし」

そのために世の中が俗化し、学問、教育、政治が通俗的、功利的になり堕落していた。

これを直すにはどうすればよいのか。

時弊の本（根）を抜き、源（本源）を塞がなければならない、枝葉末節にこだわっては駄目だ、王陽明はそういう問題意識から「抜本塞源論」を書いた。

2 心体の同然に復る

それ聖人の心は、天地萬物を以て一体となす。その天下の人を視ること、外内遠近となく、凡《およ》そ血気あるものは、みなその昆弟赤子《こんていせきし》の親《しん》とし、安全してこれを教養し、以てその萬物一体の念を遂げんと欲せざる莫《な》し。天下の人の心も、その始めは亦た聖人に異なることあるにあらざるなり。ただその有我の私に間《へだ》てられ、物欲の蔽《へい》に隔てられ、大なる者も以て小に、通ずる者も以て塞がり、人おのおのの心あり、その父子兄弟を視《み》ること仇讐のごとき者あるに至る。聖人これを憂うるあり、ここを以てその天地萬物一体の仁を推《お》し、以て天下を教え、これをしてみな以てその私に克《か》ち、その蔽を去り、以てその心体の同然に復《かえ》るあらしむ。（同書〈370～371〉）

「天地萬物一体論」に続き再び
「天地萬物を以て一体となす」

とある。即ち根本は良知にある。従って天下の人の心も聖人の心と異なっていない。聖人も俗人も賢人も凡人も皆同じである。

ところが天下の人の心は次第に聖人の心と離れていってしまう。何故か。それが「抜本塞源論」に説かれている。

「ただその有我の私に間てられ、物欲の蔽に隔てられる」

からである。人間は赤子の時は自分というものがない。我がない。無心、無我だ。ところが成長するに伴って自分という意識が出てくる。我が出てくる。そうすると欲望が生まれる。物欲、金銭欲、名誉欲、権力欲と限りがない。人間の自己本来の性、即ち自性が貪嗔痴によって曇ってしまい私欲に支配されてしまうのである。そうすると

「大なる者も以て小に、通ずる者も以て塞がり、人おのおの心ありて、その父子兄弟を視ること仇讐のごとき者あるに至る。」

大人も小人になり、相通じている者同士も通じなくなり、人それぞれの心が別々になり、父子兄弟がお互い敵視するようになる。

今の時代は隔てられるどころではない。父子兄弟、親子が争って仇讐のごときになる。

こういう状況になると、昔は聖人・君子がこれを憂え、「天地萬物一体の仁」を推して、天下の人々に教

えを説いた。これによって人々が皆、自我を捨て、私欲を抑えて本来の自己に戻るよう導いたのである。

安岡先生は、「聖人これを憂うるあり」について『孟子』の滕文公上篇を引用されている。

「人の道あるや、飽食煖衣《だんい》、逸居して教えなければ、則《すなわ》ち禽獣に近し。聖人これを憂うるあり、契《せつ》をして司徒たらしめ、教うるに人倫を以てす。父子親《しん》あり、君臣義《ぎ》あり、夫婦別《べつ》あり、長幼序《じょ》あり、朋友信《しん》あり。」（同書〈375〉）

父子親あり、君臣義あり、夫婦別あり、長幼序あり、朋友信あり。これは人の道であり、人倫である。天地萬物一体の仁である。

先生は、この人間の心体の最も根源的なものに返らせるというのが聖人の教えである、と説かれている。

3　唐虞三代の世

聖人の教えは再度繰り返される。如何に大切かということである。

その教えの大端は、則《すなわ》ち堯《ぎょう》・舜《しゅん》・禹《う》の相授《あい》受せる、所謂《いわゆる》、道心惟《こ》れ微《び》、惟《こ》れ精惟《こ》れ一、允《まこと》に厥《そ》の中《ちゅう》を執《と》ることにして、その節目は則《すなわ》ち舜の契《せつ》に命ぜる、所謂《いわゆる》、父子親《しん》あり、君臣義《ぎ》あり、夫婦別《べつ》あり、長幼序《じょ》あり、朋友信《しん》あるの五者のみ。唐虞《とうぐ》三代の世、教うる者はただこれを以て教えとなし、学ぶ者はただこれを以て学となす。この時に当たっては、人に異見なく、家に異習なし。これに安ずる者これを聖と謂《い》い、これを勉むる者これを賢と謂《い》う。而してこれに背く者はその啓明なること朱のごとしと雖《いえど》も、亦《ま》たこれを不肖と謂《い》う。下、閭井《りょせい》田野・農工商賈《こ》の賤に至るまで、みなこの学あらざる莫《な》く、而してただその徳行を成すを以て務めとなす。何となれば、聞見の雑、記誦《きしょう》の煩《はん》、辞章の靡濫《びらん》、功利の馳逐《ちちく》あることなく、ただこれをしてその親に孝に、その長に弟《てい》に、その朋友に信にして、以てその心体の同然に復《かえ》らしむればなり。それ蓋《けだ》し性分の固有する所にして、外に仮ることある者にあらざれば、則《すなわ》ち人亦《ま》た孰《いずれ》かこれを能《よく》せざらんや。（同書〈376〉）

その聖人の教えのもととなったのが、堯・舜・禹が相受け継いできた「人心惟れ危うく、道心惟れ微、惟れ精惟れ一、允に厥の中を執ることにして」という『中庸』の言葉である。

人心は自己中心的、利己的である。実に危うい。この人心を省みてこれではいけないと抑制する働きが道心である。ところが道心は微かでなかなか力を得ない。そこで執着、欲望をいかにして純化・統一してゆくかが大切で、それが「惟れ精惟れ一」である。精とは精錬、即ち純化し高めていくこと、しかし純化するだけでは駄目で、統一することが大切である。安岡先生は、次のように示されている。

「しかし、いくら純化しても、そこに統一がなければ支離滅裂で用をなさない。精は同時に一でなければならない。それが『中《ちゅう》』で、中というのは限りなき矛盾の統一、進歩であります。」（同書〈377〉）

先生は、ここで持論である「中」の弁証法的意味を説かれている。純化から統一へ、精から一へ、これが「中」である。弁証法的に云えば、テーゼ、アンティテーゼからジンテーゼへ、さらにそのジンテーゼ、に対するアンティテーゼからさらなるジタントジンテーゼへ進んでいく。絶えざる造化である。これも安岡先生の持論である。

その教えは、舜が契に命じたもので

「父子親あり、君臣義あり、夫婦別あり、長幼序あり、朋友信あり」

の五つに集約出来る。

唐虞三代の世にあっては、教える者はただこれだけを教え、学ぶ者はただこれだけを学んでいた。この時代、人によって異る意見はなく、家によって異る風習はなかった。

「これに安ずる者これを聖と謂い、これを勉むる者これを賢と謂う」

聖人、賢人は勿論のこと、村や町、農工商の身分の賤しい者に至るまでこの教えを身につけ、その徳行を成すことを自分の努めとしていたのである。

何となれば、当時は、見ること聞くこと雑駁を極めることもなく、暗記・暗誦をする煩わしさもなく、文化の頽廃もなく、功利・功名を争うこともなかったから、ただ親に孝に、長に小弟に、朋友に信にして、人々は「心体の同然に復らしめる」ことが出来たのである。

翻って時代（王陽明の時代）に目を向けると、「聞見の雑」「記誦の煩」、「辞章の靡濫《びらん》」、「功利の馳逐」

は甚だしい。今こそ一人一人の「心体の同然に復る」必要がある。
繰り返すが「心体の同然に復る」とは、禅では

自己本来の面目
真実の自己
自性

を自覚することである。自己本来の面目（真実の自己、自性）は人間の本質であり、元々自分に備わっているものである。外から借りてくる必要はないから誰れでも自覚出来ないことはないのである。聖人の教えも同じである。

4　天下の人、熙熙《きき》皞皞

この時に当たっては、天下の人熙熙皞皞《ききこうこう》として、みな相視《あいみ》ること一家の親《しん》のごとし。その才質の下る者は、則ちその農工商賈《こ》の分に安じて、おのおのその業を勤め、以て相《あい》生じ相《あい》養いて、高きを希《ねが》い外を慕うの心あるなし。その才能の異なる、皐《こう》・夔《き》・稷《しょく》・契《せつ》のごとき者は、則ち出でておのおのその能を効《いた》すこと、一家の務めのごとし。或いはその衣食を営み、或いはその有無を通じ、或いはその器用を備え、謀を集め力を并《あわ》せ、以てその仰事俯育の願いを遂げんことを求めて、ただその事に当たる

者の或いは怠って、己の累《るい》を重ねんことを恐るるのみなり。故に稷《しょく》はその稼《か》を勤めて、その教えを知らざるを恥じず、契《せつ》の善《よ》く教うるを視ること、即ち己の善く教うるがごときなり。夔《き》はその楽を司《つかさど》って、礼に明らかならざるを恥じず、夷の礼に通ずるを視ること、即ち己の礼に通ずるがごときなり。蓋《けだ》しその心学純明にして、以てその萬物一体の仁を全《まっと》うするあり、故にその精神流貫し、志気通達して、人己の分、物我の間あることなければなり。（同書〈384〉）

この時代には人々は熙熙（晴れ晴れとし）皥皥（ゆったり）としていて、皆お互いに一家のようなものであり、才能が劣っている者でも農工商の分に満足してそれぞれの仕事に励み、助け合ったのである。高きを望んで他を羨むことはなかった。

才能ある人物はそれぞれの能力を発揮して事に当った。ある者は衣食を作る、ある者は物資の交易、ある者は道具の製作という具合に、皆が智慧を集め力を合わせて、仰いでは父母に事え、俯しては妻子を養う精神で働いた。人々はそれぞれの本分を全うした上で、他人の才能を自分のものとして見ることが出来たのである。というのも、人々の心の学問が純一・無雑であり、彼らは「萬物一体の仁」（萬物を一体と見る仁心）を全うした。その仁の心は世の中全体に行き渡り、志気通達し、他人と自分、物と自分の分け隔てがない純粋なものであった。

こうして見ると、「天下の人熙熙皥皥」の意味が実によく理解できる。今の時代、一つの国であるいは一つの地域社会・共同体で少しでもこれに近い世界が実現出来れば、と願うのは私一人ではないと思う。

5　聖人の学は至易至簡

これを一人《いちにん》の身《み》に譬《たと》うれば、目は視、耳は聴き、手は持ち、足は行き、以て一身の用を済《な》すがごとし。目はその聡《きく》なきを恥じずして、耳の渉《わた》る所は、目必ず営む。足はその執《と》ることなきを恥じずして、手の探る所は、足必ず前《すす》む。蓋《けだ》しその元気充周し、血脈条暢《じょうちょう》す。ここを以て痒痾《ようあ》呼吸、感触神応し、言わずして喩《さと》るの妙あり。これ聖人の学の、至易至簡にして、知り易く従い易く、学んで能《よ》くし易く才の成り易き所以《ゆえん》の者にして、正に大端はただ心体の同然に復《かえ》るに在《あ》って、知識技能の与《あずか》り論ずる所にあらざるを以てなり。（同書〈388〉）

「天地萬物を以て一体となす」
「心体の同然に復《かえ》る」
「萬物一体の仁を全《まっと》うする」

これは聖人の学問である。従って一般の人にとっては非常に難解な学問のように思われる。ところが王陽明は、これを人の身に譬えて

「聖人の学は至易至簡」

と断言している。

人は目で物を見、耳で音声を聞き、手で物を持ち、足で道を歩く。いずれもそれぞれ体の働きをなしている。目は音声を聞けないことを恥とせず、耳の向うところに必ず応じている。足は物を持てないことを恥とせず、手の探るところに必ず進んでいる。

一心同体、まさに気力充実し、血液がよく体内を巡って、痛みも痒みも、呼吸もすべて感応道交する。口にしなくても悟れるのである。

これが聖人の学である。見る、聞く、持つ、歩くということは、至って知り易く、行い易く、至って簡単なことである。学ぶのも容易で、実現するのも容易である。

何故かと云うと、それは本来の自分の心、自分の体に復るということであって、知識・技能の問題ではないからである。

こういう説明をしてもまだ理屈っぽい。しかし人間は、無意識に物を見、聞き、臭いを嗅ぎ、味わい、手を動かし、足で歩いているではないか。気が充満し、血液は体内を巡っているではないか。学ばなくても知識がなくても、心が体が自然に動いている。熙熙皞皞としている。これが心体の同然に復るということである。

〈臨済録〉　ここで想い起こすのは『臨済録』である。

― 道流《どうる》、心法無形《しんぽうむぎょう》、十方に通貫《つうかん》す。眼《まなこ》に在《あ》っては見《けん》と曰《い》い、耳《みみ》に在っては聞《もん》と曰い、鼻に在っては香《か》を齅《か》

——ぎ、口に在っては談論《だんろん》し、手に在っては執捉《しつぞく》し、足に在っては運奔《うんぽん》す。本是れ一精明《いちせいめい》、分れて六和合《ろくわごう》と為《な》る。

臨済は修行僧に向かって、君達は、眼で見、耳で聞き、鼻で香りを嗅ぎ、口で話し、手で摑み、足で歩いてるではないか、と言っている。王陽明の言っているところと全く同じである。

〈六祖慧能〉もう一つの事例を挙げると、禅宗の六祖慧能についての安岡先生の見解である。

——慧能が懇々として教えている一つの大事な要点は、佛というものは決して人間を超越した存在ではないということです。

——佛というものは、自身、吾というもの、心というもの、衆生というものを離れては決して存在しない。もし佛を求れば、まず吾、心、現実、衆生というものに徹しなければならない。

これも王陽明の説くところに通じている。聖人も禅者も説くところは同じである。

6　聖学の衰え・功利主義の蔓延

ここから王陽明の嘆きが始まる。

――三代の衰うるや、王道熄《や》んで覇《は》術盛《さかん》なり、孔・孟既に没し、聖学晦《くら》くして邪説横《ほしいまま》なり、…覇者の徒は、竊《ひそか》に先王の近似の者を取り、これを外に仮りて以て内にその私己の欲を済《な》し…（同書〈390〉）

三代（夏・殷・周）が衰えると、王道が熄《や》んで覇道が盛んになった。孔・孟が没すると、聖学が明らかでなくなって邪説が横行するようになった。

覇者の連中は、先王まがいのことをひそかに行って外面を飾り、内には私欲をなしている。

――世の儒者、慨然として悲傷し、先聖王の典章法制を蒐猟して、煨燼《わいじん》の餘に掇拾《てつしゅう》修補す。

世の儒者はこの状態を嘆き悲しんで、昔の聖王の典籍・法律を集め、戦火や焚書によって灰燼と帰した残滓を取り出して補修を行っている。

――ここにおいてか、訓詁《くんこ》の学ありて、これを伝えて以て名となし、記誦《きしょう》の学あり、これを言って以て博

となし、詞章の学あり、これを侈《おご》って以て麗となす。（同書〈394～395〉）

ここにおいて経の解釈をする学問が出てそれを伝える人は名士とされ、古文を記憶・暗誦する学問が出てこれを語る人は博学とされ、詩歌を作る詞章の学が出てこれを作る人は美文家とされた。

聖人の学は、日に遠く日に晦《くら》くして、功利の習いは、いよいよ趨《はし》り、いよいよ下り、その間佛老に瞽惑《こわく》すと雖《いえど》も、佛老の説も卒《つい》に亦《ま》た未だ以てその功利の心に勝つことある能わず。また嘗《かつ》て羣儒《ぐんじゅ》に折衷すと雖《いえど》も、羣儒の論も終《つい》に亦《ま》た未だ以てその功利の見を破ることある能《あた》わず。蓋し今に至っては、功利の毒、人の心髄に淪浹《りんしょう》して、習いの以て性となること幾《ほとん》ど千年なり。（同書〈400〉）

かくして聖人の学問は、日に日に遠くなり明らかでなくなって、功利を追求する風潮がいよいよ盛んになって水準も低下してきた。その間、佛教も老荘思想も功利の心に打ち勝つことは出来ず、儒学も功利的見解を打破することは出来なかった。

今に至っては、功利主義の毒は、人々の心髄にまで沁み込み、その風習が本性となってしまったこと、ほとんど千年にもなるのである。

ここに引用したような聖人の学問が衰え、功利主義が漫延するようになった歴史の過程については、安岡先生も『禅と陽明学』を通じて詳述されている。聖学の衰えと功利主義の蔓延に対する王陽明の嘆きは、安岡先生の嘆きでもある。先生の面目躍如たるものがある。

7　出でよ‼　猶興の人物

いよいよ「抜本塞源論」も最後である。

ああ、かくのごときの積染を以てし、かくのごときの心志を以てして、而もまた、これを講ずるにかくのごときの学術を以てせば、宜《う》べなるかな、その吾が聖人の教えを聞いて、これを視て以て贅疣枘《ぜいゆうぜい》鑿《さく》となすことや。則《すなわ》ちその良知を以て未だ足らずとなし、聖人の学を謂《い》いて用うる所なしとなすも、亦《ま》たその勢いの必ず至る所あるなり。ああ、士斯《か》かる世に生まれて、而もなお何を以て聖人の学を求めんとするや。なお何を以て聖人の学を論ぜんとするや。士斯《か》かる世に生まれて、而も以て学をなさんと欲する者は、亦《ま》た苦労にして繁難ならずや。亦《ま》た拘滞《こうたい》にして険艱《けんかん》ならずや。ああ、悲しむべきのみ。幸いとする所は、天理の人心に在《あ》るや、終《つい》に泯《ほろぼ》すべからざる所ありて、良知の明らかなること、萬古一日なれば、則ちそれ吾が抜本塞源《そくげん》の論を聞けば、必ず惻《そく》然として悲しみ、戚《せき》然として痛み、憤然として起ち、沛《はい》然として江河を決するが若《ごと》くにして禦《ふせ》ぐべからざる所ある者あらん。かの豪傑の士の、待つ所なくして興起する者にあらずんば、吾誰と与《とも》にか望まんや。（同書〈405～406〉）

実に格調の高い文である。情熱をかき立てられる文である。私が解説するより安岡先生の訳をそのまま引用する方が王陽明の真情をよく伝えることが出来るであろう。

「ああ、このような長年積み重ねて来た悪習と、このような下劣な精神の上に、さらにこのような俗悪の学術である以上、私の言う聖人の教えを聞いても、現代には無用のものであると考えるのは、無理ならぬことである。そして良知だけでは不十分だとか、聖人の学問は役に立たないとか言うのも、そうなるべき必然の勢いであるとしなければならない。」

「ああ、かような悪い時代に生まれて、なおどうして聖人の学を求めようか。なおどうして聖人の学を論じようか。このような時代に生まれて真の学問をしようとするのは、苦労で困難なことではないか。差し障りが多くて危険なことではないか。まことに悲しいことである。」

「しかし幸いなことに、天理は人の心中にあって永久になくすることができないし、良知の明は萬古一日のごとく変わることがない。私のこの抜本塞源論を聞けば、必ずや感激して、悲しみ、痛み、憤起して、堤防を決して江水の奔流するごとく、これを防ぐことのできないような人物のあることを信じて疑わない。しかし、このようなことを期待できるのは、かの孟子の言う通り、全く他人に頼らずに、自己の独力で立ち上がる豪傑の士以外に、誰に望むことができようか」（同書〈408〉）

安岡先生は「抜本塞源論」の最後（ということは『禅と陽明学』の最後）を次のように結ばれている。

「王陽明は、この終わりが言いたかったんですね。この最後の『かの豪傑の士の、待つ所なくして興起する者云々《うんぬん》』、はこれは心ある人びとの常識になっている。『猶興《ゆうこう》〈なお興る〉』の出典である『孟子』尽心上篇に、『文王《ぶんのう》（周王朝の始祖）を待ちて興る者は凡民なり。』誰か偉い指導者がいて、それにくっついて、その褌《ふんどし》で相撲をとるなどというのは凡民です。『夫《か》の豪傑の士の若きは、文王無しと雖も猶興る。』本当の優れた人物というものは、文王なしと雖も猶興る。」（同書〈408〜409〉）

「猶興の人物」、これこそ安岡先生が正に登場を待望されていた人物像と云える。

安岡先生は「抜本塞源論」を

「王陽明が心血を傾けた。実に堂々たる名文であり名論である。」（同書〈409〉）

と締めくくられている。

あとがき

率直なところ今ほっとした、これで生涯をおえてもよい、という充実感に満たされている。

私には現在、二人の師匠がいる。

一人は臨済宗向嶽寺派管長の宮本大峰老大師。「禅」の師匠である。

もう一人は東洋思想の碩学として高名な安岡正篤先生。「心」の師である。先生には、東洋思想に関する多数の著作・論文がある。そこには、東洋の大きな精神の流れ、道脈、心脈が諄々と綴られていて、引用されている原典・資料・史実の厖大さには全く圧倒させられる。その中で、私が十数年来疑問に思っていることがある。それは、先生が仏教思想や仏典、禅の語録、更にはご自身の禅的境涯に頻繁に言及されているにも関わらず、仏教、或いは禅の立場から見た論文や本が全くないことである。

本著『安岡正篤先生と禅』は、仏教と禅という新しい視点から安岡教学を再構築しようとする試みである。もとより安岡正篤先生の著作は孔孟思想から老荘、易、宋学、陽明学、更には古代インドの宗教から釈迦仏教、中国並びに日本の仏教、禅など多岐にわたっており、語彙・文章も極めて難解である。そこに、網羅されている知識・情報を一冊の本に凝縮していくのは自分の能力を超えているように思えることもあった。

にも拘らず本書が完成したのには、諸資料の収集、事実の確認、間違いの訂正など、公益財団法人郷学研修所・安岡正篤記念館常務理事田中一三氏の一方ならぬご協力があったからである。資料の収集では公益財団法人地球・友の会理事宮内実千代様にもたいへんお世話になっている。

郷学研修所・安岡記念館の副理事長兼所長の荒井桂先生には、ご多忙の中身に余る推薦のお言葉を頂いている。

また、採算性から見てリスクの高い本の出版を快く引き受けて下さった株式会社明徳出版社の小林眞知子社長、本木秀長（経理）、向井徹（編集）の皆様に深甚な感謝の意を表する次第である。

最後に娘の信子は難解な文字ばかりの原稿をパソコンに打ち込み、出版社とのメールのやりとりを全てしてくれた。感謝

本書は、仏教学者或いは・禅の師家が書かれた仏教書・禅書とは全く性格が異なっている。あくまでも安岡教学の研究者として安岡正篤先生の仏教・禅に関する著作の内容を世に伝えることを目的として書かれたものである。従って先生のお言葉・文章をできる限り引用する形で紹介・解説、さらに私自身の所見も述べさせて頂いている。

なお、引用箇所についてはそれぞれ（　）内に書名、ページ数、著者名、出版社を記してある。

平成二十九年一月吉日

参考文献

『安岡正篤先生年譜』一九九七年、財団法人　郷学研修所・安岡正篤記念館
『経世瑣言』安岡正篤、一九九四年、致知出版社
『東洋の心』安岡正篤、一九八七年、黎明書房
『論語』中国の思想、第9巻、久米旺生訳、一九六五年、徳間書店
『伝習録』安岡正篤、一九七三年、明徳出版社
『童心残筆』安岡正篤、一九九二年、島津書房
『維摩経』佛典講座9、紀野一義、一九七一年、大蔵出版
『維摩経』武者小路実篤、一九五六年、角川文庫
『碧巖録提唱』朝比奈宗源、一九八〇年、山喜房佛書林
『碧巖録提唱』西片擔雪、二〇〇九年、耕文社
『漢詩讀本』安岡正篤、一九三六年、日本評論社
『夢中問答』現代語訳、中村文峰、二〇〇〇年、春秋社
『夢中問答集』川瀬一馬訳、二〇〇〇年、講談社学術文庫
『養心養生をたのしむ』(易と健康下)、安岡正篤、ディ・シー・エス

『身心の学』安岡正篤、二〇一二年、黎明書房
『臨済録』朝比奈宗源訳註、一九三五年、岩波文庫
『臨済宗衲観』伊藤古鑑、一九六三年、其中堂
『王陽明研究』安岡正篤、一九二二年、明徳出版社
『百朝集』安岡正篤、一九八七年、福村出版
『新編　百朝集』安岡正篤、一九九八年、関西師友協會
『一言芳談』日本教育文庫
『古人の目警と自述―一枚起請文、わが信心』一九四〇年、金雞学院　東洋思想研究所
『日蓮大聖人御書新集』日蓮、佐藤慈豊、一九二九年、日蓮大聖人御書新集刊行會
『我何人』安岡正明、二〇〇〇年、邑心文庫
『地蔵菩薩の研究』眞鍋廣濟、一九六〇年、三密堂書店
『日本精神の研究』安岡正篤、一九二四年、玄黄社
『東洋政治哲学』安岡正篤、一九八八年、関西師友協会
『日本精神通義』安岡正篤、一九九三年、黙出版
『典座教訓・赴粥飯法』道元、中村璋八・石川力山・中村信幸　一九九一年、講談社学術文庫
『道元禅師傳の研究』大久保道舟、一九五三年、岩波文庫
『道元』竹内道雄、一九六二年、吉川弘文館

『道元禅師清規』大久保道舟訳注、一九四一年、岩波文庫
『道元禅師語録』鏡島元隆、一九九〇年、講談社学術文庫
『道元「永平広録・上堂」選』大谷哲夫、二〇〇五年、講談社学術文庫
『法華経』如来神力品第二十一、坂本幸男、岩本裕訳注、一九六七年、岩波文庫
『禅家語録』Ⅱ、「永嘉証道歌」永嘉玄覚、世界古典文学全集　36B、一九七四年、筑摩書房
『光明藏』安岡正篤著　一九九二年　明徳出版社
『光明藏』安岡正篤編著、渡辺敏夫註訳、一九七七年、全國川薪会・徳島県師友協會
『安岡正篤　光明藏を読む』荒井桂、二〇一二年、致知出版社
『禅宗日課勤行集』編集者　梅津平洲、大八木興文堂
『禅宗日課聖典』河村昭三、二〇〇七年、貝葉書院
『修證義』道元、大本山永平寺
『禅　修証義講話』(上、下)、原田祖岳著作集、(三、四)、出口鉄城編　二〇〇五年、原書房
『無門関』西村恵信訳注、一九九四年、岩波文庫
『参学指帰』(研修清規、聞学起請文、三省語)
『東洋倫理概論』いかに生くべきか—安岡正篤、二〇〇〇年、致知出版社
『正法眼蔵随聞記』懐奘編、和辻哲郎校訂、一九二九年、岩波文庫
『壁生草』白隠禅師法語全集　第三集、芳澤勝弘訳注、一九九九年、禅文化研究所

『白隠和尚年譜』近世禅僧伝7、加藤正俊、一九八五年、思文閣出版
『耶律楚材』岩村忍、一九四二年、生活社
『耶律楚材文集』松崎光久、一九九八年、明徳出版社
『般若心経・金剛般若経』中村元・紀野一義訳註、一九六〇年、岩波文庫
『道元集』日本の思想2、編集　玉城康四郎、一九六九年、筑摩書房
『禅と陽明学』上、安岡正篤、一九九七年、プレジデント社
『禅と陽明学』下、安岡正篤、一九九九年、プレジデント社
『はじめてのインド哲学』立川武蔵、一九九二年、講談社現代新書
『臨済宗黄檗宗　宗学概論』、二〇一六年、臨済宗黄檗宗連合各派会議所、
『真言陀羅尼』坂内龍雄、一九八一年、平河出版社
『禅門陀羅尼の世界』野口善敬編著、二〇〇七年、耕文社
『無門関講話』紫山全慶、工藤智光編、一九七七年、創元社
『仏教』渡辺照宏、一九七四年、岩波新書
『仏教入門』三枝充悳、一九九〇年、岩波新書
『華厳経』(上巻)、江部鴨村訳、一九三四年、国書刊行会
『五灯会元』上巻、訓読・能仁晃道、二〇〇六年、禅文化研究所
『六祖壇経』中川孝、一九九五年、たちばな出版

『禅家語録　Ｉ』「六祖壇経」、世界古典文学全集36Ａ、西谷啓治、柳田聖山編、一九七二年、筑摩書房
『慧能』唐代の禅僧1、田中良昭、二〇〇七年、臨川書店
『神会』唐代の禅僧2、小川隆、二〇〇七年、臨川書店
『石頭』唐代の禅僧3、石井修道、二〇一三年、臨川書店
『趙州』唐代の禅僧6、沖本克己、二〇〇八年、臨川書店
『洞山』唐代の禅僧7、椎名宏雄、二〇一〇年、臨川書店
『支那思想及人物講話』「流離の間における天才蘇東坡」安岡正篤、一九二一年、玄黄社
『東洋思想研究』「蘇東坡の生涯と人格（一）（二）（三）（四）」
『禅林句集』柴山全慶編輯、一九七二年、其中堂
『易とはなにか』安岡正篤、二〇〇一年、ディ・シー・エス
『安岡正篤先生人間像』林繁之、一九九四年、黙出版
『金雞学院の風景』亀井俊郎、二〇〇三年、邑心文庫
『宰相の指導者　哲人安岡正篤の世界』神渡良平、二〇〇二年、講談社
『安岡正篤　人と思想』、一九九八年、致知出版社
『東洋的學風』安岡正篤、一九七〇年、全国師友協會

水野　隆徳（みずの　たかのり）

1940年、静岡県の臨済宗妙心寺派の寺に生まれる。東京大学卒業後、富士銀行入行。調査部ニューヨーク駐在シニアエコノミストを経て独立。

金融財政事情研究会ニューヨーク事務所所長、富士常葉大学学長、奈良学園理事等を歴任、現在（公益財団法人）郷学研修所・安岡正篤記念館理事。禅と安岡教学に基づいて人道・政道・経営道を説く「水野塾」を主宰。

1986年、白隠禅師ゆかりの松蔭寺の中島玄奘老師に弟子入り、2000年、赤根祥道師に学び、2001年より臨済宗向嶽寺派管長・宮本大峰老師に参禅、現在向嶽寺塔頭の真忠軒にて坐禅・作務・読書の生活。

著書に『アメリカの罠』『円覇権への道』『水野隆徳の円とドルの読み方』
『アメリカ経済はなぜ強いか』『徳と利の経世学』など多数。

ISBN978-4-89619-947-5

安岡正篤先生と禅

平成二十九年三月　一日　初版印刷
平成二十九年三月　七　日　初版発行

著　者　水野隆徳
発行者　小林眞智子
印　刷　(株)興学社
発行所　(株)明徳出版社

〒162-0801　東京都新宿区山吹町三五三
（本社・東京都杉並区南荻窪　一－二五－三）
電話　〇三－三二六六－〇四〇一
振替　〇〇一九〇－七－五八六三四